中国法院2025年度案例

国家法官学院　最高人民法院司法案例研究院　/编

侵权赔偿纠纷

中国法治出版社
CHINA LEGAL PUBLISHING HOUSE

《中国法院2025年度案例》通讯编辑名单

刘晓虹　北京市高级人民法院
王　凯　北京市高级人民法院
张　荷　天津市高级人民法院
徐翠翠　河北省高级人民法院
崔铮亮　山西省高级人民法院
杨钰奇　内蒙古自治区高级人民法院
张　健　辽宁省高级人民法院
苏　浩　吉林省高级人民法院
桑　松　黑龙江省高级人民法院
张　蕾　上海市高级人民法院
左一凡　江苏省高级人民法院
冯禹源　江苏省南通市中级人民法院
宋婉龄　江苏省无锡市中级人民法院
李　波　浙江省高级人民法院
刘伟玲　安徽省高级人民法院
林冬颖　福建省高级人民法院
杨云欣　江西省高级人民法院
李璐璐　山东省高级人民法院
卓峻帆　河南省高级人民法院
吴　杨　湖北省高级人民法院
唐　竞　湖南省高级人民法院
邵静红　广东省高级人民法院
邹尚忠　广西壮族自治区高级人民法院
韦丹萍　广西壮族自治区高级人民法院
黄文楠　海南省高级人民法院
吴　小　重庆市高级人民法院
任　梦　四川省高级人民法院
颜　源　贵州省高级人民法院
戚　雷　贵州省贵阳市中级人民法院
李丽玲　云南省高级人民法院
赵鸿章　云南省昆明市中级人民法院
索朗达杰　西藏自治区高级人民法院
郑亚非　陕西省高级人民法院
吴　莹　甘肃省高级人民法院
王　晶　青海省高级人民法院
马博文　宁夏回族自治区高级人民法院
石孝能　新疆维吾尔自治区高级人民法院
李　冰　新疆维吾尔自治区高级人民法院生产建设兵团分院

序

为深入学习贯彻习近平法治思想，落实习近平总书记“一个案例胜过一打文件”的重要指示精神，人民法院始终把完善中国特色案例制度，加强以案释法作为推进全面依法治国、支撑和服务中国式现代化的重要途径。人民法院案例库向社会开放一年多来，最高人民法院始终坚持高标准建设，实现入库案例对常见案由和罪名全覆盖，对于促进法律适用统一，实现严格公正司法发挥了重要作用。

“中国法院年度案例系列”丛书以及时记录人民法院司法审判工作新发展、新成就为己任，通过总结提炼典型案例的裁判规则、裁判方法和裁判理念，发挥案例鲜活生动、针对性强的优势，以案释法，以点带面，有针对性地阐释法律条文和立法精神，促进社会公众通过案例更加方便地学习法律，领悟法治精神，体现司法规范、指导、评价、引领的重要作用，大力弘扬社会主义核心价值观，积极服务人民法院案例库建设，加强对案例库案例的研究，促进统一法律适用，提升审判质效，丰富实践法学研究，增强全民法治意识和法治素养，展现新时代我国法治建设新成就。

“中国法院年度案例系列”丛书自2012年编辑出版以来，已连续出版13年，受到读者广泛好评。为更加全面地反映我国司法审判执行工作的发展进程，顺应审判执行实践需要，响应读者需求，丛书于2014年度新增金融纠纷、行政纠纷、刑事案例3个分册，2015年度将刑事案例调整为刑法总则案例、刑法分则案例2个分册，2016年度新增知识产权纠纷分册，2017年度新增执行案例分册，2018年度将刑事案例扩充为4个分册，2022年度将土地纠纷（含林地纠纷）分册改为土地纠纷（含环境资源纠纷）分册。自2020年起，丛书由国家法官学院与最高人民法院司法案例研究院共同编辑，每年年初定期出版。在全国各级人民法院的大力支持下，丛书编委会现编辑出版《中国法院2025年度案例系列》丛书，共23册。

“中国法院年度案例系列”丛书以开放务实的态度、简洁明快的风格，在编辑过程中坚持以下方法，努力让案例书籍“好读有用”：一是高度提炼案例内容，控制案例篇幅，每个案例字数基本在3000字左右；二是突出争议焦点，力求在有限的篇幅内为读者提供更多有效信息，便于读者快速抓取案例要点；三是注重释法说理，案例由法官撰写“法官后语”，高度提炼、总结案例的指导价值，引发读者思考，为司法审判提供借鉴，为法学研究提供启迪。

“中国法院年度案例系列”丛书编辑工作坚持以下原则：一是以研究案例库案例为首要任务。自2024年起，“中国法院年度案例系列”丛书优先选用人民法院案例库案例作为研究对象，力求对案例库案例裁判要旨的基本内涵、价值导向、法理基础、适用要点等进行深入分析，增强丛书的权威性、参考性。二是广泛选编案例。国家法官学院和最高人民法院司法案例研究院每年通过各高级人民法院从辖区法院汇集上一年度审结的典型案例近万件，使丛书有广泛的精选基础，通过优中选优，可提供给读者新近发生的多种类型的典型、疑难案例。三是方便读者检索。丛书坚持以读者为本，做到分卷细化，每卷案例主要根据案由或罪名分类编排，每个案例用一句话概括裁判要旨或焦点问题作为主标题，让读者一目了然，迅速找到目标案例。

中国法治出版社始终全力支持“中国法院年度案例系列”丛书的出版，给了编者们巨大的鼓励。2025年，丛书将继续提供数据库增值服务。购买本系列丛书，扫描腰封二维码，即可在本年度免费查阅往年同类案例数据库。我们在此谨表谢忱，并希望通过共同努力，逐步完善，做得更好，探索出一条充分挖掘好、宣传好人民法院案例库案例和其他典型案例价值的新路，为广大法律工作者和社会公众提供权威、鲜活、精准的办案参考、研究素材，更好地服务司法审判实践、服务法学教育研究、服务法治中国建设。

“中国法院年度案例系列”丛书既是法官、检察官、律师等法律工作者的办案参考和司法人员培训辅助教材，也是社会大众学法用法的经典案例读本，同时为教学科研机构开展案例研究提供了良好的系列素材。当然，编者们在编写过程中也难以一步到位实现目标愿景，客观上会存在各种不足甚至错误，欢迎读者批评指正。我们诚心听取各方建议，立足提质增效，不断拓宽司法案例研究领域，创新司法案例研究方法，助推实现中国特色司法案例研究事业的高质量发展。

国家法官学院　最高人民法院司法案例研究院

2025 年 3 月

目　录

Contents

一、监护人责任纠纷

二、网络侵权责任纠纷

三、违反安全保障义务责任纠纷

四、教育机构责任纠纷

五、产品责任纠纷

六、医疗损害责任纠纷

七、高度危险责任纠纷

八、饲养动物损害责任纠纷

九、建筑物和物件损害责任纠纷

十、触电人身损害责任纠纷

十一、义务帮工人受害责任纠纷

十二、防卫过当损害责任纠纷

十三、因申请财产保全损害责任纠纷

十四、其他

一、监护人责任纠纷

1

委托监护下无限制民事行为能力人出现死伤时，各方责任的厘定

——温某、丁某诉李某等侵权责任案

【案件基本信息】

1. 裁判书字号

湖南省株洲市中级人民法院（2024）湘02民终45号民事判决书

2. 案由：侵权责任纠纷

3. 当事人

原告（上诉人）：温某、丁某

被告（被上诉人）：某生态山庄公司

被告：李某、施某

【基本案情】

温某与丁某系夫妻关系，2006年5月6日生育一子，取名温小某。温某陈述温小某三岁开始上幼儿园，五岁左右开始上小学，成绩较好，上初中时开始厌学，初三时身体出现异常。2022年3月7日，温小某因患病被温某送往医院就诊，入院诊断为精神分裂症，经住院治疗44天后，温小某于同年4月20日

出院，出院诊断：（1）精神分裂症；（2）急性上呼吸道感染；（3）痤疮。温小某出院后遵医嘱继续服药治疗。中国残疾人联合会于2022年12月9日向温小某签发《残疾人证》，载明温小某为精神残疾人，残疾等级四级。温某陈述温小某出院回家后能在家照顾自己，家人不会对其进行24小时看护。

2023年4月，温某了解到其邻居李某在某文化纪念馆做义工，便主动联系李某并说明了温小某的情况，之后再联系了施某。温某认为某文化纪念馆环境好，可能会对温小某的病情有所改善，遂于2023年4月6日带着温小某来到某文化纪念馆，并与李某、施某就温小某在某文化纪念馆生活事宜达成了口头约定，即温小某随李某、施某在某文化纪念馆生活，温某每月向李某、施某支付生活费用1500元。当天，温某向施某支付4500元（2400元为现金支付，2100元系温某通过微信转账方式向施某支付），其中3000元原告陈述系监护费，被告李某、施某陈述系结缘、超度费。之后温某又每月通过微信支付方式向施某转账三笔费用：2023年5月1日转账1500元（转账说明：温小某5月费用，顺便捎带父母牵挂，向施某问好）；2023年6月1日转账1500元（转账说明：温小某6月费用，请施某收）；2023年7月1日转账1500元（转账说明：温小某7月生活费用，向施某问好，并捎来温小某的问候）。另，因温小某患有精神分裂症，还需继续服药治疗，故温某将温小某带到某文化纪念馆时，一并将温小某的药物交给了李某、施某，但未将温小某的病历资料交给李某、施某。庭审中，李某、施某陈述，温小某到某文化纪念馆后服用了三天药，后来因为温小某不愿吃药就没有继续服药，施某还将这一情况告知了温某。

2023年7月7日20时左右，温小某从某文化纪念馆出去未归。李某、施某陈述发现温小某未归后即出去寻找，因寻找未果，2023年7月9日傍晚，李某到派出所报警，同日施某将温小某走失的情况通过微信告知了温某，温某回复称温小某以前也有类似的情况，但自己会走回来。2023年7月13日17时，派出所接到报警，即在某生态山庄公司的水塘内发现一具浮尸，经李某现场辨认，该尸体就是走失的温小某。经刑侦大队技术中队对温小某的尸体进行勘验，初步判断温小某为生前溺水死亡，排除他杀的可能性。

2023年7月18日，G镇政府Z村村委会及G镇政府以某生态山庄公司的名义与原告方达成了调解协议，并出于人道主义自愿向原告方补偿15000元。

另查明，案涉水塘系G镇政府Z村村委会所有，2016年某生态山庄公司承包该水塘，并在该水塘中饲养了一些鱼。某文化纪念馆位于山中偏高处，案涉水塘位于山窝中，距离山下附近居民居住处约有2.5公里，距离某文化纪念馆约有1公里。水塘边上竖立了“水深危险、禁止游泳、禁止钓鱼”的警示牌，系G镇政府Z村村委会设立。水塘三面环山，一面设有护栏，护栏中间留有无护栏缺口，该缺口处下面是阶梯，通往水塘。

再查明，李某、施某并不具有治疗精神疾病的相关资质。诉讼中，原告向本院申请财产保全，支付了诉讼保全保险费972元，预交诉讼保全费5000元。

【案件焦点】

1. 原告温某、丁某主张的各项损失是否符合法律规定；2. 被告某生态山庄公司、李某、施某对温小某的溺亡是否存在过错，应否承担侵权责任；3. 原告温某、丁某作为温小某的法定监护人，对温小某的溺亡有无过错。

【法院裁判要旨】[①]

湖南省茶陵县人民法院经审理认为：本案系侵权责任纠纷。本案存在争议的焦点为：一是原告温某、丁某主张的各项损失是否符合法律规定；二是被告某生态山庄公司、李某、施某对温小某的溺亡是否存在过错，应否承担侵权责任。原告温某、丁某作为温小某的法定监护人，对温小某的溺亡有无过错。

关于第一个焦点，综合相关证据和事实依法核定如下：（1）死亡赔偿金873580元，原告该项主张符合法律规定，本院予以支持；（2）丧葬费43058元，原告该项主张符合法律规定，本院予以支持；（3）处理丧葬事宜交通费3000元，原告虽未提交相关证据证明其交通损失，但考虑原告居住于江西省，到湖南省茶陵县处理温小某死亡事宜，必定会产生相关交通费用，本院结合本

① 本书【法院裁判要旨】适用的法律法规等条文均为案件裁判当时有效，下文不再对此进行提示。

案实际情况，酌情认定；（4）精神损害抚慰金 5 万元，原告该项主张符合法律规定，本院予以支持。以上损失合计 969638 元。

关于第二个焦点，某生态山庄公司对温小某的溺亡是否存在过错、应否承担侵权责任。根据《中华人民共和国民法典》第一千一百六十五条第一款“行为人因过错侵害他人民事权益造成损害的，应当承担侵权责任”之规定，一般侵权行为案件适用过错责任的归责原则，无过错即无责任，有过错即有责任，有多大过错即承担多大的责任。根据庭审查明及本案现场查看现场情况可知，本案事发地系历史存在的水塘，主要用于储水灌溉下端田土。水塘位于山窝中，距离山下附近居民居住处约有 2.5 公里，距离某文化纪念馆约有 1 公里。水塘边上竖立了“水深危险、禁止游泳、禁止钓鱼”的警示牌，水塘三面环山，一面设有护栏，护栏中间留有护栏缺口，该缺口处下面是阶梯，通往水塘。由此可见，某生态山庄公司为了防止案涉水塘发生事故已尽到了合理的安全防范义务。又根据《中华人民共和国民法典》第一千一百九十八条第一款：“宾馆、商场、银行、车站、机场、体育场馆、娱乐场所等经营场所、公共场所的经营者、管理者或者群众性活动的组织者，未尽到安全保障义务，造成他人损害的，应当承担侵权责任”之规定，经营者或者管理者的安全防范义务并不是无限扩大的，也不能因为发生事故便倒推其存在过错，经营者或管理者是否尽到安全防范义务应结合具体的案件事实综合判定。本案某生态山庄公司管理的水塘位于空旷山窝中，人烟稀少，将水塘不留死角地完全封闭在事实上也不具有现实可行性，某生态山庄公司通过设置护栏及警示标识的方式已经足以对正常情况下的危险进行排除，另水塘距离某文化纪念馆约有 1 公里，对正常出入某文化纪念馆的人员不存在安全因素的隐患，同时原告亦未提交证据证明案涉水塘处于对外经营，常有人员出入垂钓等状态，若以某生态山庄公司未安装安全门锁而认定其存在过错，对其要求过于苛责。本院认为某生态山庄公司作为案涉水塘管理者，已经尽到了足够、合理的安全保障义务，其对于温小某的溺亡并不存在过错，不应承担责任。

李某、施某对温小某的溺亡是否存在过错，应否承担侵权责任。李某、施某辩称温小某系自杀死亡，但未提供充分的证据予以证实，本院不予采纳。李某、施某辩称双方达成了口头协议，温某每月支付的1500元系温小某的生活费用，而非支付给其的监护费用，其不应承担监护责任。根据当事人提交的证据以及庭审陈述可知，温小某系溺水死亡，李某、施某的答辩意见陈述“温某表示，孩子已经失学并进过精神病院”，说明李某、施某对温小某的身体异常情况是知情的，其作为温某信任且放心交付的临时看护人，在知情温小某有精神疾病的情况下，应当加强对温小某的监管、保护义务，在开庭审理过程中，李某、施某提交的温小某的日记本及毛笔字，拟证明温小某具有自杀倾向，但施某在庭审时陈述事发后才看到温小某书写的上述内容，说明李某、施某并未尽到足够的关心、看护责任，故李某、施某对温小某的死亡具有一定的过错，该过错与温小某的死亡具有一定的因果关系，但鉴于李某、施某与温某在口头协议时并未约定李某、施某对温小某具有24小时的看护责任，且基于温小某的特殊身体情况，以及温某将温小某临时托付给李某、施某的改善生活环境之目的，对李某、施某科以过大责任，也有违一般社会人际交往中善良友爱互助之评价。故，李某、施某对温小某的死亡仅承担次要过错责任。

原告温某、丁某作为温小某的法定监护人，对温小某的死亡有无过错。根据《中华人民共和国民法典》第二十七条第一款“父母是未成年子女的监护人”，第三十五条第一款“监护人应当按照最有利于被监护人的原则履行监护职责”之规定，温某、丁某作为温小某的法定监护人，应当按照最有利于温小某成长的原则履行监护职责。本案中，温小某溺水前系未成年人且患有精神分裂症，温某、丁某在温小某的精神分裂症未痊愈的情况下，将其送往不具有治疗精神疾病资质的李某、施某处生活，对温小某的人身安全存在放任的态度，故其应对温小某的溺水死亡承担主要过错责任。综上，结合双方的过错程度以及其行为的原因力，本院认定李某、施某对温小某的死亡承担15%的赔偿责任，即赔偿原告方145445.7元（969638元×15%）。

湖南省茶陵县人民法院依照《中华人民共和国民法典》相关法律规定，判决如下：

一、被告李某、施某于本判决生效之日起十日内向原告温某、丁某赔偿各项损失 145445.7 元；

二、被告李某、施某于本判决生效之日起十日内向原告温某、丁某支付保全保险费 146 元；

三、驳回原告温某、丁某的其他诉讼请求。

原告温某、丁某不服一审判决，提起上诉，湖南省株洲市中级人民法院依照《中华人民共和国民事诉讼法》第一百七十七条第一款第一项之规定，判决如下：

驳回上诉，维持原判。

【法官后语】①

实践中，无限制民事行为能力人父母在一定期间内不能完全履行监护职责，委托他人照看无限制民事行为能力人的情况时有发生。基于委托照看无限制民事行为能力人，构成何种法律关系？受托人履行职责不当，应承担何种责任？如何厘定各方责任大小？本文将对以上问题展开分析。受托人在接受委托时便应承担相应职责，但其责任大小，应根据其过错程度、区分有偿与无偿、监护人自身过错等因素综合考量。

一、基于委托照看无限制民事行为能力人的行为性质认定

委托监护，是监护人难以履行监护职责，以监护人和受托人为主体，以监护职责的代为行使为主要内容的委托合同，可以是有偿，如委托幼儿园、托管所等机构照看未成年人，也可系无偿，如父母委托亲朋好友临时照看未成年子女等。因监护人和受托人之间的信任关系，委托监护有偿与否，主要取决于当事人的约定。原《最高人民法院关于贯彻执行〈中华人民共和国民法通则〉若干问题的意见（试行）》（已失效）第二十二条规定：“监护人可以将监护职责部分或者全部委托给他人。因被监护人的侵权行为需要承担民事责任的，应

① 本书【法官后语】对此类法律问题涉及的法律法规等内容进行了时效性更新，下文不再对此进行提示。

当由监护人承担，但另有约定的除外；被委托人确有过错的，负连带责任。”《中华人民共和国民法典》第一千一百八十九条规定：“无民事行为能力人、限制民事行为能力人造成他人损害，监护人将监护职责委托给他人的，监护人应当承担侵权责任；受托人有过错的，承担相应的责任。”委托监护未在《中华人民共和国民法典》“监护”一节中规定，而是在侵权责任编第三章主体的特殊责任中予以了规定，并且明确了被监护人造成他人损害产生的责任应当由监护人承担，如果受托人存在过错，承担相应的责任，改变了原《最高人民法院关于贯彻执行〈中华人民共和国民法通则〉若干问题的意见（试行）》关于连带责任的规定。《中华人民共和国未成年人保护法》也有类似的概念规定，父母因外出务工或者其他原因不能履行对未成年人监护职责的，应当委托有监护能力的其他成年人代为监护。

前述法律规范仅规定了在委托监护中，无限制民事行为能力人致人损害的情况下，受托人与委托人应如何承担责任，但对于无限制民事行为能力人自身遭受损害并未作出特别的法律规定。委托监护并非与法定监护、指定监护并列的一项监护制度，因为监护权作为一种身份权，只有法律规定的特定主体才享有，基于身份权的专属性，监护权不得让渡，监护权并不因委托监护的发生而转移，只是监护人履行职责方式的变更。司法实践中，受人之托看护未成年儿童属于委托监护，是一种常见的委托法律关系。民法上，义务的产生或基于法律规定，或来源于当事人约定。委托监护中受托人承担监护职责以当事人之间的约定为基础，行为人负有照看未成年人的义务。本案中，原告方与被告李某、施某达成了口头协议，将无限制民事行为能力人温小某交由两被告照看，并每月支付1500元，该费用既是温小某的生活费用，亦是照看费用，该行为本质上系监护职责代为行使的委托合同法律关系。

二、委托监护下各方责任的综合认定

（一）适用何种归责原则

过错责任是民法的基本归责原则。侵权责任的归责以过错责任为原则，以无过错责任为例外，无过错责任归责仅限于法律的明文规定。在委托监护法律关系中，当双方达成代为履行监护职责的合意时，受托人便负担相应的作为义务，违反该义务应承担过错侵权责任。本案中，涉及三方责任主体，委托人、受托人及水塘管理方，各方是否需要对无限制民事行为能力人的死亡承担责任，应根据各自的过错程度、过错与损害之间的原因力、委托监护的有偿与否等因素予以综合认定。

（二）本案各方责任的考量因素

1. 委托人责任。如前文所述，委托监护法律关系下，监护权并不因委托监护的发生而转移，只是监护人履行职责方式的变更。父母作为无限制民事行为能力人的法定监护人，系保护无限制民事行为能力人人身财产权益的第一责任人。根据《中华人民共和国民法典》第二十七条第一款“父母是未成年子女的监护人”，第三十五条第一款“监护人应当按照最有利于被监护人的原则履行监护职责”之规定，温某、丁某作为温小某的法定监护人，应当按照最有利于温小某成长的原则履行监护职责。本案中，温小某溺水前系未成年人且患有精神分裂症，温某、丁某在温小某的精神分裂症未痊愈的情况下，将其送往不具有治疗精神疾病资质的李某、施某处生活，对温小某的人身安全存在放任的态度，故其应对温小某的溺水死亡承担主要过错责任。

2. 受托人责任。在考虑受托人责任时，应根据委托行为的有偿和无偿、受托人过错程度及案件特定情形等因素决定责任范围，坚持“个案判断”和“利益衡量”原则。一方面，区分有偿委托与无偿委托。无偿委托通常基于情谊关系临时性代为履行监护职责，其注意义务不应过高，而有偿委托因委托人支付了一定对价，故受托人的注意义务应高于无偿委托，但同时应考虑其对价支付与履职范围的相称性。本案中，原告方每月支付的费用为1500元，该1500元包含了温小某的生活费用，显然该费用不能苛求被告李某、施某承担24小时的照看义务，双方亦未有此约定。另一方面，应综合考量受托人过错程度。本案中，李某、施某的答辩意见陈述“温某表示，孩子已经失学并进过精神病院”，说明李某、施某对温小某的身体异常情况是知情的，其作为温某信任且放心交付的临时看护人，在知情温小某有精神疾病的情况下，应当加强对温小某的监管、保护义务，在开庭审理过程中，李某、施某提交的温小某的日记本及毛笔字，拟证明温小某具有自杀倾向，但施某在庭审时陈述事发后才看到温小某书写的上述内容，说明李某、施某并未尽到足够的关心、看护责任，故李某、施某对温小某的死亡具有一定的过错，该过错与温小某的死亡具有一定的因果关系，但鉴于李某、施某与温某在口头协议时并未约定李某、施某对温小某具有24小时的看护责任，且基于温小某的特殊身体情况，以及温某将温小某临时托付给李某、施某的改善生活环境之目的，对李某、施某科以过大责任，也有违一般社会人际交往中善良友爱互助之评价。故，李某、施某对温小某的死亡仅承担次要过错责任。

3. 水塘管理方责任。根据《中华人民共和国民法典》第一千一百九十八条第一款“宾馆、商场、银行、车站、机场、体育场馆、娱乐场所等经营场所、公共场所的经营者、管理者或者群众性活动的组织者，未尽到安全保障义务，造成他人损害的，应当承担侵权责任”之规定，经营者或者管理者的安全防范义务并不是无限扩大的，也不能因为发生事故便倒推其存在过错，经营者或管理者是否尽到安全防范义务应结合具体的案件事实综合判定。宾馆、银行等公共场所的经营者或者管理者与农村水塘的经营者或者管理者的注意义务不能一概而论。前者由于经营者或管理人能从这些活动中获得利益，同时给社会一般公众带来了一定的危险性，并且最有可能以比较低的成本来避免这些危险，因此法律对这些主体施加了比一般情形更高的注意义务，从而确保进入该服务场所的消费者和服务对象的人身安全。而农村水塘通常并不在居民的生活居住区域或交通的主干道上，有别于旨在吸纳不特定人进入并为公众提供公用服务的宾馆、银行等公共场所，故对偏远农村水塘管理人的注意义务不宜要求过高。本案中，某生态山庄公司管理的水塘位于空旷山窝中，人烟稀少，将水塘不留死角的完全封闭在事实上也不具有现实可行性，某生态山庄公司通过设置护栏及警示标识的方式已经足以对正常情况下的危险进行排除，另水塘距离某文化纪念馆约有1公里，对正常出入某文化纪念馆的人员不存在安全因素的隐患，同时原告亦未提交证据证明案涉水塘处于对外经营，常有人员出入垂钓等状态，若以某生态山庄公司未安装安全门锁而认定其存在过错，对其要求过于苛责。本院认为某生态山庄公司作为案涉水塘管理者，已经尽到了足够、合理的安全保障义务，其对于温小某的溺亡并不存在过错，不应承担责任。

编写人：湖南省茶陵县人民法院 尹玲容 王昭君

2

“监守自盗”的侵权责任认定

——张某1诉张某3侵权责任案

【案件基本信息】

1. 裁判书字号

北京市第三中级人民法院（2023）京03民终4579号民事判决书

2. 案由：侵权责任纠纷

3. 当事人

原告（被上诉人）：张某1

被告（上诉人）：张某3

【基本案情】

张某甲与张某乙系夫妻关系，二人育有张某1、张某2、张某3三个子女。张某甲于1980年5月26日因死亡被注销户口，张某乙于2019年11月12日去世。

2017年4月25日，经张某2申请，法院作出（2016）京0105民特254号民事判决，宣告张某1为限制民事行为能力人。2018年1月18日，经张某乙、张某3申请，法院作出（2017）京0105民特380号民事判决，指定张某乙、张某3、张某2为张某1的监护人。

602房屋原登记在张某1名下，系张某1个人财产。2018年9月5日，张某1作为赠与人、张某乙作为受赠人，就602房屋签订《赠与协议》，约定张某1将涉案房屋赠与张某乙，同日，602房屋登记至张某乙名下。2019年1月25日，张某3作为出卖人，案外人孙某作为买受人，就602房屋签订《北京市存量房屋买卖合同》，约定网签价格为397万元。同日，602房屋登记至孙某名下。为此，张某1提起诉讼，法院2019年6月作出（2019）京0105民初47712号民事判决：（1）张某1与张某乙于2018年9月5日签订的《赠与协议》无效；（2）张某乙于判决生效之日起七日内补偿张某1折价款397万元。张某1申请强制执行，法院2019年8月27日立案，发现张某乙可供执行财产为0元，2019年12月24日作出执行裁定，终结本次执行程序。

经本案查实：张某3作为张某乙的委托代理人参与出售602房屋。案外人孙某与张某乙签订《补充协议》约定，实际售房款432万元，双方应当在2019年4月10日自行办理物业交割手续，留存2万元作为物业交割保证金；2019年1月26日张某乙通过银行账号收到理房通转账支付售房款152万元，2019年1月28日收到10万元户口迁出保证金；2019年2月13日贷款银行发放房屋贷款258万元至张某乙银行账户；张某1不清楚尾款2万元何时支付。售房款大部分被张某乙提取，张某3称不清楚售房款下落。张某1称张某乙是残疾人，不能自己去银行取款，张某3承认是其推张某乙去银行支取售房款。

【案件焦点】

监护人非为被监护人的利益，共同处分限制民事行为能力人的房产，且无法说明售房款去向，是否违反了监护职责，是否构成对被监护人财产权的共同侵权并承担赔偿责任。

【法院裁判要旨】

北京市朝阳区人民法院经审理认为：一是关于售房款的归属问题。不动产的权属以登记为准。本案中，602房屋原登记在原告张某1名下，系其个人财产，尽管张某1与张某乙签订了《赠与协议》，但该协议已被法院判决无效，因此张某乙并非房屋的合法所有权人。售房款作为房屋价值的转化形式，理应归原告所有。二是监护人的监护责任与侵权责任。被告张某3虽称不清楚售房款的下落，未直接取得售房款，但因其作为监护人之一，未履行监护职责，明知或应知张某乙并非房屋的合法所有权人，仍然作为张某乙的委托代理人参与房屋出售过程，并且承认曾协助张某乙支取售房款，种种行为可以推断其对售房款的去向是知情并参与的，二人存在恶意转移或挥霍财产的嫌疑，严重侵害了原告的合法权益，违反了监护职责，构成共同侵权。三是售房款返还责任。无论售房款是否直接由被告取得，其作为原告的监护人，有义务保护被监护人财产，未能阻止其他监护人转移原告的财产，就构成了对原告财产权益的侵害。房屋买受人孙某购房时为善意的，对纠纷不知情，并支付了合理的对价，且双方早已办理完房屋所有权转移登记手续，作为案外人已经善意取得了诉争房屋的所有权，虽然原告张某1无法再要回房屋，但可以要求共同侵权人依法承担赔偿责任，张某乙去世后，被告应该赔偿全部售房款及有关利息。

监护人应当按照最有利于被监护人的原则履行监护职责。监护人除为维护被监护人利益外，不得处分被监护人的财产。监护人不履行监护职责或者侵害被监护人合法权益的，应当承担法律责任。需要说明的是，432万元售房款包含（2019）京0105民初47712号民事判决要求张某乙给付的售房折价款397万元，原告不能重复获取，如原告基于该判决获得售房折价款，则履行本判决时被告可相应折抵应赔偿的售房款。

北京市朝阳区人民法院依照《中华人民共和国民法总则》第三十四条、第十五条规定，判决如下：

被告张某3于本判决生效后七日内赔偿原告张某1售房款432万元及利息。

被告张某3不服一审判决，提起上诉。

北京市第三中级人民法院依照《中华人民共和国民事诉讼法》第一百七十七条第一款第一项规定，判决如下：

驳回上诉，维持原判。

【法官后语】

无民事行为能力人和限制民事行为能力人作为社会弱势群体，应当受到家庭的关爱、社会的关照和法律的倾斜性保护。其监护人应当按照最有利于被监护人的原则履行监护职责，除为维护被监护人利益外，不得处分被监护人的财产，否则将被认定为无效行为。在审理监护人共同侵权责任纠纷时，当监护人被指控恶意侵害被监护人权益，特别是涉及非法处分被监护人赖以生存的居所时，对这一弱势群体的保护需要更为严谨和细致，认定相关侵权责任，必须既维护被监护人的合法权益，也提醒监护人切实履行其职责。

1. 监护人职责和义务具有法定性。监护人是对无民事行为能力人或限制民事行为能力人的人身、财产和其他一切合法权益负有监督和保护责任的人。在民事法律体系中，监护人的职责是法定的，具有强制性和不可推卸性。

监护人必须尽到对被监护人的照顾、管理和保护义务，这种职责不仅是一种道德义务，更是一种法律义务。监护人违反其职责不仅违背了社会道德和伦理准则，破坏了社会的公平正义和道德风尚，也违反了法律规定，需要进行严厉制裁。

2. 共同侵权行为的认定及其后果。当监护人不履行监护职责，特别是恶意侵害被监护人的合法权益时，就构成侵权行为，应当承担法律责任。如果多个指定监护人之间存在共同的故意，并且共同实施侵权行为，则构成共同侵权，应当共同承担返还购房款、赔偿损失等侵权责任，这种责任是连带的，即被监护人或其法定代理人可以向任何一个共同侵权人主张全部或部分责任。此外，如果共同侵权人的行为构成犯罪，还可能面临刑事责任的追究。

本案中，张某乙与原告之间签署的《赠与协议》未经过法定程序，张某乙出售房产所得款项也未用于补偿原告，而是用于她个人或其他用途，实际上损害了原告作为限制民事行为能力人的合法权益，属于无效约定，张某乙应当补偿原告相应折价款。另外，被告作为原告的监护人之一，在明知张某乙并非为了原告利益而处分原告财产的情况下，仍然协助张某乙擅自出售被监护人的房产并转移购房款，明显侵犯了被监护人的财产权，违反了监护人的职责和法律规定。

3. 注重对弱势群体的倾斜性保护。《中华人民共和国民法典》关于监护制度的相关规定，特别注重对弱势群体的保护，其社会困境和权利保护问题均能有法可循，依法化解。监护人侵犯弱势群体的财产权益时，法律应当给予更加严厉的制裁和惩罚，这不仅是对监护人的一种警示，更是对社会公众的一种引导和教育。

本案判决旨在维护限制民事行为能力人的合法权益，强化监护人的责任意识。监护人应履行监护人职责，秉持“诚信、友善”的社会价值观，发扬仁爱孝悌的中华民族传统美德，照料限制民事行为能力人张某1的日常生活，最大限度保障张某1的生命健康权，保护其人身权利、财产权利。

综上所述，判决被告返还售房款及利息的结果符合法律规定和公平原则，既保护了被监护人的合法权益，向社会传递了司法的公正和威严，同时也提醒我们要加强对监护人职责的监督和指导，确保监护人能够切实履行其职责。

编写人：北京市朝阳区人民法院　石海朝　秦梦圆

二、网络侵权责任纠纷

3

工作微信账号权属的司法判断以及侵权认定

——某科技公司诉刘某网络侵害虚拟财产案

【案件基本信息】

1. 裁判书字号

广东省广州市中级人民法院（2023）粤 01 民终 2874 号民事判决书

2. 案由：网络侵害虚拟财产纠纷

3. 当事人

原告（被上诉人）：某科技公司

被告（上诉人）：刘某

第三人：袁某、张某

【基本案情】

2017 年 8 月 15 日，某科技公司通过其在职员工第三人袁某登记的手机号码注册了案涉微信账号“×××-003”，并曾相继提供给离职销售员工许某以及现在职经理张某使用。2017 年 9 月 18 日，刘某入职某科技公司从事销售部营业员。2017 年 11 月 22 日至今，案涉微信账号（昵称为“××卷材设备制造商-刘某”）由刘某使用并进行了实名认证。2021 年 5 月，刘某私自将微信账号

“×××-003” 更名为 “××001××”，并变更微信昵称为 “刘某”。某科技公司发现刘某私自变更微信账号以及昵称的行为后，向其发出《通知书》，要求停止使用该微信账号，解除该微信账号的实名认证。刘某予以拒绝，某科技公司遂向其发出《解除劳动合同通知书》，认为刘某收到通知书后无理拒绝履行通知事项，违反公司规章制度，通知与其解除劳动合同关系，并要求返还工作手机电话卡以及工作微信账号，但刘某仍拒不返还。某科技公司认为刘某的行为侵犯其对案涉微信账号享有的使用权益，遂起诉请求判令刘某立即停止使用微信账号 “××001××”，解除该微信账号的实名认证，配合变更微信账号密码及重新绑定到指定的手机号。

【案件焦点】

某科技公司对案涉微信账号享有何种民事权益。

【法院裁判要旨】

广州互联网法院经审理认为：案涉微信账号系第三人袁某根据某科技公司的安排，基于职务行为所注册的工作微信账号，主要用于工作，某科技公司对该工作微信账号享有使用权益，以及因使用该工作微信账号进行商业活动所享有的财产利益。刘某基于劳动关系而取得对案涉微信账号的使用，现刘某已和某科技公司解除劳动关系，继续使用案涉微信账号已不具有正当性。客观上可能会导致原信赖该微信账号寻找某科技公司的客户或潜在客户流失，或可能被刘某指引至其他公司，损害某科技公司对该微信账号所享有的财产性权益。

广州互联网法院依照《中华人民共和国民法典》第一百二十七条、第一百七十九条、第一千一百六十五条，《中华人民共和国民事诉讼法》第六十七条第一款之规定，判决如下：

一、被告刘某应于本判决发生法律效力之日起，立即停止使用微信账号 “××001××”；

二、被告刘某应于本判决发生法律效力之日起五日内，向原告某科技公司返还微信账号 “××001××”，解除微信账号 “××001××” 的实名认证，配合原告某科技公司换绑至指定的手机号。

被告刘某不服一审判决，提起上诉。广东省广州市中级人民法院经审理认为：涉案的微信账号由袁某注册，根据袁某所述，其是根据某科技公司的授权，为履行其职务行为注册涉案微信账号，涉案微信应由某科技公司使用。

广东省广州市中级人民法院依照《中华人民共和国民事诉讼法》第一百七十七条第一款第一项规定，判决如下：

驳回上诉，维持原判。

【法官后语】

案涉微信账号系以第三人袁某个人名义注册，在此情况下，有观点认为初始申请注册人应当认定为第三人袁某，某科技公司对该微信账号不能主张使用权益。笔者对此持不同意见，笔者认为应刺破“使用权属于初始注册人”的面纱，通过虚拟财产的生成和实际利用方式来探究具体哪一方主体更有资格获得财产，从而正面确认享有财产性权益的主体。

1. 根据微信账号的生成进行判断。账号类虚拟财产的生成，主要体现在注册行为。一般而言，谁注册即享有该账号的使用权，但是，在注册者与使用者不一致的情况下，如果仅从注册的外观去判断虚拟财产权益的获得者，忽略注册行为背后的注册目的、用途，忽视实际使用人的财产权益，与公平正义相悖，亦不利于产权的保护以及发挥该财产的最大价值。从注册目的来看，用户注册网络账号，可能基于社交、娱乐、生活等个人需求，也可能基于委托、职务等行为。就该案而言，第三人袁某作为某科技公司的员工，系基于职务行为而注册的微信账号，因该职务行为所产生的权利义务应由某科技公司享有、负担。因此，该微信账号可认定为某科技公司的工作微信账号。

2. 根据微信账号的实际利用活动进行判断。网络虚拟财产的一个重要特征是具有经济价值，因此，判断谁能享有网络虚拟财产权益的一个重要标准是谁创造了经济价值。按照洛克的“劳动价值论”，谁付出了“劳动”即能获得该部分价值，该案中刘某即认为该微信账号经过其长达四年的使用，积累了大量的客户资源，系其努力的结果，应归其享有。不可否认，刘某通过其劳动确实为某科技公司创造了经济利益，但刘某系某科技公司的员工，在劳动关系中，劳动者的劳动系履行工作职责的表现，系劳动者根据用人单位的工作要求和工作任务，依靠用人单位提供的工具，完成工作成果，并享受劳动报酬的过程。该微信账号属于工作微信账号，属于某科技公司配备给员工的“办公工具”之一，刘某通过该办公工具开拓、维系客户，收取业务款项系其工作职责，所创造的经济价值，应认定为工作成果，归属于某科技公司享有。

技术不断发展，新兴事物层出不穷。在法律法规对虚拟财产的各类权益问题并未以正面确权的方式予以规定的情况下，本案通过引入功能主义方法论对案涉微信账号的性质和权属进行分析，判定用人单位享有对工作微信账号的占用、使用等财产性权益，为工作微信账号权属的认定规则提供了有益参考和借鉴，对依法保护涉企虚拟财产权益、推动形成保护企业商业价值和客户资源社会氛围具有积极示范作用。

编写人：广州互联网法院　朱晓瑾　宁沁宜

4

使用单位抖音号带货以及以个人名义对外签订合同的行为认定

——某职业培训学校诉尉某网络侵害虚拟财产案

【案件基本信息】

1. 裁判书字号

湖北省武汉市中级人民法院（2023）鄂01民终18513号民事判决书

2. 案由：网络侵害虚拟财产纠纷

3. 当事人

原告（被上诉人）：某职业培训学校

被告（上诉人）：尉某

【基本案情】

高某为某职业培训学校的法定代表人刘某的前妻。2018 年 5 月 6 日，高某注册了抖音号“××2015”。2019 年 9 月，时任某职业培训学校的负责人尉某开始使用案涉抖音号。

2021 年 7 月至 2022 年 2 月，某职业培训学校为尉某缴纳企业养老保险。2021 年 12 月，某职业培训学校向尉某、范某等员工发放了工资。2022 年 3 月，尉某的某职业培训学校理事和校长职务被罢免，尉某和范某从某职业培训学校离职。

某化妆品公司（甲方）与尉某（乙方）签订品荐师合作协议，约定甲方聘请乙方所属抖音平台账号某化妆造型培训为某美妆品牌的品荐师；甲方一次性向乙方支付 10 万元作为品荐师（品牌推荐大使）的服务费用。尉某收到品荐师服务费 10 万元。

2022 年 3 月 3 日，取消抖音认证企业号申请函载明：“申请人某职业培训学校特此申请取消抖音号为‘××2015’的认证服务。”该申请函上加盖的学校印章与学校在本市印章治安管理信息系统领导小组印章信息管理中心备案的印章不同。

2022 年 4 月，某职业培训学校通过高某修改绑定的手机号，将案涉抖音账号取回。2020 年 8 月 30 日至 2022 年 4 月 12 日，尉某从案涉抖音号共计提现 6867555.35 元。案涉抖音号绑定的银行卡为尉某的银行卡。尉某庭审时陈述，该抖音号只绑定过尉某的银行卡，提现明细中的达人是尉某。

2021 年 2 月 23 日至 2022 年 4 月 2 日，尉某向范某转账 152650 元。2021 年 2 月 23 日至 2022 年 4 月 13 日，范某向他人支付直播模特费 157400 元。范某陈述尉某将所有的直播模特费转给范某，再由范某转给直播模特，尉某不直接将钱付给直播模特。

2021年5月19日至2022年3月2日，某职业培训学校支付了某直播间直播用品、直播模特、直播模特餐费、抖音充值、抖音推广等费用共计142682.57元。尉某在费用报销单的领导审批一栏中签字。

另查明，2020年10月至2021年4月，尉某就涉案抖音号直播事宜与案外人进行了对接。

【案件焦点】

尉某使用单位抖音号带货以及以个人名义对外签订合同是否构成职务行为。

【法院裁判要旨】

湖北省武汉市江岸区人民法院经审理认为：2019年4月至2022年3月，尉某担任某职业培训学校的理事和校长职务，尉某于2019年9月至2022年4月使用案涉抖音号从事直播带货，与某职业培训学校的办学类型相符，且案涉抖音号2019年8月至2022年3月的企业认证为某职业培训学校，某职业培训学校报销了某直播间直播用品、直播模特、直播模特餐费、抖音充值、抖音推广等费用，可以认定尉某使用案涉抖音号进行直播带货的行为系职务行为。

关于品荐师服务费用10万元及提现收益是否应返还的问题，由于尉某利用案涉抖音号与案外人签订合同及进行直播带货的行为系职务行为，其收取10万元服务费及提现6867555.35元至个人账户具有过错，造成了某职业培训学校的损失，尉某应将上述款项返还给某职业培训学校。某职业培训学校主张提现为6867555.28元，系其对自身权利的处分。尉某向范某转账的直播模特费152650元应予以扣除，即尉某应向某职业培训学校返还6714905.28元（6867555.28元-152650元）。

湖北省武汉市江岸区人民法院依照《中华人民共和国民法典》第一百二十七条、第一百七十条第一款、第一千一百六十五条第一款及《中华人民共和国民事诉讼法》第一百四十五条规定，判决如下：

一、原告某职业培训学校为2019年9月至2022年4月案涉抖音号的实际使用人；

二、被告尉某于本判决生效之日起十日内返还原告某职业培训学校服务费10万元；

三、被告尉某于本判决生效之日起十日内返还原告某职业培训学校款项6714905.28元；

四、驳回原告某职业培训学校的其他诉讼请求。

尉某不服一审判决，提出上诉。湖北省武汉市中级人民法院同意一审法院的裁判意见。湖北省武汉市中级人民法院依照《中华人民共和国民事诉讼法》第一百七十七条第一款第一项规定，作出如下判决：

驳回上诉，维持原判。

【法官后语】

随着互联网经济的发展，员工利用单位抖音号进行直播带货的行为已屡见不鲜，认定此类行为的性质属于职务行为并无争议。利用自有资源、资金进行直播带货，后来更换抖音号企业认证并擅自提现至个人银行账户以及以个人名义对外签订合同的行为性质认定与单位利益紧密相关，实属实务中新型且重要的难题。

一、使用单位抖音号带货行为性质的认定

《中华人民共和国民法典》第一百七十条是关于职务代理的规定。职务代理的构成要件为：(1) 代理人是法人或者非法人组织的工作人员；(2) 代理人实施的必须是其职权范围内的事项；(3) 必须以该法人或者非法人组织的名义实施民事法律行为。通常情况下，依据上述构成要件对职务代理行为进行认定并无困难。但是，本案的难点在于尉某团队的直播带货行为是否仍在尉某的职权范围之内。

本案中，某职业培训学校疏于对其单位抖音号的管理，未主动投入资金进行直播带货，也未对尉某直播团队带货进行管理，而尉某的直播团队不全是该学校的员工，尉某确实存在向直播团队成员支付报酬、就直播事项与直播团队成员进行沟通的事实，尉某亦自认为直播获取的巨大收益是其个人劳动成果，上述情形在一定程度上影响了对职务行为的认定。然而，案涉抖音号的企业认证信息显示为该学校，抖音号白天用于某职业培训学校培训招生，晚上用于直播带货，尉某及其直播团队在宣传中仍然使用了该学校的名称，尉某并没有更换抖音号，学校对直播产生的部分费用进行了报销，尉某客观上是在履行其职权范围内的事项，其利用案涉抖音号进行直播带货的行为应属于职务行为。

二、以个人名义对外签订合同获取的收益归属

职务代理发生与一般委托代理相同的法律后果，即其代理实施的民事法律行为对该法人或者非法人组织发生效力。尉某以其个人名义与案外人签订品荐师合作协议，合作费用转账至尉某个人账户，学校对该合作协议的签订并不知情。从该合作协议的外观来看，尉某利用其个人的行业影响力与案外人签订合作协议，但是该协议的签订系基于案外人对案涉抖音号商业价值的信赖，合作内容与直播带货相关，学校的不知情不影响案涉抖音账号的商业价值来源于学校，即案涉抖音号使用的学校名称辨识度及社会公认度较高，尉某基于该合作协议获取的收益应归学校所有。

三、认定职权范围需考虑的因素

《中华人民共和国民法典》第一百七十条关于职务行为的三项构成要件不是孤立分割的，而是相互关联的，适用该条款时，应体系化适用这三项构成要件。第一项和第三项构成要件在司法实践中易于认定，第二项构成要件具有一定的模糊性。认定代理人实施的事项是否属于职权范围内，应以第一项及第三项构成要件为前提，依据抖音号商业价值的来源、单位的参与度、代理人的过错程度等因素综合、客观认定职权范围，避免以单位是否知情、代理人的盈利动机等主观因素来认定职权范围。

编写人：湖北省武汉市江岸区人民法院　汪为

5

支付平台承担用户平台投资损失的范围与边界

——汤某诉某电子支付公司网络侵权责任案

【案件基本信息】

1. 裁判书字号

上海市高级人民法院（2023）沪民申3009号民事裁定书

2. 案由：网络侵权责任纠纷

3. 当事人

原告（上诉人、再审申请人）：汤某

被告（被上诉人、再审被申请人）：某电子支付公司

【基本案情】

汤某在J金融网络交易平台注册账号投资股票，并绑定其J银行尾号为13××银行卡。2016年12月22日至2017年12月14日，汤某通过其J银行账户陆续向户名为“智付-黎某”账户转账49笔，合计金额为231500元。该资金均入金至汤某在J金融网络交易平台的个人账户。2018年6月14日，汤某向上海市公安局奉贤分局报案称，该平台涉嫌诈骗。2020年7月3日，汤某向中国人民银行深圳市中心支行举报，该行于2020年9月22日答复称，其举报的52笔某电子支付公司订单中，有3笔交易失败未产生实际资金划拨。其余49笔在某电子支付公司商户管理系统中显示为其商户黎某的交易，对应交易资金已由某电子支付公司结算给黎某的支付账户。关于其反映的某电子支付公司为非法交易平台提供支付服务的问题，经查，J金融网络交易平台并非某电子支付公司商户，黎某作为某电子支付公司的商户，涉嫌将某电子支付公司的网络支付接

口转接至J金融网络交易平台使用。某电子支付公司存在未对商户进行尽职检查、未发现商户违规使用网络支付接口、违规设置商户结算账户等问题，已经对某电子支付公司进行处理。2018年1月9日，某电子支付公司已经对相关商户采取了延迟资金结算措施，并关闭了上述商户的网络支付接口。

【案件焦点】

在线上支付平台因平台管理不规范受到监管机关行政处罚的情况下，对平台用户因在网络交易平台投资造成的损失，是否应该由线上支付平台承担相应侵权责任。

【法院裁判要旨】

上海市奉贤区人民法院经审理认为：汤某本意是在J金融网络交易平台上投资，某电子支付公司系经许可设立的第三方支付机构，商户通过网络注册，签署《智付服务协议》，由某电子支付公司为商户提供款项的代收代付服务。汤某通过J银行账户转账，其转账账户户名及账号均为“智付-黎某”，某电子支付公司在支付过程中根据原告指令转入某电子支付公司备付金账户，因某电子支付公司给商户提供支付结算服务，资金就结算给相应商户。汤某借助被告支付机构的汇款至平台进行投资，平台其个人设立账户中显示了入金成功，并未因支付环节产生损失。虽然汤某称根据中国人民银行深圳市中心支行回复，某电子支付公司在支付结算环节存在违规，某电子支付公司根据其与商户的协议向商户提供支付服务，并根据汤某同意付款指令所进行的支付操作行为，并非造成汤某资金损失的根本原因。

上海市奉贤区人民法院依照《最高人民法院关于适用〈中华人民共和国民法典〉时间效力的若干规定》第一条第二款、《中华人民共和国民法总则》第一百八十八条、《中华人民共和国民事诉讼法》第六十七条第一款规定，判决如下：

驳回原告汤某全部诉讼请求。

汤某不服一审判决，提起上诉。上海市第一中级人民法院经审理认为：某电子支付公司系持有支付业务许可证的第三方支付机构。汤某在J金融网络交易平台注册账号投资股票，并绑定其J银行卡，汤某的49笔资金已通过第三方支付平台入金至其在上述网站的个人账户内，发生损失系其投资股票亏损导致，在支付过程中不存在任何损失。某电子支付公司根据其与商户的协议提供支付服务，其根据汤某的同意付款指令所进行的支付操作行为，与汤某的资金损失之间不存在因果关系。

唐某某不服二审判决，申请再审。上海市高级人民法院经审查后认为：汤某与某电子支付公司签署《智付服务协议》，由某电子支付公司为汤某提供款项的代收代付服务。汤某通过其J银行账户陆续向户名为“智付-黎某”账户转账49笔，合计金额为231500元，在J金融网络交易平台用于投资。上述资金均入金至汤某在上述网站的个人账户。某电子支付公司在支付过程中根据汤某指令提供相应的支付结算服务，并未在支付过程中产生损失，且在黎某开户过程中亦尽到了相应的审查和注意义务，故原审法院认为汤某的资金损失系其投资股票亏损导致，与某电子支付公司的支付操作行为之间不存在因果关系，某电子支付公司不存在侵害汤某合法权益的行为，不应承担赔偿责任，并无不当。此外，对于相关监管部门出具的监管意见，某电子支付公司也进行了相应的整改。

上海市高级人民法院依照《中华人民共和国民事诉讼法》第二百一十一条第一款、《最高人民法院关于适用〈中华人民共和国民事诉讼法〉的解释》第三百九十三条第二款之规定，裁定如下：

驳回汤某的再审申请。

【法官后语】

本案系线上支付平台网络侵权纠纷案，在线上支付平台因平台管理不规范受到监管机关行政处罚的情况下，对平台用户因在网络交易平台投资造成的损失，是否应该由线上支付平台承担相应侵权责任，司法实践中存在不同认识。本案在认定平台审查和注意义务、认定因果关系、平台用户对财产损失是否存在过错等方面的审判思路，对于同类案件审判具有一定的借鉴意义。

一、关于平台审查和注意义务问题，应结合平台对商户的注册和认证等前置审核情况、业务存续期间是否定期核验商户信息等综合认定平台是否履行了对商户的审核和注意义务

根据《中华人民共和国民法典》第一千一百九十四条规定，网络用户、网络服务提供者利用网络侵害他人民事权益的，应该承担侵权责任。某电子支付公司作为持有支付业务许可证的第三方支付机构，负有审核商户个人信息真实性和完整性、监管商户经营行为等义务。若某电子支付公司由于故意或过失未履行该义务时，应承担相应的侵权责任。

具体而言，在平台商户审核方面，线上支付平台对商户进行审核的范围和内容，主要是根据中国人民银行发布的《银行卡收单业务管理办法》第七条规定："收单机构拓展特约商户，应该遵循'了解你的客户'原则，确保所拓展特约商户是依法设立、从事合法经营活动的商户，并承担特约商户收单业务管理责任。"根据该条规定，线上支付平台应该严格审核商户信息，若因审核不严，商户在经营资质、经营范围、实名认证等方面存在问题隐患，平台应对商户造成的损失承担连带责任。在日常管理巡检方面，《银行卡收单业务管理办法》第二十二条规定："收单机构应当建立收单交易风险监测系统，对可疑交易及时核查并采取有效措施。"司法实践中，在日常管理巡检方面，线上支付平台经常因商户违规挪用支付接口而涉诉。审理中，对于商户违规挪用支付接口，线上支付平台未及时发现并切断链接，造成用户财产损失的，法院一般会认定线上支付平台未履行日常管理义务。

本案中，某电子支付公司对商户黎某负有入网审核，并对商户黎某进行巡检和交易监控等日常管理义务。在审核平台商户方面，根据某电子支付公司提供的证据，在黎某开户的过程中，某电子支付公司审核了黎某的域名备案情况、开户行状态，并提供了黎某手持身份证的照片证明某电子支付公司已履行了对商户相应的审核和注意义务。在日常管理巡检方面，汤某于2018年6月14日向上海市公安局奉贤分局报案，而某电子支付公司在2018年1月9日已经对相关商户采取了延迟资金结算措施，并关闭了上述商户的网络支付接口。可见，

某电子支付公司在报警之前就已对违规接口进行了较为及时的关停和处理，应视为履行了日常管理和巡检义务。

二、关于因果关系认定问题，应结合平台受到行政处罚的原因、平台行为与平台用户财产损失之间是否具有直接因果关系等方面进行认定

根据侵权责任构成要件，只有线上支付平台的行为与用户财产损失之间存在因果关系，才能要求平台对用户财产损失承担侵权责任。司法实践中，线上支付平台因未严格落实中国人民银行规定的监管责任（主要表现为未采取及时有效的技术手段发现商户违规接口），受到相应行政处罚的，该行为与用户财产损失之间是否存在因果关系，尚未达成共识。

一种观点认为，行政处罚与财产损失之间不存在因果关系，主要原因在于平台受到行政处罚与用户财产损失是两个不同的法律关系，无直接因果关系，线上支付平台不应该承担侵权损害赔偿责任。主要依据是线上支付平台已经完成了资金转移环节的义务，在支付环节钱款已入账到指定的账户，用户在该环节并未受到财产损失，行政处罚只能作为线上支付平台违反行政规定，并不能据此认定线上支付平台是造成用户损失的直接侵权主体。另一种观点认为，线上支付平台由于在管理商户方面存在监管上的疏漏，行政处罚是对管理疏漏行为的确认，且商户违规接口导致用户财产损失，线上支付平台的过错对用户财产损失具有一定的影响，但并非主要原因，因此对用户的财产损失承担一定比例的责任。主要依据是线上支付平台若不存在管理上的过错，及时切断违规接口，用户就不会在该线上支付平台遭受资金损失，因此，支付平台对用户的财产损失在过错范围内承担连带责任。司法实践中，该连带责任的比例一般不超过财产损失的30%。

本案中，汤某本意是在J金融网络交易平台上投资，通过某电子支付公司从自己的J银行账户向“智付-黎某”商户进行转账，借助某电子支付公司的汇款至平台进行投资，平台其个人设立账户中显示了入金成功，并未因支付环节产生损失。中国人民银行深圳市中心支行对某电子支付公司进行了行政处罚，认为某电子支付公司存在未对商户进行尽职检查、未发现商户违规使用网络支

付接口、违规设置商户结算账户等问题，但某电子支付公司根据其与商户的协议向商户提供支付服务，并根据汤某同意付款指令所进行的支付操作行为，已完全履行了支付环节相关义务，且未在支付过程中造成任何损失。而且，汤某利用某电子支付公司进行了多笔转账，并在J金融网络交易平台进行了长达近两年的投资，其间从未对支付环节造成财产损失提出过异议，直至案发才向某电子支付公司反映黎某违规接口问题，某电子支付公司随即对黎某采取了延迟资金结算措施，并关闭了黎某的网络支付接口。因此，某电子支付公司受到行政处罚与汤某的财产损失之间不具有直接的因果关系。

三、关于平台用户对财产损失是否存在过错方面，应结合平台用户是否参与违法违规金融活动、对资金实际使用网站是否履行了“一般人的注意义务”进行判断

日常生活中，作为完全民事行为能力人，在进行网络平台投资时，应按照“一般人的注意义务”要求，对投资对象进行审慎审查，核查投资对象的合法性和真实性，不能为追求高回报高利润，导致自身财产损失。实践中，由于轻信投资网站高回报的宣传，有的平台用户在对投资对象并未充分了解的情况下盲目进行大额投资，导致血本无归。案发后，用户或主张支付平台违反合同义务、或主张支付平台未履行受托人责任、或主张支付平台实施了网络侵权，要求支付平台承担相应责任。对于用户自身过错是否能免除或减轻支付平台责任，一般认为，在支付平台根据用户指令完成转账，并未造成入账资金损失的情况下，用户盲目投资是造成财产损失的主要原因，支付平台并不对损失承担责任。

本案中，J金融网络交易平台“100倍杠杆”等表述，与正常的A股投资存在明显差异。汤某未对投资平台进行审查的情况下盲目投资，导致本金亏损，是造成财产损失的主要原因，某电子支付公司不存在侵害行为，对其损失不承担侵权责任。

综上所述，平台用户因网络投资造成财产损失后，以支付平台受到行政处罚为由，主张支付平台对财产损失承担侵权责任的，应结合支付平台是否履行了对商户的审核和注意义务，行政处罚、平台行为与用户财产损失之间是否存

在因果关系，用户自身是否存在过错等方面进行综合考量，认定双方之间是否成立侵权责任关系。

编写人：上海市高级人民法院　高佳运　邓梦婷

6

“网络大V”侵犯竞争对手名誉权的行为认定

——甲科技公司诉郝某等网络侵权责任案

【案件基本信息】

1. 裁判书字号

广东省汕头市中级人民法院（2022）粤05民终1513号民事判决书

2. 案由：网络侵权责任纠纷

3. 当事人

原告（上诉人）：甲科技公司

被告（上诉人）：郝某、某化妆品公司

被告（被上诉人）：乙科技公司、某网络技术公司、丙科技公司

【基本案情】

2020年3月13日、14日，郝某以某化妆品公司的网络用户名“××博士”分别在丙科技公司、乙科技公司、某网络技术公司的网络服务平台发布题为“黑心激素××霜，明星代言！广告投放！太猖狂!”的视频，以扩大、捏造事实的不正当、不合理评价，严重诋毁甲科技公司的商业信誉和商品声誉，削弱其竞争能力，导致甲科技公司客户大量退货，造成严重的经济损失。甲科技公司以各被告侵犯其名誉权为由，向法院提起诉讼，要求各被告停止侵害、赔礼道歉以及赔偿损失暂计500万元。

【案件焦点】

郝某、某化妆品公司作为网络用户是否构成侵犯名誉权并应承担相应责任。

【法院裁判要旨】

广东省汕头市潮阳区人民法院经审理认为：对于法人存在的违法行为，消费者对其产品质量、服务质量可以进行批评、评论，但不能以夸张或扩大的手法侵犯法人依法取得的名誉权，且不能利用自己的网络影响力来诉诸网络暴力，为吸引公众眼球、提高知名度而侵犯他人的合法权益。某化妆品公司与甲科技公司存在同业关系，郝某作为某化妆品公司“××博士”网络用户的实际使用人，将各网络服务平台作为营销平台，密集发表针对甲科技公司的不正当、不合理评价，明显扩大事实，目的在于通过诋毁对方的商业信誉和商品声誉，削弱其竞争能力，从而使自己任职的公司在竞争中取得优势地位，具有侵权的主观故意，其行为造成甲科技公司社会评价的降低，出现客户大量退货的损失，侵犯了甲科技公司的名誉权，应承担相应的侵权责任。

广东省汕头市潮阳区人民法院依照《中华人民共和国侵权责任法》第八条、第十五条、第二十六条，《最高人民法院关于审理利用信息网络侵害人身权益民事纠纷案件适用法律若干问题的规定》第七条、第九条第一项及第二项和《最高人民法院关于适用〈中华人民共和国民事诉讼法〉的解释》第九十条第二款的规定，判决如下：

一、郝某、某化妆品公司应于本判决生效后十日内分别在乙科技公司、某网络技术公司、丙科技公司的网络服务平台上以用户名“××博士”在用户首页位置显眼处公开刊登声明公告，向甲科技公司赔礼道歉，公告时间为30天；

二、郝某、某化妆品公司应于本判决生效后十日内共同赔偿甲科技公司损失8万元；

三、驳回甲科技公司的其他诉讼请求。

甲科技公司、某化妆品公司、郝某均不服一审判决，提起上诉。广东省汕头市中级人民法院经审理认为：本案中，广东省药品监督管理局发布的通报中有涉及甲科技公司在生产销售过程中存在的一些违法违规行为，包括甲科技公司生产相关批次的××膏因含有“地塞米松”而被认定为不合格产品。消费者或公众对甲科技公司的违法违规行为反应强烈，对此进行批评、评论本无可厚非，但郝某、某化妆品公司在发布的视频内容中，“被查出来含有激素地塞米松的××膏累计销量超过了18万件”未经查证属实，使用的“……最伤天害理的假货”等夸张言词构成对甲科技公司的语言侮辱，导致其客观社会评价降低，侵犯其名誉权。甲科技公司要求郝某、某化妆品公司基于其侵犯名誉权的行为赔礼道歉，符合法律规定。鉴于甲科技公司在生产销售中确实存在不合规的行为，结合双方的主观过错程度、侵权行为及发生原因等因素，一审判决酌定郝某、某化妆品公司应赔偿甲科技公司8万元并无不当。

广东省汕头市中级人民法院依照《中华人民共和国民事诉讼法》第一百七十七条第一款第一项规定，判决如下：

驳回上诉，维持原判。

【法官后语】

本案为当下热点的互联网法人名誉权侵权纠纷，表面看似“网络大V”（拥有众多“粉丝”）对法人违规生产销售的商品进行测评，实质上是企业利用有影响力的网络账号公开发表网络言论诋毁竞争对手的商品声誉。本案主要涉及公民言论自由与法人名誉权之间平衡点的界定，如何紧扣侵权责任构成要件进行全面审查，厘清企业及其管理下网络用户的实际使用人对具有同业竞争关系的企业法人行使网络评论的边界，综合考虑被评论企业自身过错造成的影响，合理确定侵权赔偿数额，是本案中值得研究探讨的重点问题。

实务中，对于是否构成网络名誉侵权，主要根据行为人行为具有不法性、被侵权人确有名誉受损事实、违法行为与损害结果之间存在因果关系、行为人主观上有过错这四个构成要件来认定。

一、行为人行为具有不法性

行为人行为具有不法性，即行为人是否通过网络发布了侮辱、诽谤等虚假性信息，致使他人名誉受损、社会评价降低。实务中在认定时，应当注意：

第一，网络言论内容具有虚假性、诽谤性。实践中，判断网络言论是否为虚假性、诽谤性信息并没有统一的判别标准，而是根据个案中该信息属于“事实陈述”抑或“意见表达”，进行具体问题具体分析，探究言论的“真实性”与“恶意性”，从而认定是否具有不法性。

所谓事实陈述，是指言论发布者对客观发生的事实的具体描述或待检验的经验总结。针对这一类型的言论信息，认定是否具有不法性的判断标准为“基本真实”，即只要行为人能够提供必要的证据证明其发布的言论内容基本真实，或对发布的不实言论已尽到合理查证义务，便不构成侵权，反之，若言论内容基本失实则构成诽谤。

所谓意见表达，是指针对某一事实的意义、价值等方面进行的个人立场表明或主观性评价。与事实陈述不同，认定这一类言论信息具备不法性与否，应看其是否包含侮辱他人人格的内容，以及侮辱、贬损、误导他人的主观恶意。如果行为人基于侮辱、贬损等主观恶意，超出了合理评价的范畴，在网络上通过人身攻击等形式发表贬损他人名誉性质的评价，则可能构成侵权。

第二，不同主体关于网络言论的容忍义务及注意义务程度。实务中，基于对网络言论自由与名誉权利益平衡的充分考虑，除判断言论信息内容的真实性、恶意性外，还应结合不同主体关于网络言论的容忍义务及注意义务程度，综合认定行为人行为的不法性。

关于涉及公共利益。一般而言，当网络言论内容涉及公共利益时，言论所针对对象应负有较高程度的容忍义务。此时在判断标准上虽然有所放松，不要求绝对真实，但行为人在发表言论时仍不能存在明知该言论不实或因疏忽而未考察其真实性的情形，即不能超出舆论监督的合理限度。

关于法人。通常来说，法人较之一般自然人，在社会生活中更具有优势地位，对社会公众、其他组织等出于正当目的发表的涉及法人自身的网络评论、舆论监督应负有更加宽容的容忍义务。因此，出于对双方力量对比的考量，法人对意见表达类的言论信息，尤其是消费者或新闻媒体的批评性观点，应有适度的容忍，只要该观点具备合理充分的事实依据，内容“基本真实”，不存在侮辱、诽谤、诋毁等损害商业信誉的恶意，则不构成对法人名誉权的侵犯。

相反地，商业竞争者在发表涉及竞争对手的言论时则被要求更高程度的客观、真实和相应的谨慎注意义务。除为维护自身利益，且不存在明显侮辱竞争对手的情形外，若行为人在无事实证据为支撑的前提下，使用任何带有强烈贬义的、会使竞争对手社会评价降低的字眼、词句，往往都会被认定为侵权。

此外，本案发生在具有虚拟性、匿名性的网络空间，当事人还披有“网络大V”这一层身份外衣。相较于普通用户，“网络大V”言论的受众人数更多、传播速度更快、影响范围更广，应在言论真实性方面赋予其更高程度的合理核实义务，审慎使用网络关注度和影响力进行言论表达与评价，不得为吸引流量、引导话题而实施超出发言合理限度的恶意诋毁、侮辱等侵权行为。

二、被侵权人确有名誉受损事实

侵害名誉权造成的损害事实主要包括两个方面：一是被侵权人的社会评价降低。一般认为，只要行为人发表的网络言论带有虚假性、诽谤性、侮辱性的信息内容，且该信息内容会被社会公众知晓，便可视为对社会大众关于受害人的评价造成影响，产生社会评价降低的效果，进而推定损害结果的发生。二是因名誉受损而遭受的精神损失或附带性财产损失。例如，被侵权人为积极维权、挽回名誉而采取补救措施所产生的调查费、律师费、刊登声明版面费等各类费用。再如，企业因信誉受损而导致的产品退货损失。

三、违法行为与损害结果之间存在因果关系

实务中，只要被侵权人能够证明行为人发表网络言论的行为具有不法性，根据一般社会经验，存在引起损害结果发生的可能性，实际上亦确实造成其名誉损害的客观事实，便可直接推断为违法行为与损害结果之间存在因果关系，无须另外举证证明。

四、行为人主观上有过错

网络名誉侵权的成立，要求行为人在网络上发布不当言论时应存在主观过错。实践中，往往根据行为人发表的不当言论内容、发布途径以及双方是否存在其他矛盾等因素综合推断行为人本身是否存在故意或者过失，如故意捏造、歪曲事实贬损他人名誉，未尽合理审查义务、明知可能涉及侵权仍转发等。

总而言之，讨论网络言论自由与法人名誉权的利益衡量，关键在于通过考察行为人所发表网络言论的目的、内容、性质、危害后果等因素，结合不同主体关于网络言论的容忍义务及注意义务程度，进而判断行为人发表该网络言论的行为是否侵犯了法人的名誉权。

具体到本案中，由于网络自媒体平台受众具有不特定性、广泛性，对郝某在上述平台上发布的视频言论是否构成侵权，应当综合考量发言人的具体身份、言论的具体内容、相关语境、受众的具体情况、言论所引发或可能引发的具体后果等加以判断。首先，甲科技公司作为依法成立的企业，虽然在生产经营过程中出现过一些违法行为，后经有权机关及时作出处理后重新取得生产经营销售的权利，其名誉权仍受法律保护。对于甲科技公司存在的违法违规行为，消费者对其产品质量、服务质量进行批评、评论本无可厚非，但正常监督行为的实施必须基于客观真实、合理充分的事实依据，保持中立公正的立场，符合社会公众共同认可的价值观，不能以夸张的手法恶意贬损法人名誉，误导社会公众。其次，某化妆品公司与甲科技公司存在同业关系，郝某作为某化妆品公司“××博士”网络用户的实际使用人，且是网络平台认证的加“V”公众人物，拥有更多的受众及更大的话语权，在对竞争对手发表评论性言论时，也应当承担比普通民众更高的谨慎注意义务，避免损害对方商誉。然而，郝某、某化妆品公司未对发布的视频内容尽到合理核实义务，其中不乏夸张、激烈、侮辱的言辞，明显存在扩大事实的不正当、不合理评价，诋毁甲科技公司的商业信誉和商品声誉。最后，由于甲科技公司在生产销售中确实存在不合规的行为，这也在一定程度上降低了公众对其商品的社会评价，若其将涉案视频播放后的所有经营损失归咎于郝某、某化妆品公司，而忽略自身生产销售中存在的违规过错行为并不公平。

编写人：广东省汕头市潮阳区人民法院　曹思漫　周昭宏

7

网络服务提供者处理已公开个人信息的合法性审查及责任判定

——张某诉某信息公司等网络侵权责任案

【案件基本信息】

1. 裁判书字号

广东省广州市中级人民法院（2023）粤 01 民终 13399 号民事判决书

2. 案由：网络侵权责任纠纷

3. 当事人

原告（被上诉人）：张某

被告（上诉人）：某信息公司

被告（被上诉人）：某计算机公司、某技术公司

第三人：某科技公司

【基本案情】

张某系执业律师，在某科技公司经营的某问答平台注册有律师账号。某信息公司经营的 A 律师平台主要提供在线法律咨询服务，平台内无律师用户。某问答平台通过某接口方式将平台内律师及相关信息推送至 A 律师平台展示，A 律师平台用户在张某的律师页面提交咨询，咨询内容会推送至某问答平台，张某回复该咨询后，回复内容再推送至 A 律师平台展示。A 律师平台用户点击张某咨询页面下方“立即电话咨询”，将跳转至某技术公司经营的 B 律师平台。

【案件焦点】

1. 张某的个人信息权益是否遭受侵害；2. A律师平台应否承担侵权责任。

【法院裁判要旨】

广州互联网法院经审理认为：第一，张某律师执业信息属于个人信息，对张某律师执业信息的处理活动适用《中华人民共和国个人信息保护法》的规定。第二，从某科技公司、某信息公司就处理张某个人信息的约定，以及某信息公司对个人信息的处理方式、目的等方面来看，A律师平台通过某接口接收张某等律师执业信息用于自有平台展示，并非为了推广张某律师信息，而是自主决定使用张某律师信息，为A律师平台用户提供法律咨询服务，故某信息公司不属于个人信息受托处理者。第三，张某的执业信息属广州市律师协会网站、全国律师诚信信息公示平台上可公开查询的信息。但是，某信息公司并非从前述网站处收集张某执业信息，而是从某科技公司处获取，以满足A律师平台经营需要，亦不属于“在合理的范围内处理个人自行公开或者其他已经合法公开的个人信息”，故A律师平台处理张某个人信息构成个人信息侵权，应当依法承担侵权责任。

广州互联网法院依照《中华人民共和国个人信息保护法》第三条第一款、第四条、第十三条第一款第六项、第二十一条、第二十三条、第二十七条、第六十九条、第七十三条第一项，《中华人民共和国民法典》第九百九十五条、第九百九十八条、第一千条第一款、第一千零三十四条第二款、第一千零三十七条第二款，《中华人民共和国电子商务法》第三十一条，《中华人民共和国民事诉讼法》第六十七条之规定，判决如下：

一、被告某信息公司于本判决发生法律效力之日起十日内，通过A律师平台发布致歉声明，就违法处理张某个人信息事宜向张某公开赔礼道歉，道歉内容须事先经本院审核，保留天数不少于60日；

二、被告某信息公司于本判决发生法律效力之日起十日内向原告张某赔偿损失800元；

三、驳回原告张某的其他诉讼请求。

某信息公司不服一审判决，提起上诉。广东省广州市中级人民法院依照《中华人民共和国民事诉讼法》第一百七十七条第一款第一项规定，判决如下：

驳回上诉，维持原判。

【法官后语】

个人信息数据是数据要素的重要组成部分。规范个人信息处理活动，应注重个人信息保护与促进个人信息合理利用的利益平衡。在涉及多方处理个人信息时，由此产生个人信息共同处理、委托处理等不同法律关系，但《中华人民共和国个人信息保护法》未对不同场景下各参与者之间的民事责任作出具体规定。因此，厘清个人信息处理活动中各参与者的责任，同时确定已公开个人信息的合理使用边界及个人信息主体遭受侵权时的判赔标准，通过规范个人信息处理活动平衡个人信息保护与促进个人信息合理利用的利益，是本案研究的核心问题。

一、以“自主决定”为判断标准确定个人信息处理者

根据《中华人民共和国个人信息保护法》第七十三条第一项的规定，在个人信息处理活动中自主决定处理目的、处理方式的组织、个人是个人信息处理者。两个以上的个人信息处理者共同决定个人信息的处理目的和处理方式，视为共同处理个人信息，应当根据约定在各自权利义务范围内独自承担个人信息处理者的责任。在案件中当事人主张依照委托关系处理个人信息，应从委托形式、合同内容、个人信息处理情况等方面审查是否存在个人信息委托处理关系。若委托关系存在，受托人只能按照委托合同的约定处理个人信息，由此产生的法律后果才由委托人承担。若单一受托人“自主决定”违规处理个人信息的，属于违反合同约定，应自行承担相应责任。本案中，张某执业信息由某科技公司经营的某问答平台推送给某信息公司经营的A律师平台相应页面展示，某信息公司提交《合作协议》等证明材料。从合同形式来看，与某科技公司签订《合作协议》的系案外人北京某某网络技术有限公司，并非某信息公司，协议中亦未有关于某信息公司权利义务的约定。无证据显示某科技公司就委托某信息公司处理个人信息进行过约定。从合同内容来看，主要为某问答平台律师信

息在A律师平台进行推广等事宜，未见委托处理目的、处理方式、个人信息的种类、保护措施及监督等内容。从个人信息处理情况来看，某问答平台与A律师平台均为提供律师咨询服务的网络平台，某信息公司使用张某执业信息，本质上是满足其经营的需要，而非以推广某问答平台律师信息为处理目的。虽然张某自愿注册成为某问答平台律师用户，但某问答平台单方制定的格式条款《律师用户服务协议》《隐私政策》违反了《中华人民共和国个人信息保护法》第二十三条的规定，其约定“会与供应商、服务提供商或其他合作伙伴共享用户的部分个人信息”的内容不构成“对其个人信息进行处理自愿、明确作出授权”的有效同意，因此，某信息公司使用张某执业信息并将访问张某咨询页面的用户导流至B律师平台，系“自主决定”使用张某个人信息盈利，应当独立承担个人信息处理者责任。

二、已公开个人信息处理的合法性审查应注重“合理范围”动态考量

《中华人民共和国民法典》《中华人民共和国个人信息保护法》对已公开个人信息的处理规则作出了特殊安排，旨在平衡个人信息保护与促进合理利用的关系。《中华人民共和国个人信息保护法》第十三条第一款第六项、第二十七条明确“不需取得个人同意”处理公开的个人信息需同时满足三个条件：一是被处理的信息属于合法公开的个人信息；二是在合理的范围内进行处理；三是不存在《中华人民共和国个人信息保护法》第二十七条规定的除外情形，包括“个人明确拒绝”和“对个人权益有重大影响”。

本案中，张某律师执业信息可在广州市律师协会网站等公示平台上公开查询，系有关主体依法依规公开的个人信息，属于“已合法公开的个人信息”。对公开信息的利用应合法、正当、必要、符合诚信原则以及信息公开的目的。认定“合理的范围”需结合个人信息类型、处理方式、处理目的等要素进行动态考量，重点审查获取公开信息的手段，以及处理目的是否与个人信息公开的目的相符。从个人信息的类型来看，律师执业信息是律师重要的个人信息，其目的是核定律师身份，律师的执业信息虽依法公开但未经本人同意不得用于查证以外的其他用途；从获取信息的手段来看，A律师平台并非直接从公开网站

收集张某执业信息，且该展示行为不具有必要性；从目的上来看，某信息公司以营利为目的使用张某执业信息，与行政主管部门公示张某执业信息的目的也不相符。由此可以认定某信息公司不属于在“合理的范围”内处理已公开的个人信息。此外，即使A律师平台系在合理范围内处理张某执业信息，但张某明确反对该处理活动，而律师执业信息属于对个人权益有重大影响应取得个人同意。因此，A律师平台的行为构成违法处理个人信息。

三、个人信息处理者侵权的责任认定

《中华人民共和国个人信息保护法》规定了个人在个人信息处理活动中的权利，在已公开个人信息遭受侵权时，权利人有权请求个人信息处理者删除其个人信息、赔礼道歉、赔偿损失等。

关于删除个人信息。《中华人民共和国民法典》第一千零三十七条第二款规定，自然人发现信息处理者违反法律、行政法规的规定或者双方的约定处理其个人信息的，有权请求信息处理者及时删除；《中华人民共和国个人信息保护法》第四十七条规定，前述情形下，个人信息处理者应当主动删除个人信息；个人信息处理者未删除的，个人有权请求删除。不论个人选择的请求权基础为何，其追求的效果是统一的，即使得违法处理者不再控制其违法处理的公开个人信息。个人信息权益属于人格权保护的权益范畴，因此，在个人信息权益遭受侵权损失时，权利人可依据《中华人民共和国民法典》第九百九十五条主张停止侵害。本案中，A律师平台未经张某同意处理其个人信息，侵害了张某的个人信息权益。张某有权请求某信息公司停止侵害，删除其违法处理的张某个人信息，删除效果应达到“在实现日常业务功能所涉及的系统中保持不可检索与访问的状态”。

关于赔礼道歉。赔礼道歉作为民事责任的承担方式，旨在弥补受害人的精神痛苦。张某个人信息权益因某信息公司的违法行为遭受侵害，该行为给张某带来精神痛苦，故对张某有关某信息公司赔礼道歉的诉讼请求，应当依法予以支持。

关于损害赔偿数额。个人信息遭受侵害的侵权案件中，受害人往往难以证明具体的财产损失。本案中，A律师平台使用张某执业信息向其平台用户提供网络服务，确会因用户访问、注册等行为带来商业利益，但A律师平台存在大量执业律师信息，因处理张某个人信息获得的利益难以确定；同时，A律师平台推广张某执业信息，一定程度上扩大了张某执业信息的传播范围，提升了张某的知名度，同时也为张某带来了潜在的商业利益。如仅从信息主体现有财产或可得利益的减少来考察个人信息权益的财产损失，难以实现保障个人信息权益和规制个人信息处理活动的立法目的。因此，根据《中华人民共和国民法典》第九百九十八条，个人信息受到侵犯对应的损害结果可能兼具精神性利益和财产性利益，侵害个人信息的民事责任，亦应灵活运用动态系统论进行认定，具体考量个人信息的种类、损害后果、处理目的、主观过错程度、是否采取补救措施、信息主体预防风险支出的成本等因素，综合确定张某的经济损失。

编写人：广州互联网法院　袁玥　陈斯杰

8

用户为追求主播在直播平台打赏，主播无过错的不承担侵权责任

——姜某诉何某、某科技公司侵权责任案

【案件基本信息】

1. 裁判书字号

北京市第三中级人民法院（2023）京03民终16767号民事判决书

2. 案由：侵权责任纠纷

3. 当事人

原告（上诉人）：姜某

被告（被上诉人）：何某、某科技公司

【基本案情】

某科技公司系某直播平台经营者，姜某为该直播平台注册用户，何某为该平台主播。姜某在该平台共计充值约461万元、打赏主播1158人，在2020年8月1日至11月30日，打赏给何某69万余元。

庭审中，姜某称何某在平台直播的内容主要是做惩罚对决，会在直播间对决时向所有观众求救打赏，不要让她受惩罚；如果姜某在直播间刷礼物刷得比较多，何某就会点他昵称公开说跟他“生猴子”（生孩子）、要陪他到老、喜欢他、爱他。直播间外，何某与姜某加为微信好友，但未曾线下见面。姜某认为何某在微信聊天中，通过“陪你到老”等暧昧语言向姜某许诺恋爱结婚，通过“××值达不到了”这样的话要钱或者要求打赏，通过“下次我陪你买”这样的话表达希望见面的意愿。当姜某询问何某住处，提出与何某见面、吃饭等要求时，何某均以各种理由拒绝，姜某因此认为何某编造在北京居住，欺骗自己。何某主张自己曾劝姜某继续打赏，虽然不愿意与姜某见面，但是作为主播又不好意思拒绝粉丝，并不想事情进一步往姜某臆想的结婚目的发展。

何某多次拒绝见面后，姜某向直播平台客服投诉举报何某，要求平台对其封号，平台客服答复何某在直播中没有达到判罚标准，以平台不好介入用户与主播的感情纠纷为由未处罚何某。姜某认为，何某在直播平台通过虚假承诺婚恋获取钱财的行为是有预谋的欺诈，既违背了社会公序良俗，也侵害了姜某的合法权益；某科技公司没有尽到管理责任和管理义务，其放任何某的欺诈行为，表明了其也是侵权行为的参与者，其对相应欺诈亦有故意。故，姜某起诉要求何某、某科技公司共同返还打赏款，何某返还姜某支付宝转账钱款。

【案件焦点】

1. 姜某在平台打赏何某的行为性质如何界定；2. 何某的行为是否对姜某构成欺诈；3. 何某、某科技公司是否对姜某构成侵权。

【法院裁判要旨】

北京市朝阳区人民法院经审理认为：本案中，姜某与某科技公司缔结了网络服务合同，直播平台向姜某提供了《用户协议》约定的收费服务，履行了网络服务合同义务。姜某为直播内容和打赏服务给其带来的精神愉悦而付费，其充值打赏的钱款属于为满足个人精神文化需求而产生的支出。故，姜某在某科技公司直播平台的充值打赏系一种消费行为。

本案中，姜某主张何某欺诈的事由包括虚假许诺婚恋及谎称自己在北京。就虚假许诺婚恋一节。姜某与何某沟通交流限于直播间和微信等线上方式。在直播间的网络语境下，主播对打赏的用户使用“喜欢”“爱”等词汇通常是表达感激之情，无论是其他观众还是被表达对象，并不因这种表达而产生主播承诺与用户恋爱的认知。姜某有长期使用直播平台、观看直播及打赏其他主播的经历，应当对主播在直播间内的话语具有一定辨别能力，不应由此陷入主播希望与之发展恋爱关系、承诺结婚的错误认识。直播间外，依据姜某提交的证据，何某并无直接要求或明确同意与姜某恋爱、结婚的话语，也没有向姜某索要打赏或其他财物的言语，姜某虽多次向何某表达爱意，但何某未给予同等回应，依据现有证据，难以认定姜某与何某建立了双向的恋爱关系，也难以认定何某的言行足以使姜某陷入要与之恋爱、结婚的错误认识。就推托见面和隐瞒住址一节。何某并未以见面为前提要求姜某在直播平台上对其打赏，未积极主动提出要与姜某线下见面，主播亦没有义务告知观众其住址情况。

何某的行为不构成欺诈，因此也不成立以欺诈手段侵害姜某的财产权益。直播平台已就姜某的投诉予以核实并作出处理，处理意见并无明显不当。

北京市朝阳区人民法院依照《中华人民共和国民法总则》第八条、第一百四十三条，《中华人民共和国合同法》第八条，《中华人民共和国侵权责任法》第六条，《中华人民共和国民事诉讼法》第六十七条，《最高人民法院关于适用〈中华人民共和国民事诉讼法〉的解释》第九十条，《最高人民法院关于适用〈中华人民共和国民法典〉时间效力的若干规定》第一条之规定，判决如下：

驳回原告姜某的全部诉讼请求。

姜某不服一审判决，提出上诉。北京市第三中级人民法院依照《中华人民共和国民事诉讼法》第一百七十七条第一款第一项规定，判决如下：

驳回上诉，维持原判。

【法官后语】

本文主要对网络直播打赏行为定性，以及平台、主播的责任边界展开分析。

一、一般性直播打赏中三方主体法律关系的认定

通常所称的直播打赏行为包含了网络用户、直播平台、网络主播三方主体，符合三项行为构成：一是网络用户将法定货币兑换成虚拟货币（充值）；二是将虚拟货币兑换成虚拟道具并在网络主播直播间释放（打赏）；三是以网络主播获得的礼物道具数据信息为计算基数，直播平台与网络主播、经纪公司按约定的分成规则获得现金收益（分成）。“充值—打赏—分成”系交易预备至交易完成的不同环节，由平台全流程参与介入，共同形成用户向主播打赏、主播获取财产利益的交易整体。

二、一般性直播打赏系消费行为而非赠与行为

为便于行业普及推广，包括网络直播在内的绝大多数网络服务采用了基础服务免费，特定、定制化服务收费的消费模式。首先，用户在平台付费均是以平台提供了信息服务、主播提供了表演内容为前提，不符合无偿性特点。其次，直播平台对打赏用户提供了区分于一般免费观赏者的服务，用户通过打赏过程增加了对直播的观看体验，享受不同于其他免费观看者的精神愉悦。一般性的直播打赏行为不符合赠与合同的无偿性、单务性特点，应为消费行为而非赠与行为。

三、用户打赏主播是否构成侵权法律要件

1. 考察主播与用户交往中是否存在过错。在一般的网络直播打赏中，用户打赏的愉悦体验来自和主播、其他观众在直播间的互动，发生在平台直播间和直播时间段这一特定的网络空间和时间范围内。本案中，用户与主播未线下见面，沟通交流只限于直播间和微信等线上方式，用户在微信聊天中向主播示爱，但主播未予以积极回应，亦无诱导打赏语言，主播无明显过错。

2. 考察用户是否因产生错误认识进行打赏。构成欺诈应同时符合以下要件：（1）行为人故意告知虚假事实或者隐瞒事实；（2）相对人因此陷入错误认

识；(3) 相对人因此作出不真实的意思表示；(4) 行为人主观上存在故意。网络语境下，“喜欢”“爱”乃至“生猴子”(生孩子) 等语言已非专属于恋人的表达。尤其在用户大额打赏情形下，主播对打赏用户使用“喜欢”“爱”等词汇通常是表达感激之情。结合本案中用户有长期使用直播平台、观看直播及打赏其他主播的经历，不应由此陷入主播希望与之发展恋爱关系、承诺结婚的错误认识。

直播间外，本案用户对主播的了解只限于直播间表演和线上聊天，二人从认识到关系遇冷不超过三个月，用户的示爱及追求主播未予以同等回应。即使主播曾说“我会陪你到老”这样的话，结合用户有大额打赏情况，很难分辨主播是不是表达感激之情。因此，以一般理性人的判断标准，无法认定本案主播的言行会使人产生婚恋误解。因此，本案中用户虽然在平台充值打赏，其财产客观上存在减损，但主播及平台不存在欺诈故意，用户打赏行为宜认定为其对自己在平台观看主播表演自愿支付的对价。

编写人：北京市朝阳区人民法院　刘奇琦

三、违反安全保障义务责任纠纷

9

存在劳动收入的退休人员在侵权责任纠纷中可以主张误工费

——文某诉某生态农业公司侵权责任案

【案件基本信息】

1. 裁判书字号

湖南省湘潭市中级人民法院（2023）湘03民终870号民事判决书

2. 案由：侵权责任纠纷

3. 当事人

原告（被上诉人）：文某

被告（上诉人）：某生态农业公司

【基本案情】

2022年5月4日，文某在某生态农业公司参加他人婚宴。上午十一点多，文某在某生态农业公司卫生间内不慎滑倒摔伤。某生态农业公司卫生间地面上仅标注有“小心台阶”提示语。文某于当日入院治疗6天。经鉴定，文某损伤误工期限为30天，护理期限及营养期限参照住院天数计算，出院后适当门诊治疗及后期适当抗疤痕治疗费用为1500元左右。文某通过种植水稻、辣椒，养鸡、护养茶树山获取收入来源。

【案件焦点】

1. 某生态农业公司的责任承担如何确定；2. 存在劳动收入的退休人员能否主张误工费。

【法院裁判要旨】

湖南省湘潭县人民法院经审理认为：《中华人民共和国民法典》第一千一百九十八条规定，经营场所、公共场所的经营者、管理者未尽到安全保障义务，造成他人损害的，应当承担侵权责任。本案中，文某在某生态农业公司经营场所摔倒，虽某生态农业公司辩称无法确定文某摔伤的具体原因，但案涉事故的发生地点为卫生间，考虑到卫生间难免有积水存在，且某生态农业公司对文某摔伤另有其他原因并未提供证据予以证明，故本院对文某在某生态农业公司店中滑倒摔伤的事实予以确认。某生态农业公司作为经营场所，应当为顾客提供安全的消费环境，某生态农业公司在卫生间内未采取适当的防滑措施，也未设置警示标志，致使发生文某滑倒受伤的损害后果，应承担侵权责任。文某作为完全民事行为能力人，自身应当注意安全，对危险的发生应有预判，其不慎跌倒受到伤害，自身亦应承担不注意安全的相应责任。综合案件具体情形及双方的过错程度，对于文某遭受的各项损失，由双方各承担 50% 的责任为宜。关于误工费，文某虽已过法定退休年龄，但其在事故发生前仍具有劳动能力并通过劳动获取收入来源，其主张的误工费应予以支持，因文某未提供证据证明其具体收入情况，故本院参照湖南省城镇私营单位农、林、牧、渔业就业人员年平均工资计算误工费。

湖南省湘潭县人民法院依据《中华人民共和国民法典》第一千一百六十五条、第一千一百七十九条、第一千一百九十八条，《最高人民法院关于审理人身损害赔偿案件适用法律若干问题的解释》第六条、第七条、第八条、第九条、第十条、第十一条，《中华人民共和国民事诉讼法》第六十七条第一款之规定，判决如下：

一、被告某生态农业公司在本判决生效之日起十日内赔偿原告文某各项损失 6709.71 元；

二、驳回原告文某的其他诉讼请求。

被告某生态农业公司不服一审判决，提起上诉。湖南省湘潭市中级人民法院经审理认为：某生态农业公司未能提供证据证明其在经营过程中已采取了适当的安全防护措施，不能证明其经营行为已经尽到安全保障义务，因此，对造成文某摔倒受伤具有过错，应承担相应的侵权责任。一审法院根据本案实际情况，酌情认定某生态农业公司承担50%的赔偿责任并无不当。关于误工费，文某受伤时虽已达退休年龄，但根据农村实际情况及文某所在村委会出具的证明等相关证据，能证实其在事故发生前具有劳动能力并进行劳动，一审法院酌情按照湖南省城镇私营单位农、林、牧、渔业从业人员年平均工资标准计算误工费并无不当，某生态农业公司上诉主张不应计算误工费的上诉理由本院不予支持。

湖南省湘潭市中级人民法院依照《中华人民共和国民事诉讼法》第一百七十七条第一款第一项规定，判决如下：

驳回上诉，维持原判。

【法官后语】

《中华人民共和国民法典》第一千一百九十八条规定："宾馆、商场、银行、车站、机场、体育场馆、娱乐场所等经营场所、公共场所的经营者、管理者或者群众性活动的组织者，未尽到安全保障义务，造成他人损害的，应当承担侵权责任。"日常生活中，行人在商场、超市、酒店、游乐园等经营场所、公共场所中，跌倒、受伤的事件时有发生。何种情况下经营场所应当承担侵权责任，以及承担责任比例等问题应根据具体情况具体分析。

1. 安全保障义务是一种法律在综合考虑了在调整商业活动的秩序中设立这种义务的价值及道德需要后依据诚信及公平原则确立的法定义务。具体是指经营者在经营场所对消费者或者其他进入服务场所的人之人身、财产安全依法承担的安全保障义务。其义务主体为服务场所的经营者，包括服务场所的所有者、管理者、承包经营者等对该场所负有法定安全保障义务或者具有事实上控制力的公民、法人或其他社会组织。

2. 判断公共场所是否尽到了合理的安全保障义务，应从以下几点考虑：第一，法定标准。如果法律、法规、规章、政策文件、国家强制标准等对于安全保障的内容有直接规定的，应当以法律、法规、规章、政策文件等的规定内容作为判断的标准和依据。第二，行业标准。在法律、法规没有明确规定的情况下，安全保障义务应当达到同行业所应当达到的通常注意义务，如有关部门印发的团体标准、行业标准，行业协会印发的操作规范、指引等。由于安全保障义务主体一般是某一行业的经营者、管理者，其往往具备行业要求的相关专业资质、管理能力，其对安全保障注意义务的履行应当高于对普通人的标准，即要达到与其专业管理能力相匹配的程度。比如，物业管理公司对于物业周边消防安全隐患的清除，游乐场经营者对于游乐设施、特殊器材的专业维护等。第三，合同标准。尽管安全保障义务是侵权责任法层面的法定义务，但不能否认的是，如果合同约定一方负有对另一方的安全保障的义务，则安全保障义务也来源于合同的约定。因此，合同约定的标准也是判断安全保障义务人是否尽到相应义务的一种依据。如果合同仅对安全保障义务作出泛泛的约定，此时，应当以能够实现订立合同目的即以保障当事人人身、财产安全的合理标准进行解释。第四，善良管理人的标准。如果法律没有规定确定的标准，是否履行了安全保障义务，可以按照善良管理人的标准确定。行为人是否对他人负有积极作为的义务，应根据善良家风的判断标准加以确定。都是要以交易上的一般观念，认为具有相当知识经验的人，对于一定事件的所用注意作为标准，客观地加以认定。行为人有无尽此注意义务的知识和经验，以及其向来对于事务所用的注意程度，均不过问。第五，特别标准。根据保障权利的特点和目的，在一些特殊场合，对安全保障义务的要求应采取特殊标准。比如，对于未成年人的安全保障义务，因未成年人心智发育不健全，认知和自我保护能力较弱，因此应当采用较成年人权益保护更高的标准。

3. 根据实际情况判断公共场所经营者需要承担相应的责任后，对于退休人员主张误工费能否得到支持的问题亦需要根据实际情况判断。法定退休年龄是国家为维护职工合法权益和劳动权利作出的规定，是国家对职工的一种待遇，并非对劳动能力的认定和限制，《中华人民共和国民法典》及《最高人民法院关于审理人身损害赔偿案件适用法律若干问题的解释》也均未对受害者获得误工费赔偿的年龄作出限制性规定，故达到法定退休年龄与丧失劳动能力不能画等号。现实中，退休后仍然从事劳动工作的老年人不在少数，因此，达到法定退休年龄的受害人主张误工费，应当根据受害人在发生事故时是否从事劳动工作的实际情况来判断，与年龄无关，不能片面地以法定退休年龄作为认定劳动能力丧失的依据。审判实践中，在达到法定退休年龄的受害人举证证实确实存在劳动收入的情况下，其主张的误工费应当得到支持。

编写人：湖南省湘潭县人民法院　莫纾婷

10

机械车库取车造成损害的赔偿责任认定与纠纷化解

——赵某诉某物业公司等财产损害赔偿案

【案件基本信息】

1. 裁判书字号

上海市第一中级人民法院（2023）沪 01 民终 1946 号民事判决书

2. 案由：财产损害赔偿纠纷

3. 当事人

原告（被上诉人）：赵某

被告（上诉人）：某物业公司、吴某

被告（被上诉人）：某房地产公司、某机电设备公司

【基本案情】

2020 年 9 月 13 日，被告吴某到涉案车库取车，其车辆停放在 208 号车位

上。被告吴某操作控制器后，原告车辆所停放的107号载车板没有回位到107号车位，208号载车板下降，压在原告车辆顶部，导致原告车辆受损。

鉴定机构于2021年6月30日出具《质量鉴定报告》，事故发生原因为：（1）行程开关受到异物阻挡后系统报错。（2）未清除控制系统内的故障代码，又进行了208车位运行操作。某物业公司支出鉴定费43560元。

另，鉴定机构于2021年5月7日对涉案车库现场进行查看时车库内有某物业公司张贴的《停车须知》，主要内容为：在存、取车辆时必须集中精力（不能随意玩忽职守），随时观测设备与运转情况，如遇异常声响（或观测到异常情况），立马按操作屏处急停装置并通知管理人员。落款时间为2019年8月。

庭审中，证人张某甲、张某乙、张某以小区业主身份出庭作证，均称自行操作时经常出现卡顿或报警。张某甲、张某乙称某物业公司未对业主进行过培训，张某称其刚开始操作时保安教过其一次。

【案件焦点】

1. 机械车库所有权人、管理人、维保义务人各自负担的义务；2. 本案侵权赔偿责任主体及侵权赔偿责任的承担如何确定。

【法院裁判要旨】

上海市闵行区人民法院经审理认为：涉案车库系机械式停车设备，属特种设备，被告某物业公司作为涉案车库的管理人，应充分考虑到涉案车库操作时可能存在的安全隐患，加强安全管理。但被告某物业公司未对车库使用人进行操作培训，未安排工作人员进行操作协助，仅张贴了《停车须知》，任由车库使用人自行操作，导致事故发生，存在过错，应当承担赔偿责任。被告吴某在取车过程中未注意观察，在107载车板受障碍物阻挡未就位107号车位引发系统报错后，未清除控制系统内的故障代码，又进行了208车位运行操作，对事故的发生亦存在过错，应当承担赔偿责任。受损车辆维修费、车损评估费共计41978.75元，系原告实际损失，本院综合考量涉案车库故障处理的操作难度、被告某物业公司已履行的管理义务等因素，酌定由被告某物业公司承担70%的责任，由被告吴某承担30%的责任。因涉案车库经鉴定未发现质量问题，故原告要求被告某房地产公司及被告某机电设备公司承担赔偿责任，依据不足，本院不予支持。

上海市闵行区人民法院依照《最高人民法院关于适用〈中华人民共和国民法典〉时间效力的若干规定》第一条第二款，《中华人民共和国侵权责任法》第六条第一款、第十二条，《最高人民法院关于适用〈中华人民共和国民事诉讼法〉的解释》第九十条规定，判决如下：

一、某物业公司于本判决生效之日起十日内赔偿赵某车辆维修费28510.13元，车损评估费875元，质量鉴定费30492元，鉴定人员出庭费700元，共计60577.13元；

二、吴某于本判决生效之日起十日内赔偿赵某车辆维修费12218.62元，车损评估费375元，共计12593.62元；

三、驳回赵某的其余诉讼请求。

吴某、某物业公司不服一审判决，提起上诉。上海市第一中级人民法院经审理认为：虽然2019年国家市场监督管理总局发布的《特种设备作业人员考核规则》（TSG Z6001—2019）附件J规定，从事机械式停车设备的司机不需要取得《特种设备作业人员证》，但不是取消配置经过培训的工作人员操作立体停车库的机械设备，某物业公司在未对业主进行培训的情况下不再安排专业操作人员，被上诉人赵某及出庭三名证人一致确认涉案车库的车辆停放是由业主自行操作，如发生设备故障问题需要联系地面大门保安，显然涉案小区业主在未得到专业培训的情况下凭自己掌握的简单操作方法进行操作，一旦出现设备故障缺乏正确的应对方法，因此可以认定某物业公司未尽管理职责，对该起事故存在主观过错，一审法院判决认定上诉人某物业公司对该起事故造成被上诉人赵某车辆受损而发生的维修费、检测费等财产损失承担70%的赔偿责任，亦无不当。上诉人吴某作为涉案小区的业主，其在涉案车库操作208号车位车辆下降至地面过程中，已知107号车位载车板在横移过程中出现拖地现象导致横移未完全到位并且设备停止运行情况下，未立即通知物业管理人员，也未立即按紧急停止按钮，而是继续进行了208车位运行操作，最终导致208号车位载车板下降过程中压在107号车位车辆顶部，造成107号车位车辆受损的事故，因此可以认定吴某在操作机械设备过程中存在主观过错，一审法院判决认定上诉人吴某对该起事故造成被上诉人赵某车辆受损而发生的维修费、检测费等财产损失承担30%的赔偿责任，亦无不当。关于《质量鉴定报告》是否具有效力以及是否为本案当事人归责依据问题，对此法院认为，在赵某诉吴某、某物业公司（2020）沪0112民初41989号一案中，某技术公司对机械设备及事故发生原因进行司法鉴定并出具《质量鉴定报告》，本案一审审理中，出具该份鉴定报告的某技术公司两名工作人员出庭回答各方对该份鉴定报告提出的疑问，因此一审法院采信该份鉴定报告的证据效力，并作为责任主体及责任承担的认定依据，程序合法，并无不当。关于吴某所称的软件系统存在问题以及赵某所称的某物业公司、某机电设备公司在事发后存在维修以及隐瞒维修事实的问题，因未得到上述两公司的认可，且无相应证据予以佐证，故本院不予采信。综上所述，上诉人吴某、上诉人某物业公司的上诉请求均不能成立，应予驳回；一审判决认定事实清楚，适用法律正确，应予维持。

上海市第一中级人民法院依照《中华人民共和国民事诉讼法》第一百七十七条第一款第一项之规定，判决如下：

驳回上诉，维持原判。

【法官后语】

本案系因机械车库操作造成损害赔偿的典型案例，厘清了开发商、维保公司、物业公司、第三人各方主体的责任，又兼顾了车主人身财产安全及物业公司管理成本的衡平，为类似案件提供了重要分析样本。

一、通过机械车位操作人员相关规定厘定管理人培训义务

机械车库作为可以升降移动、钢结构的特种停车设备，具有一定危险性。2019年以前，国家要求机械车库操控人员必须具备专业知识、持证上岗。物业公司对机械车库的管理义务非常明确，即配备专职的持证车管员进行操作，并能够有效阻止非专业人员私自操作。

相应地，物业公司所负担的人力成本也较高，应当达到与车位数量及操作频率相匹配的程度，否则可能承担管理不到位的责任。

2019年市场监管总局发布的《特种设备作业人员考核规则》（TSG Z6001—2019）（以下简称2019年规则）附件J规定，从事机械式停车设备的司机不需要取得《特种设备作业人员证》,[①] 但各地市场监督管理局对于管理人的培训义务以及从业人员的定义解释不一。因此，2019年规则出台后，物业公司对机械车库承担何种管理责任亟待厘清。

根据文义解释，2019年规则虽取消了从事机械式停车设备的司机持证上岗的要求，但并未取消配置经过培训的从业人员操作机械车库设备的要求。按照风险控制标准，管理人对损害的防范和注意义务应与其规模大小、经济效应、控制能力等因素相关。相比传统停车场，机械车库能够提高停车场容量、提高收益、增加停车费收入，同时车主自行操作难度与事故发生率均有所提高，因此管理人相应负有更严格的管理责任和注意义务包括培训义务。而2019年规则中的“可以”所修饰的是培训内容，即管理人可以参照附件D的内容对操作人员进行培训，而非可以自主决定是否对操作人员进行培训。

二、管理人允许车主自行操作需证明已尽到有效培训

司法实践在认定机械车库管理人责任时，既要维护业主的人身财产利益，也要考虑到机械车库在解决停车难上的优势和物业管理的人力成本，平衡业主与物业公司的利益。

如果严格按照文义解释，2019年规则中的“从业能力”一词将车主排除在“相关人员”之外，一方面明显与2019年之后大量小区允许业主自行操作的社会生活不符，另一方面物业公司也将负担较大的人力成本，为了追逐利润可能会增加管理费用或是偏向管理传统停车场，最终导致机械车库的投入率有所减

① 按照2019年规则附件J中“J1范围”规定：“……从事起重机械司索作业人员、起重机械地面操作人员和遥控操作人员、桅杆式起重机和机械式停车设备的司机不需要取得《特种设备作业人员证》，使用单位可参照本大纲的内容，对相关人员的从业能力进行培训和管理。”

缓，停车矛盾难以解决，反而造成广大业主利益和社会利益受损。因此，相关人员应当扩大解释为包含车主在内的操作使用人员，除非物业服务合同、车位管理协议等中明确约定配备专业人员操作车库。

同时，要求管理人对自行操作机械车位的车主进行操作使用培训，既符合2019年规则的要求，也与管理人的经济收益及风险防范能力相匹配。管理人完全能够合理安排培训的时间节点与频率，对自行操作的车主进行有效培训。培训内容根据2019年规则应参照《附件D特种设备安全管理人员考试大纲》设计，必须包含基本操作使用、故障应急处置等内容。该项培训并未提高对管理人安保义务和管理责任的要求，相反，培训成本相比安排专人操作成本已显著降低。在双方对培训与否发生争议时，应由管理人承担举证责任，证明其已尽到有效培训。

本案中，被告某物业公司未对小区业主进行培训即允许业主自行操作机械车位，使业主在未得到专业培训的情况下仅凭自己掌握的简单操作方法进行操作，未尽包含培训义务在内的管理职责，某物业公司仅以已张贴设备操作使用说明为由抗辩的，法院不予支持。

三、多因一果侵权的责任认定

（一）本案中承担责任的主体

综观本案的案情，主要存在两个侵权行为：一是某物业公司既未安排专人操作管理机械车库，也未对自行操作的业主进行培训，未尽到适当的管理义务；二是吴某在操作设备出现明显故障时，继续按键导致原告车辆受损。其余被告不承担责任。

开发商作为所有权人，承担机械设备质量瑕疵的责任，并负担机械车库的运营成本及维护成本。本案中，首先，无证据证明该起事故发生与某房地产公司提供的涉案车库机械设备质量有关；其次，某房地产公司已将机械车库委托某物业公司进行管理；最后，机械设备由维保单位定期进行维护保养服务。因此，开发商对事故的发生没有过错，并非本次事故的赔偿责任主体。

维保单位对机械设备整修维保承担义务，使设备在运行年限的正常范围。

在判断是否尽到维保义务的证明标准上，相关特检单位的检查系特定时间进行的总体、初步检查，检验报告仅能够初步证明维保单位尽到了维保义务。但若双方对此仍有争议，应通过鉴定程序对各部件进行详细静态检查、对设备运行进行动态检查。该鉴定结论可以推翻检验报告，并作为最终认定维保责任的依据。本案中，因鉴定结论明确机械设备不存在质量问题以及机械设备该有的保护措施正常，某机电设备公司对设备的整修维保在运行年限的正常范围，故认定某机电设备公司亦非本次事故的赔偿主体。

（二）本案属于“多因一果”侵权类型

本案中，虽表面上系由第三人吴某过错造成的，但实际上也与某物业公司作为管理人的过错有关，故某物业公司不能因第三人过错而免责。

管理人某物业公司与第三人吴某共同造成原告车辆受损的损害后果。主观上，二人之间没有共同的意思联络，且二人均未有故意侵权的心态；客观上，吴某于故障发生后继续按键直接导致损害结果的发生、某物业公司未尽到管理义务为损害创造条件，共同导致了损害后果的发生，故应该认为“多因一果”侵权。

又因某物业公司未尽到管理责任或吴某的行为单独均非造成损害结果的必要条件，任何一个原因都不能单独导致损害结果的发生，属于间接结合的多个原因行为，需要划分相应的责任份额。

（三）责任份额的确定

首先，某物业公司未安排专人操作、也未对业主培训过即放任业主自行操作复杂、事故率较高的机械设备，过失程度亦显著较高，故对损害结果发生起主要作用。

其次，某物业公司作为专业的物业管理公司，在小区机械车库故障频发的情况下，理应及时对业主进行包括故障应对方法在内的操作培训。相反，某物业公司放任业主继续凭自己掌握的简单操作方法进行操作，可谴责性较大。

最后，机械车库管理人对自行操作业主应尽的培训义务通过在责任比例中认定和裁判精神中彰显，能够起到较好的教育引导作用，其社会效果不容忽视。

综上，本案中，某物业公司和吴某依据各自的过失程度及各自行为对损害后果的原因力，分别承担70%和30%的责任。

四、机械车库操作纠纷的审判理念

本案中，原告立案时认为应由某物业公司、开发商、维保单位承担全部赔偿责任，吴某没有责任，故未将实际操作人吴某列为被告。但经法院询问，如最终认定吴某需承担责任，原告亦不放弃向吴某主张其应承担的赔偿责任。因此，为使原告在本次诉讼中彻底解决问题，也使包括吴某在内的各方主体能够在庭审中充分答辩和发问，法院依法追加吴某为本案被告。通过本案一并解决各方主体责任，避免后续案生案，实质化解纠纷。

同时，此类案件中，原告还可能基于安全保障义务、违约关系、产品责任、相邻关系等不同的法律关系将各被告一并诉至法院。如果坚持让原告按照各个法律关系分开起诉走程序，不利于维护原告的权益，无法达到止息纷争的目的。既然上述各法律关系基于同一法律事实产生，从保护车主利益、厘清当事人责任、便利当事人诉讼等角度考虑，在财产损害赔偿纠纷同案中一并予以审查认定，才能真正做到案结事了、服判息诉。

本案中，法院认定开发商、维保单位、物业公司各自对机械设备应承担的质量瑕疵担保责任、整修维保责任、管理责任。通过厘清各方主体责任，能够避免主体间相互推诿、车主权益受损，也能够增强各方主体的自我约束意识，共同促进机械车库的安全使用以及行业发展。

编写人：上海市高级人民法院　朱秋晨

上海市宝山区人民法院　沈璐

11

经营场所的公用设施不符合安全要求造成损害，不具有相应危险控制能力的经营者不应承担侵权责任

——佟某诉某超市等侵权责任案

【案件基本信息】

1. 裁判书字号

四川省成都市中级人民法院（2023）川01民终2546号民事判决书

2. 案由：侵权责任纠纷

3. 当事人

原告（上诉人）：佟某

被告（上诉人）：某超市

被告（被上诉人）：某超市分公司、某商场、某物业公司

【基本案情】

2015年5月28日，某商场与某超市签订《场地租赁合同》，约定某商场将负一楼出租给某超市作为商业经营之用。后，某超市分公司在此处经营某超市。

2021年2月24日，某超市与某物业公司签订《购物车管理服务合同》，约定某物业公司承担某超市门店的购物车管理服务工作；某物业公司在履行合同过程中，应为员工提供安全防护设备、工具，并对其进行相应安全培训；某物业公司员工因工作中或工作质量不符合合同约定要求造成人身损害或对第三人造成人身损害和财产损失，某物业公司应全额赔偿；等等。

2021年10月15日，某物业公司工作人员李某在某商场一楼回收某超市的购物车后，未遵守某物业公司关于应将收集的购物车用绳索绑定、采用管理人

员在购物车前方的方式通过通往负一楼的公共坡道的管理要求，导致购物车在坡道上段滑脱，顺坡道下滑经过坡道中下段的弯道后，将在坡道下段的佟某撞伤。

佟某被送往医疗机构急诊、住院治疗，于 2021 年 10 月 22 日出院。出院诊断为：（1）脾破裂；（2）双肾囊肿；（3）左肾结石。

【案件焦点】

对于佟某遭受的人身损害，应当由谁承担侵权责任，以及如何确定相应的侵权责任方式。

【法院裁判要旨】

四川省成都市青羊区人民法院经审理认为：某超市分公司对其提供的购物车具有管理义务，因管理不善，具有过错，应当承担相应的赔偿责任。佟某驻足在通道，未尽到注意义务。佟某受伤应由某超市分公司承担 70%的责任，自行承担 30%的责任。

四川省成都市青羊区人民法院依照《中华人民共和国民法典》第一千一百六十五条、第一千一百七十三条、第一千一百七十九条、第一千一百八十三条，《中华人民共和国公司法》第十四条，《最高人民法院关于审理人身损害赔偿案件适用法律若干问题的解释》第六条、第八条、第九条、第十条、第十一条、第十二条，《中华人民共和国民事诉讼法》第六十七条、第一百四十五条之规定，判决如下：

一、某超市于判决发生法律效力之日起十日内向佟某支付 211064. 2 元；

二、驳回佟某的其他诉讼请求。

佟某、某超市不服一审判决，提起上诉。四川省成都市中级人民法院经审理认为：李某执行某物业公司工作任务时违规操作，导致购物车滑脱，其实施侵权行为造成佟某损害，应当由某物业公司承担侵权责任。案涉坡道长约 60 米、坡度大于 40 度，且坡道中下段存在弯道，在坡道下方无法观察到上方的情况，推行购物车在坡道上通行存在显而易见的安全隐患。某商场是公共通道的管理人，实际控制公共通道内的坡道，应当并且能够采取设置防滑设施、减速设施等措施防免危险的发生。但某商场未采取措施，应当承担与其未尽安全保障义务的过错相应的补充赔偿责任。佟某遭受撞击时位于坡道下方，滑脱的购物车出现在其视野内时，已经距离较近、速度极快，难以规避。本案不能认定佟某对其遭受的损害存在过错，不应减轻侵权责任。案涉坡道超出了某超市租赁商业用房的范围，某超市在经营活动中也未实际控制、管理坡道；因客观上无法采取措施防免危险，某超市不应承担侵权责任。综上，佟某遭受的损害系李某实施的侵权行为和某商场未尽安全保障义务的不作为侵权相结合所致。李某的侵权行为是导致佟某损害的直接原因，某商场未尽安全保障义务也是造成损害的因素，故二审确认某物业公司承担侵权责任，并酌情确认某商场在某物业公司不能承担全部赔偿责任时，对佟某遭受的损害承担 30% 的补充赔偿责任。

四川省成都市中级人民法院依照《中华人民共和国民法典》第一千一百七十九条、第一千一百九十一条、第一千一百九十八条，《最高人民法院关于审理人身损害赔偿案件适用法律若干问题的解释》第八条、第十一条，《最高人民法院关于确定民事侵权精神损害赔偿责任若干问题的解释》第五条，《中华人民共和国民事诉讼法》第一百七十七条第一款第三项，《最高人民法院关于适用〈中华人民共和国民事诉讼法〉的解释》第九十条、第一百九十六条、第二百零七条、第三百二十一条的规定，判决如下：

一、撤销成都市青羊区人民法院（2022）川 0105 民初 7496 号民事判决；

二、某物业公司于本判决发生法律效力之日起十日内赔偿佟某医疗费、住院伙食补助费、营养费、护理费、残疾赔偿金、交通费、鉴定费、精神损害抚慰金，合计 303094. 57 元；

三、某商场对上述第二项赔偿义务在 90928. 37 元范围内承担补充赔偿责任；

四、驳回佟某的其他诉讼请求。

【法官后语】

《中华人民共和国民法典》（以下简称《民法典》）第一千一百九十八条规定了经营场所的经营者、公共场所的管理者、群众性活动的组织者负有法定的安全保障义务；但是鉴于安全保障义务主体的范围宽泛，不同义务主体在不同的公共场所、营业场所或者组织的活动中针对不特定的对象负有的安全保障义务不尽相同等原因，未对安全保障义务的具体内容进行规定，仅规定“未尽到安全保障义务”造成他人损害的，应当承担侵权责任。《最高人民法院关于审理人身损害赔偿案件适用法律若干问题的解释》认为，安全保障义务是指宾馆、商场、银行、车站、机场、体育场馆、娱乐场所等经营场所、公共场所的经营者、管理者或者群众性活动的组织者，所负有的在合理限度范围内保护他人人身和财产安全的义务。该释义似乎对何谓《民法典》第一千一百九十八条规定的安全保障义务作出了解释，即义务人在“合理限度范围”内才“负有”的保护他人人身和财产安全的义务。但是，“合理限度范围”是什么范围，以及如何通过对“合理限度范围”的把握确定安全保障义务的“负有”问题，仍然有待进一步明晰。

本案属于不符合安全要求的设施造成他人损害的情形。在该类案件中确定安全保障义务人、认定安全保障义务内容，首先应当参照法律、法规、规章等对经营者、管理者、组织者从事特定经营活动、组织活动时关于保护他人人身和财产安全方面的相关具体规定。如有规定，经营者、管理者、组织者又违反该规定导致他人损害的，通常可以作为认定“未尽安全保障义务”的重要依据。例如，群众性活动突发火情，因活动现场消防器材的缺失、疏散通道和消防通道堵塞导致活动参与者遭受了人身损害，活动组织者因违反《中华人民共和国消防法》第二十条关于大型群众性活动的承办人应当保持消防设施和消防器材配置齐全、完好有效，保证疏散通道、安全出口、疏散指示标志、应急照明和消防车通道符合消防技术标准和管理规定的规定，应当被认定为未尽群众性活动组织者的安全保障义务，承担相应的侵权责任。

如法律、法规、规章等没有对经营者、管理者、组织者与案件相关的安全保障义务内容作出具体规定，对于安全保障义务人是否“未尽安全保障义务”，可以围绕不符合安全要求的设施，着重从对危险源的控制可能性考虑，结合对危险的合理预见、防免危险的成本等因素进行认定。以本案为例，(1) 根据危险责任理论，开启危险的义务人，负有防免危险的义务。案涉坡道由某商场提供和实际控制、管理，对于坡道存在的安全隐患，某商场是能够控制危险并采取防免措施的管理人；某超市的租赁经营场所不包含公共通道，客观上无法对案涉坡道进行控制管理，坡道带来的危险已超出某超市的危险控制范围，某超市对此不负有安全保障义务。(2) 某商场作为坡道的提供者和管理者，相比潜在受害人具有更高的认识能力，能够合理预见坡道的使用可能会给具有近邻性的潜在受害人带来的危险；佟某进出某超市购物，也有理由合理地信赖坡道设施符合通行所需的必要安全要求，在正常通行中被视线外滑脱的购物车撞击，超出了一般顾客的危险预见能力。(3) 沿坡道快速下滑的购物车可能撞击潜在受害人导致严重的人身损害，而设置防滑、减速设施等防免手段既不存在技术上的障碍，也不会产生相对于可能损害而言显著高昂的费用；履行相应安全保障义务的成本合理，某商场应当采取措施防免危险的发生。故，综合前述方面，能够确定某商场系案涉坡道的安全保障义务人，其未采取措施防免坡道设施带来的危险，属未履行“合理限度范围”内负有的安全保障义务；某商场的该不作为对佟某因第三人侵权导致的损害发生了作用，应当承担未尽安全保障义务的补充赔偿责任。

编写人：四川省成都市中级人民法院　徐苑效

12

网约车平台的安全保障义务[①]

——张某诉周某、某出行公司生命权、身体权、健康权案

【案件基本信息】

1. 裁判书字号

广东省广州市中级人民法院（2022）粤 01 民终 6364 号民事判决书

2. 案由：生命权、身体权、健康权纠纷

3. 当事人

原告（上诉人）：张某

被告（被上诉人）：周某、某出行公司

【基本案情】

张某在某出行公司应用程序上下单叫车，周某接单后驾车接送张某。后，周某在车上殴打张某，经报警处理，公安机关对周某处以行政拘留 5 日。张某受伤后，就医检查右眉弓可见一长约 2 厘米皮肤裂伤，右眼睑瘀青，诊断为眼睑裂伤，经鉴定，张某的损伤程度评定为轻微伤。张某除支付医疗费外，还支付了医疗美容费用 65350 元，并提供了相关发票作为证据。张某主张其在接受服务过程中被周某殴打，某出行公司没有尽到安全保障义务，故周某、某出行公司应共同承担赔偿责任。

【案件焦点】

某出行公司作为网约车平台应否承担安全保障义务。

---

① 入库案例，参见人民法院案例库 2023-16-2-001-007。

【法院裁判要旨】

广东省广州市白云区人民法院经审理认为：周某违法打伤张某，应当对张某的损害承担全部的赔偿责任。虽然周某是在某出行公司的应用程序上接单去接送张某，但周某殴打张某的行为属于个人行为，并非职务行为，且某出行公司在周某注册为平台司机时已尽到了相应的审查义务，故张某要求某出行公司承担连带赔偿责任，理据不足，不予支持。张某医疗费、鉴定费、交通费损失共计2134元。

广东省广州市白云区人民法院依照《中华人民共和国侵权责任法》第六条、第十六条，《最高人民法院关于适用〈中华人民共和国民法典〉时间效力的若干规定》第一条第二款，《中华人民共和国民事诉讼法》第六十四条、第一百四十四条之规定，判决如下：

一、自判决生效之日起五日内，周某向张某赔偿2134元；

二、驳回张某的其他诉讼请求。

张某不服一审判决，提起上诉。广东省广州市中级人民法院经审理认为：

第一，关于某出行公司应否承担赔偿责任的问题。

首先，依据《网络预约出租汽车经营服务管理暂行办法》（以下简称《暂行办法》）第十八条的规定，网约车平台公司与驾驶员可以签订多种形式的合同或者协议，并未限定为劳动关系。本案中，某出行公司提交了《服务合作协议》等证据以主张其与周某为合作关系，周某并未到庭应诉提出异议，张某亦未能举证证明某出行公司与周某之间实为劳动关系或劳务关系，故难以认定周某殴打张某的行为属执行工作任务的行为。

其次，在我国现行法的规定下，网约车业务中网络平台应当基于《中华人民共和国民法典》第一千一百九十八条的规定承担安全保障义务。虽然该条款没有明确将网络平台列举规定为安全保障义务的责任主体，但是其文意也没有将这种具有营利性的组织行为排除在外。前述《暂行办法》第十六条规定："网约车平台公司承担承运人责任，应当保证运营安全，保障乘客合法权益。"据此，某出行公司作为网约车营运主体，负有维护乘客合法权益的义务。同时，根据《暂行办法》第十八条规定，某出行公司对驾驶员具有岗前培训、教育等义务，但某出行公司未提供证据证明其尽到对驾驶员进行岗前培训、教育等义务。在某出行公司没有尽到上述义务的情况下，对于网约车司机侵权导致的乘客损害，某出行公司亦需承担相应责任。综上，根据案件的实际情况，酌定某出行公司应对周某所承担赔偿责任的20%承担补充清偿责任。

第二，关于张某上诉提出异议的损失金额问题。

首先，关于医疗美容费。张某面部受损，进行医疗美容具有合理性，认定合理损失为2万元。其次，关于精神损害抚慰金。周某具有严重过错，且造成张某面部受损，确会造成一定的心理伤害，故酌情支持精神损害抚慰金2000元。加上一审判决确定的医疗费、鉴定费、交通费损失2134元，张某的损失共计24134元，应由周某赔偿。

广东省广州市中级人民法院依照《中华人民共和国民法典》第一千一百九十八条、《中华人民共和国民事诉讼法》第一百七十七条第一款第二项之规定，判决如下：

一、撤销广州市白云区人民法院（2021）粤0111民初7372号民事判决第二项；

二、变更广州市白云区人民法院（2021）粤0111民初7372号民事判决第一项为：于判决书送达之日起五日内，周某向张某赔偿24134元；

三、某出行公司对上述判决第二项中周某所应赔偿的20%金额承担补充清偿责任；

四、驳回张某的其他诉讼请求。

【法官后语】

网约车服务是指以互联网技术为依托构建服务平台，整合供需信息，使用符合条件的车辆和驾驶员，提供非巡游的预约出租汽车服务的经营活动。尤其随着数字经济的蓬勃发展，网约车平台已深度嵌入普通百姓的日常生活，“在相当程度上扮演着社会性场所管理人、群众性活动组织者的角色”①。

一、网约车平台的安全保障义务来源

一般认为，安全保障义务的义务来源有三：危险开启和控制说、附随义务说及控制力说②。网约车平台的安全保障义务可从这三个方面确立。

首先，网约车平台提供用车服务的这一行为与损害结果之间成立一定程度的法律上因果关系。既然网约车平台开启了侵权的风险，其相应地就负有采取必要措施控制这一侵权风险的法律义务③。其次，即网约车平台与消费者之间存在合同关系，依据诚信原则，合同当事人负有保障其相对人合法利益之义务。该义务体现在侵权法上，即为安全保障义务。最后，网约车平台对网约车的实际控制、实时监测，对造成直接侵害结果的第三人（驾驶员）具有一定的管控能力，故负有对损害的防控义务。前述理由构成了安全保障义务下网约车平台侵权责任的正当性基础与法理依据。

在我国现行法的规定下，网约车业务中网络平台应当基于《中华人民共和国民法典》第一千一百九十八条的规定④承担安全保障义务。虽然该条款没有明确将网络平台列举规定为安全保障义务的责任主体，但是其文意也没有将这种具有营利性的组织行为排除在外。相比于普通安全保障义务主体，网约车平台的行为更为复杂，牵涉的主体数量更大，对公众的影响也更广。对其科以安全保障义务也就更具合理性。此外依据《中华人民共和国电子商务法》第三十八条第二款，电子商务平台对“消费者未尽到安全保障义务，造成消费者损害的”，应承担相应责任。

综上，网约车平台应承担安全保障义务。

---

① 刘文杰：《网络服务提供者的安全保障义务》，载《中外法学》2012年第2期。

② 汪倪杰：《论〈民法典〉视域下安全保障义务的边界——对第140、141号指导案例的理论回应》，载《法商研究》2022年第6期。

③ 汪倪杰：《论〈民法典〉视域下安全保障义务的边界——对第140、141号指导案例的理论回应》，载《法商研究》2022年第6期。

④ 《中华人民共和国民法典》第一千一百九十八条第一款规定：“宾馆、商场、银行、车站、机场、体育场馆、娱乐场所等经营场所、公共场所的经营者、管理者或者群众性活动的组织者，未尽到安全保障义务，造成他人损害的，应当承担侵权责任。”

二、网约车平台安全保障义务的适用要点

（一）适用过错责任原则

首先，从《中华人民共和国民法典》第一千一百九十八条的规定来看，责任主体安全保障义务适用的是过错责任原则。侵权责任以过错责任为原则，以无过错责任为例外。无过错责任需要由法律明确予以规定。《中华人民共和国民法典》中“未尽到安全保障义务”的表述应理解为过错责任。过错判断标准在程度上仅要求一般过错。

其次，从举证实际来看，受害人（乘车人）在举证能力上处于明显的弱势地位，缺乏平台有关知识和信息，并且诸多证据都掌握在网约车平台手中。审判实践中，审判人员应注意根据各方举证能力的不同，合理要求网约车平台提供已尽到安全保障义务的有关证据。

（二）安全保障义务的主要内容

结合《暂行办法》和一般理性人标准，网约车平台的安全保障义务可包括网约车业务事前、事中、事后三个阶段。事前的安全保障义务包括车辆适驾性审查、驾驶员适格性审查和培训，确保乘客所乘坐的车辆符合安全标准、保险标准，确保驾驶员具备驾驶资质，并已通过有关法律法规、职业道德、服务规范、安全运营等方面的岗前培训和日常教育。事中的安全保障义务包括人车线上线下一致性审查、技术手段实时监测，以及异常情形快速发现、处置机制，尽量避免损害的实际发生或者将损害的范围降到最小。事后的安全保障义务则是将与出行服务相关的信息内容、用户注册信息、身份认证信息、订单日志、上网日志、网上交易日志、行驶轨迹日志等数据保存并备份。

（三）责任承担——补充责任

未尽安全保障义务的行为与损害的发生不具有直接因果关系，而是间接因果关系，承担相应的补充责任更为妥适[①]。当网约车平台承担补充责任时，在责任顺位问题上，补充责任应是顺位的补充，直接责任人位于第一顺位，网约

① 杨立新：《电子商务民事责任之立法基础与基本规则》，载《甘肃社会科学》2019年第1期。

车平台位于第二顺位；在范围问题上，补充责任应当是有限的补充，而非全额的补充，其赔偿责任应当被限定在相应的范围内；在追偿权问题上，网约车平台的追偿权应界定为义务人就其承担的超出“相应的补充责任”赔偿份额的部分享有追偿权。故，本案酌定某出行公司应对周某所承担赔偿责任的20%承担补充责任。

编写人：广东省广州市中级人民法院 黄嵩 张钊

13

物业公司安全保障义务的认定标准

——吴某、陈某诉某物业公司等生命权、身体权、健康权案

【案件基本信息】

1. 裁判书字号

福建省泉州市中级人民法院（2023）闽05民终7216号民事判决书

2. 案由：生命权、身体权、健康权纠纷

3. 当事人

原告（上诉人）：吴某、陈某

被告（上诉人）：某物业公司

被告（被上诉人）：某房地产开发公司、某置业公司

【基本案情】

吴小某出生于2013年9月6日，系吴某、陈某的婚生女，事发时吴小某已9岁4个半月，就读于某小学三年级。吴某、陈某为某小区二期××幢××室的所有权人，2023年1月25日下午，吴小某先后四次从案涉房屋乘坐电梯到该楼栋天台并发生坠楼事件。事故发生后，公安局派出所民警出警，经过现场勘验制

作了《现场勘验检查工作笔录》和《现场照片》。2023年2月21日，南安市公安局某派出所就本案事故出具了一份《情况说明》，内载："经市局技术科及法医勘验，排除刑事案件可能。"现双方就赔偿问题产生纠纷，吴某、陈某遂诉至法院要求解决。另查明，某房地产开发公司成立于2001年6月1日，为某置业公司的全资子公司。某小区二期小区由某房地产开发公司开发建设，该楼盘于2016年1月22日经南安市住房和城乡建设局等主管部门验收合格。某物业公司为该楼盘的物业管理单位。审理过程中，法院于2023年6月27日组织双方当事人到事故现场进行现场勘验并制作现场勘验图（附现场照片19张）一份。经现场勘验，吴小某坠落处距离天台防护栏最高处净高约110厘米，天台地面与防护栏最高处净高约146厘米，双方对此均不持异议，天台的围墙多处印有"请勿攀爬""禁止攀爬"的警示标识。

【案件焦点】

某物业公司、某置业公司、某房地产开发公司是否应对吴小某的死亡承担赔偿责任以及如何承担赔偿责任。

【法院裁判要旨】

福建省南安市人民法院经审理认为：结合法院现场勘查测量情况及法院依职权向南安市公安局调取的《现场照片》，涉案天台栏杆确实有采取铁艺镂空设计，但经现场测量，其焊接的铁质栏杆，其间距符合相关规定，某房地产开发公司提供的《福建省房屋建筑工程竣工验收报告》《南安市建设工程竣工验收备案证明书》亦能证明案涉楼栋符合国家设计、施工等强制性规范和标准，不存在安全隐患，吴某、陈某未能提供证据证明栏杆使用铁艺镂空设计违反法律规定或者国家标准规范，其要求某房地产开发公司承担赔偿责任，缺乏事实和法律依据，不予支持。吴某、陈某要求某置业公司承担赔偿责任，亦缺乏事实和法律依据，不予支持。某物业公司作为小区的管理者，虽有对小区例行巡查，但在事发当日发现吴小某频繁出入电梯后，未及时发现异常，后发生吴小某坠楼死亡事故，对吴小某坠楼死亡的结果存在一定的疏忽，应对此承担相应的赔偿责任。事故发生地为34层高的楼顶天台，并非公共游玩场地，吴小某坠亡时已年满9周岁，对攀爬周围防护栏的重大危险性具备与其年龄相仿的认知条件，作为吴小某的父母，吴某、陈某未尽到管理和教育的监护责任，应承担本事故的主要责任。某物业公司对事故发生的结果存在一定疏忽，结合本案实际情况，酌定其承担本事故5%的责任。关于赔偿金额问题，吴某、陈某主张某房地产开发公司、某置业公司、某物业公司应赔偿其各项损失619249元，某房地产开发公司、某置业公司、某物业公司认为其主张的精神损害抚慰金数额偏高，家属处理丧葬事宜的交通费、误工费不应支持。吴某、陈某主张的死亡赔偿金、丧葬费符合法律规定，予以支持；其主张10万元精神损害抚慰金数额过高，结合本地区实际，予以调整为8万元。吴某、陈某主张要求支付家属处理丧葬事宜的交通费、误工费，缺乏事实和法律依据，不予支持。综上，确认吴某、陈某因本案造成的各项损失为1207098元，某物业公司应承担5%即60354.9元的赔偿责任。对吴某、陈某其他诉讼请求，均缺乏事实和法律依据，均不予支持。

福建省南安市人民法院依照《中华人民共和国民法典》第一千一百六十五条、第一千一百七十九条、第一千一百八十三条，《最高人民法院关于审理人身损害赔偿案件适用法律若干问题的解释》第一条，《中华人民共和国民事诉讼法》第六十七条及《最高人民法院关于适用〈中华人民共和国民事诉讼法〉的解释》第九十条之规定，判决如下：

一、某物业公司应于判决生效之日起十五日内赔偿吴某、陈某因本事故造成的各项损失合计60354.9元；

二、驳回吴某、陈某的其他诉讼请求。

吴某、陈某、某物业公司均不服一审判决，提起上诉。福建省泉州市中级人民法院经审理认为：吴某、陈某系某小区二期××幢××室的业主，其女吴小某2023年1月25日从该楼天台坠亡引发本案纠纷。某小区二期的建设单位为某房地产开发公司，某房地产开发公司系某置业公司的全资子公司。根据某房地产开发公司提供的《福建省房屋建筑工程竣工验收报告》《南安市建设工程竣工验收备案证明书》体现：案涉房屋已经验收合格并办理相应的备案手续，吴某、陈某所提供的证据不足以证明天台栏杆使用铁艺镂空设计违反法律法规规定或国家相关规范，且现有证据亦不能证明天台栏杆使用铁艺镂空设计与吴小某坠亡存在因果关系，吴某、陈某请求案涉房屋的开发建设单位某房地产开发公司及其投资单位某置业公司承担赔偿责任，无事实和法律依据，不予支持。事故发生时，吴小某虽已年满9周岁，但仍属于未成年人，未成年人的法定监护人有责任为其提供安全的生活环境，并负有保护其远离危险的照顾和注意义务。吴小某的父母吴某、陈某未尽到管理和照顾义务，将吴小某单独留在家中，使吴小某在脱离监护的情形下从高楼坠亡，是导致本案事故发生最主要的原因，应承担重大责任。某物业公司系案涉房屋所在小区的物业管理单位，事故发生时，虽吴某、陈某未按照物业服务协议的约定缴纳物业服务费，但根据《中华人民共和国民法典》第一千一百九十八条第一款“宾馆、商场、银行、车站、机场、体育场馆、娱乐场所等经营场所、公共场所的经营者、管理者或者群众性活动的组织者，未尽到安全保障义务，造成他人损害的，应当承担侵权责任”及《物业管理条例》第四十六条第一款“物业服务企业应当协助做好物业管理区域内的安全防范工作。发生安全事故时，物业服务企业在采取应急措施的同时，应当及时向有关行政管理部门报告，协助做好救助工作”的规定，物业公司系安全保障义务的法定责任主体，该责任不因业主未缴纳物业费而免除，根据上述法律法规的规定，物业公司的安全保障义务应主要体现为协助性和防范性特点。本案事故发生前，吴小某曾多次进出电梯，某物业公司在对小区进行巡查的过程中，未能及时发现异常进而采取必要的措施防范事故的发生，事故发生后亦未采取应急措施或及时向相关部门报告，协助做好救助工作，存在一定的过错。一审根据事故发生的具体原因，结合各方当事人对损害发生存在的过错及责任的大小，综合认定对事故的损失，某物业公司承担5%的责任，具有事实和法律依据。某物业公司主张其不应承担责任，无事实和法律依据，不予支持；吴某、陈某主张某物业公司应承担50%的责任，与本案查明的事实不符，不予采信。案涉事故对吴某、陈某必然造成严重的精神损害，一审酌定精神损害抚慰金为8万元，并无不当。

福建省泉州市中级人民法院依照《中华人民共和国民事诉讼法》第一百七十七条第一款第一项规定，判决如下：

驳回上诉，维持原判。

【法官后语】

本案系物业公司是否尽到安全保障义务的典型案例。《中华人民共和国民法典》第一千一百九十八条第一款规定："宾馆、商场、银行、车站、机场、体育场馆、娱乐场所等经营场所、公共场所的经营者、管理者或者群众性活动的组织者，未尽到安全保障义务，造成他人损害的，应当承担侵权责任。"该条款以列举的方式将经营者、管理者、群体性活动的组织者作为安全保障义务的主体，但并未明确物业公司是否应承担安全保障义务以及应如何承担。

在小区内发生事故导致人身财产损失时认定上述主体是否尽到安全保障义务、安全保障义务的合理界限是司法审查的重点。因不同主体承担安全保障义务的来源可能不同，审理过程中应以权利义务相对等为原则，根据义务人是否尽到相关法律法规规定和相关标准中保护人身财产安全的要求，从事故发生的过程、场所的危险程度、义务人的预防和控制能力、是否属于义务人的合理控制范围、义务人的日常管理行为、事故发生后采取的措施等各方面，综合认定物业公司应承担的安全保障义务。具体分析如下：

一、物业公司承担安全保障责任的义务来源

安全保障义务通常是指特定人员在合理限度范围内采取一定的行为措施保护他人人身财产安全免受侵害的义务。物业公司安全保障义务来源于法律的规定和合同的约定。除《中华人民共和国民法典》第一千一百九十八条对安全保障义务的概括性规定外，针对物业公司，该法第九百四十二条"物业服务人应当按照约定和物业的使用性质，妥善维修、养护、清洁、绿化和经营管理物业服务区域内的业主共有部分，维护物业服务区域内的基本秩序，采取合理措施保护业主的人身、财产安全。对物业服务区域内违反有关治安、环保、消防等法律法规的行为，物业服务人应当及时采取合理措施制止、向有关行政主管部门报告并协助处理”及第一千二百五十四条第二款“物业服务企业等建筑物管理人应当采取必要的安全保障措施防止前款规定情形的发生；未采取必要的安全保障措施的，应当依法承担未履行安全保障义务的侵权责任”系物业公司安全保障义务的具体规定。除法定义务来源外，实践中，物业服务合同中亦相应对物业服务的事项、服务的质量、双方的权利义务进行了约定。值得注意的是，物业公司的安全保障义务具有法定性，不因业主是否按期缴纳物业费而免除。

二、物业公司承担安全保障义务的具体内容

根据物业服务的特征，物业公司承担安全保障义务主要表现在以下三个方面：一是事故发生前，对物业管理服务区域内的设施设备进行充分设置、定期维护、保障安全运行、保障监控设备和安保系统的正常运作、定期检查消防器材、保障电梯正常运行、疏通安全通道、消除危险隐患等；二是事故发生时，按时巡逻、监控小区安全，及时制止服务区域内违法犯罪行为的发生，在医疗救助方面提供应急措施；三是事故发生后，及时采取防止事故、损失扩大的必要措施，配合相关部门对事故进行调查。

三、物业公司安全保障义务的合理边界

根据上述物业公司安全保障义务的来源及具体内容，确定物业公司在合理限度范围内承担责任，超过物业公司合理限度内的人身财产损失，不应苛责于物业公司。对于行为人擅自采取的不符合一般安全常识而导致事故发生的，不能一概认定属于物业公司安全保障义务范围。对于物业公司已经履行了法定和约定的义务后仍无法避免事故发生的，即使业主有人身和财产的损失，物业公司也不应承担赔偿责任，即：判断安全保障义务的“合理限度”，应以安全保障义务人所从事的服务内容相适用的安全保障义务的必要性和合理性为限，超过其控制及管理范围内的事项，根据权利义务相对等原则，不能任意或随意扩大。

就本案而言，吴小某在坠亡前曾多次进出电梯，某物业公司在对小区进行巡查的过程中，未及时发现异常进而采取必要的措施防范事故的发生，事故发生后亦未采取应急措施或及时向相关部门报告，协助做好救助工作，存在一定的过错。在死亡原因无法查清的情况下，本案根据某物业公司的行为，酌情认定某物业公司承担5%的责任，符合权利义务相一致原则。

本案旨在提醒物业公司落实安全保障义务，对于管理区域内容可能存在的风险和隐患尽到充分的警示、告知义务，避免事故的发生，事故发生后应当及时报警采取必要救治措施。同时对于业主来说，其系自身人身财产安全保障的第一责任人，在发生事故时亦应承担相应的责任。

编写人：福建省泉州市中级人民法院　王莉莉

14

醉酒未成年人入住酒店后因醉酒呕吐导致窒息死亡的酒店经营者责任认定

——廖某等诉某酒店等生命权、身体权、健康权案

【案件基本信息】

1. 裁判书字号

重庆市第五中级人民法院（2023）渝05民终8374号民事判决书

2. 案由：生命权、身体权、健康权纠纷

3. 当事人

原告（被上诉人）：廖某、孙某、邢某

被告（上诉人）：某管理学校、某火锅店

被告：某酒店、某职业学校等

【基本案情】

廖小某（时年17周岁）系廖某与孙某之女，邢某系廖小某继母。廖小某系某职业学校学生。

2022年9月24日下午，廖小某与其同寝同学共四人相约到某火锅店聚餐，

中途电话邀约其他同学同往。就餐过程中，廖小某共饮用四瓶半小郎酒和部分啤酒，晚上 7 点左右，廖小某出现醉酒状态瘫坐某火锅店地上，需众人搀扶回座位休息。

晚上 7 点半左右，众人抬离廖小某离开某火锅店。同学刘某（时年 18 周岁）使用电子身份证在某酒店订了一间房，随后参与聚餐的人员将廖小某抬至某酒店并办理入住至×房间。众人将廖小某抬进房间休息后离开。同学谢某某因故途中返回房间，发现廖小某异常，随即联系酒店前台并拨打 120 急救电话。廖小某被送到医院，后经抢救无效死亡。经法医初步检验，推断为酒精中毒后呕吐物堵塞气管导致窒息死亡。廖小某死亡产生的各项损失共计 1083979 元。现廖某、孙某和邢某将某火锅店、某酒店、某管理学校等多个行为主体诉至法院，请求共同赔偿廖小某的死亡赔偿金、丧葬费等损失。

【案件焦点】

某酒店对廖小某的死亡是否存在过错，应否对廖小某的死亡承担赔偿责任及责任大小。

【法院裁判要旨】

重庆市渝中区人民法院经审理认为：廖小某已满 17 周岁，对于过量饮酒的危险性应当有充分认识。整个就餐过程中，廖小某主动要求喝酒，且在同学劝说下仍继续过量饮酒，其疏忽大意，过于自信，将自己生命置于危险之中，是导致其醉酒死亡的最为主要原因，一审法院酌定廖小某一方自行承担此次事故损害后果 75%的责任。

《中华人民共和国未成年人保护法》第五十七条规定，旅馆、宾馆、酒店等住宿经营者接待未成年人入住，或者接待未成年人和成年人共同入住时，应当询问父母或者其他监护人的联系方式、入住人员的身份关系等有关情况。本案中某酒店明知住宿酒店的人员中有众多未成年人，且当中还有一人处于醉酒状态，却仍然放任这种违规入住行为，其间，酒店工作人员查看房间时发现房内仅有廖小某一人，处于无人照看状态，但未采取任何措施，而后也未尽到提醒与注意义务，酌定其承担5%赔偿责任。

其余有过错主体按责任大小承担20%责任。

重庆市渝中区人民法院依照《中华人民共和国民法典》第一千一百六十五条第一款、第一千一百七十九条、第一千一百八十一条、第一千一百八十八条，《中华人民共和国未成年人保护法》第五十七条、第五十九条，《最高人民法院关于审理人身损害赔偿案件适用法律若干问题的解释》第一条、第十四条、第十五条，《中华人民共和国民事诉讼法》第一百四十五条之规定，判决如下：

一、某火锅店于本判决生效后十日内赔偿廖某、邢某、孙某丧葬费、死亡赔偿金、医疗费等97597.09元；

二、某酒店于本判决生效后十日内赔偿廖某、邢某、孙某丧葬费、死亡赔偿金、医疗费等48798.55元；

三、某学校于本判决生效后十日内赔偿廖某、邢某、孙某丧葬费、死亡赔偿金、医疗费等18798.55元；

（其他被告赔偿金额从略）。

某火锅店、某管理学校不服一审判决，提起上诉。重庆市第五中级人民法院经审理认为：事发当天廖小某入住的房间系刘某用自己的身份证登记，刘某在登记后离开，登记人员与入住人员不一致。廖小某系未成年人，将廖小某送入酒店的人员也多为未成年人，酒店方没有核实以上人员的身份，也未及时通报其监护人。酒店在廖小某入住时即发现其处于严重醉酒状态，其应对过程亦不妥当，没有明确要求同行人员留下充足人手以照顾看管廖小某而任其自由离开，也没有向同行人员提出或者及时拨打医疗机构电话，在同行人员散去后，对于廖小某独自在房内的情况观察不足，没有采取适当的照顾、防护措施，廖小某最终因窒息死亡。某酒店应承担5%的赔偿责任。

重庆市第五中级人民法院依照《中华人民共和国民事诉讼法》第一百七十七条第一款第一项规定，判决如下：

驳回上诉，维持原判。

【法官后语】

《中华人民共和国未成年人保护法》（以下简称《未成年人保护法》）第五十七条就住宿经营者对未成年人所负的安全保障义务进行了具体规定，但未就案涉情形下住宿经营者是否应当履行安全保障义务进行规定。案涉情形即醉酒未成年人入住酒店，住宿经营者发现其存在危害身体健康、生命安全的情形。本案生效裁判基于对《未成年人保护法》第五十七条关于"旅馆、宾馆、酒店等住宿经营者接待未成年人入住，或者接待未成年人和成年人共同入住时，应当询问父母或者其他监护人的联系方式、入住人员的身份关系等有关情况；发现有违法犯罪嫌疑的，应当立即向公安机关报告，并及时联系未成年人的父母或者其他监护人"之规定的法目的进行分析，发现案涉情形应当参照适用前述规定，方能实现法目的。该裁判既依法保障了未成年人的合法权益，判决住宿经营者承担相应的侵权责任，又未将住宿经营者对未成年人的义务泛化，实现了良好的法律效果和社会效果。

一、《未成年人保护法》第五十七条关于住宿经营者接待未成年人入住"发现违法犯罪嫌疑应报告公安机关和联系监护人"规定之目的分析

旅店、宾馆、酒店等住宿场所具有一定的封闭性，易成为不法分子对未成年人实施侵害的高发场所。为了进一步强化住宿经营者及其从业人员对于未成年人的保护意识，《未成年人保护法》第五十七条对住宿经营者的安全保障义务作了具体规定。

（一）《未成年人保护法》第五十七条"发现违法犯罪嫌疑应报告公安机关"之规定系为了及时制止针对未成年人的不法侵害

关于住宿经营者发现违法犯罪嫌疑的报告义务，我国相关法律、行政法规等已经作了明确规定，《未成年人保护法》第五十七条关于住宿经营者报告义务的规定实质上是重申既有规定的立场。《中华人民共和国治安管理处罚法》第五十六条第二款规定，旅馆业的工作人员明知住宿的旅客是犯罪嫌疑人或被公安机关通缉的人员，不报告将受到相应的行政处罚。《旅馆业治安管理办法》第九条亦进一步规定，旅馆工作人员发现违法犯罪分子，行迹可疑的人员和被

公安机关通缉的罪犯，应当立即向当地公安机关报告，不得知情不报或隐瞒包庇。由此，《未成年人保护法》第五十七条关于住宿经营者“发现违法犯罪嫌疑应报告公安机关”之规定，系为了及时制止针对未成年人的不法侵害。①

（二）《未成年人保护法》第五十七条“发现违法犯罪嫌疑应联系监护人”之规定系为了让监护人及时了解情况、针对性保护和教育

该规定除要求住宿经营者在发现违法犯罪嫌疑后立即向公安机关报告外，还要求联系未成年人的父母和监护人，其目的是即时告知监护人有关情况，能够使得监护人提高保护意识，尽早了解和掌握未成年人子女的活动情况，更有针对性地对未成年人进行保护和教育。②

二、住宿经营者发现未成年人醉酒的，保护其身体健康、生命安全的紧迫性与发现违法犯罪嫌疑的，保护其免遭不法侵害的紧迫性相当

未成年作为限制民事行为能力人或无民事行为能力人，身体和心智尚不成熟，在面对违法犯罪时，辨认、控制和自我保护能力较弱，及时制止不法侵害的紧迫性很强，因此《未成年人保护法》第五十七条规定了住宿经营者的报告义务和联系义务。而在住宿经营者发现未成年人处于醉酒等危及生命安全、身体健康情形的，由于未成年人身体发育尚不成熟，自我保护意识和能力也不强，保护其身体健康、生命安全的紧迫性与发现违法犯罪嫌疑的危险紧迫性相当。此时，住宿经营者如未及时实施保护，则可能会给未成年人带来不可挽回的损害。

三、住宿经营者发现入住未成年人醉酒的，应参照《未成年人保护法》第五十七条合理界定其安全保障义务，即联系医疗机构和监护人

安全保障义务作为一种侵权责任法层面的法定义务，只有在法律明确规定、合同约定或者存在先前行为的情况下，安全保障义务才得以启动，否则将会使义务人注意义务无限扩大，致使社会陷入不安定状态。③ 因此，在讨论住宿经

① 郭林茂：《中华人民共和国未成年人保护法释义》，法律出版社 2021 年版，第 132 页。

② 郭林茂：《中华人民共和国未成年人保护法释义》，法律出版社 2021 年版，第 133 页。

③ 最高人民法院民法典贯彻实施工作领导小组主编：《中华人民共和国民法典侵权责任编理解与适用》，人民法院出版社 2020 年版，第 285 页。

营者是否应对未成年人承担安全保障义务时，应审查案涉情形是否符合《未成年人保护法》第五十七条规定，不能随意以保护未成年人权益为由对住宿经营者义务进行无限扩大适用。考虑到住宿经营者发现未成年人醉酒的，保护其身体健康、生命安全与发现违法犯罪嫌疑的，保护其免遭不法侵害具有同等的紧迫性，符合《未成年人保护法》第五十七条的规范意旨。同时，《未成年人保护法》第五十七条关于住宿经营者发现违法犯罪嫌疑的安保义务规定考虑了合理性，那么在案涉情形下亦应当合理界定其安保义务。由此，住宿经营者发现入住未成年人醉酒的，应当联系医疗机构和监护人。

本案中，某酒店既未履行好登记和询问义务，在发现登记入住人与实际入住人不一致时，并未要求实际入住人进行身份信息登记，在发现同行多名未成年人且有一人明显醉酒的情形下，亦未对此情况进行询问掌握；同时，在接待入住和酒店巡房的过程中发现醉酒未成年人处于危险状态的情况下，既未联系医疗机构，也未联系监护人，导致未成年人因醉酒的危险状态扩大到对生命健康产生实质性危险并引发了死亡后果，应当承担相应的侵权责任。

编写人：重庆市第五中级人民法院　李睿龙　陈璐

重庆市渝中区人民法院　计林君

15

被监护人存在特殊体质情形下游泳溺亡监护人与游泳馆经营者之间责任认定

——罗某、陈甲诉某游泳公司违反安全保障义务责任案

【案件基本信息】

1. 裁判书字号

广西壮族自治区防城港市中级人民法院（2024）桂 06 民终 33 号民事判决书

2. 案由：违反安全保障义务责任纠纷

3. 当事人

原告（被上诉人）：罗某、陈甲

被告（上诉人）：某游泳公司

【基本案情】

某游泳公司于 2010 年 2 月 2 日成立，经营范围为健身休闲活动、体验式拓展活动及策划等项目，具有《高危险性体育项目经营许可证》，许可项目为游泳，社会体育指导人员数量为 2 人，救助人员数量为 9 人，许可证有效期限为 2021 年 6 月 29 日至 2024 年 6 月 28 日。

罗某、陈甲系夫妻关系，于 2014 年 9 月 16 日生育儿子陈乙。

2023 年 7 月 6 日，罗某带儿子陈乙至某游泳公司经营的游泳馆游玩；当日 17 时 40 分许，罗某前往泳池旁的商店购买矿泉水，陈乙在无大人陪护的情况下从儿童泳池走至成人泳池下水游泳致溺水昏迷，后被成人泳池泳客从 1.5 米水深位置捞至岸边，此时某游泳公司的两个游泳教练从儿童泳池赶来给陈乙做

紧急救护措施，并拨打120急救电话；当日17时57分，医院120医生到达现场，对陈乙进行紧急抢救，后经救治无效死亡。

另查明，陈乙2岁时患有自闭症，为智力四级，后被送至特殊学校治疗，案发时陈乙为9周岁，身高有1.4米。

经现场勘验：在涉案游泳馆成人泳池周围有三个救生观察台，门口及泳池周围贴有《游泳池安全游玩须知》，载明：1.4米以下的儿童只能在儿童泳池（水深1-1.2米）游玩，不能进入成人泳池游玩，游玩时需大人陪同等。

【案件焦点】

被监护人存在特殊体质情形下在游泳馆溺亡，监护人与游泳馆经营者的侵权责任承担如何划分。

【法院裁判要旨】

广西壮族自治区东兴市人民法院经审理认为：首先，罗某作为陈乙的法定监护人，在明知陈乙无法像正常未成年人一样能够自理生活的情况下本应尽到更多监护注意义务，但罗某怠于履行监护职责，让陈乙在游泳馆这样高危险性体育场所脱离监护，亦未委托工作人员帮忙看护，致陈乙独自一人下水至成人泳池溺水昏迷，且某游泳公司经营的游泳场所已贴有《游泳池安全游玩须知》，载明1.4米以下的儿童只能在儿童泳池（水深1-1.2米）游玩，不能进入成人泳池游玩，游玩时需大人陪同等内容，罗某并未按该提示要求履行并进行有效看护。罗某作为监护人对陈乙死亡的发生显然存在过失，应承担50%的责任。

其次，受害人陈乙作为9岁未成年人，身高1.4米，其在无大人陪护下从儿童游玩区独自下水至成人泳池，该危险行为未被工作人员发现。在陈乙溺水昏迷后，系被其他游客救起，某游泳公司救生人员亦未及时发现险情。此外，某游泳公司无法证明，当陈乙被救至岸边后，两名赶来实施紧急救护措施的游泳教练系具有国家职业资格证书的救生员。根据现场勘察，成人泳池周围虽有3个救生观察台，但某游泳公司并未提交证据证明案发时相应救生等人员在岗并按时巡逻。

综上，某游泳公司经营的游泳项目属于国家体育总局等部门公告的高危险性体育项目，经营游泳项目既需经过相关体育行政主管部门的行政许可，也对其经营场所的场地救生设备、救生员配置等均有强制性要求，而某游泳公司违反强制性规范，不仅为事故发生埋下安全隐患，更直接导致在事故发生后不能在第一时间发现险情并实施专业科学的急救措施，应认定某游泳公司未尽到安全保障义务，对事故发生应承担50%的过错责任。关于赔偿数额如何计算问题，法院结合案件查明事实予以处理。

广西壮族自治区东兴市人民法院根据《中华人民共和国民法典》第一千一百六十五条、第一千一百七十三条、第一千一百七十九条、第一千一百八十三条、第一千一百九十八条第一款，《中华人民共和国消费者权益保护法》第十八条，《最高人民法院关于审理人身损害赔偿案件适用法律若干问题的解释》第六条、第八条、第十条、第十四条、第十五条、第二十二条、第二十三条，《最高人民法院关于确定民事侵权精神损害赔偿责任若干问题的解释》第一条、第五条之规定，判决如下：

一、某游泳公司赔偿陈甲、罗某损失411185元；

二、驳回陈甲、罗某的其他诉讼请求。

某游泳公司不服一审判决，提起上诉。广西壮族自治区防城港市中级人民法院依照《中华人民共和国民事诉讼法》第一百七十七条第一款第一项规定，判决如下：

驳回上诉，维持原判。

【法官后语】

本案即涉及特殊体质类的被监护人在游泳馆溺亡的情况下，如何在审判中界定监护人与游泳馆经营者的责任比例，是司法实践中值得研究探讨的重点问题。

一、个人体质状况对损害后果的影响不属于可以减轻侵权人侵权责任的法定情形

结合《中华人民共和国民法典》（以下简称《民法典》）第一千一百七十

三条的规定，在分配责任比例时应根据受害人对损失的发生或扩大是否存在过错进行分析。本案中，陈乙虽存在带有自闭症的“特殊体质”，但该体质仅是事故造成后果的客观因素，并不能成为被侵权人的“过错”。换言之，被侵权人陈乙对于损害的发生或扩大没有过错，不存在减轻或者免除加害人赔偿责任的法定情形。因此，某游泳公司关于陈乙溺水的主要原因系自身疾病，自行到深水区且沉水后不会挣扎呼救等，其对溺水事故的发生并无过错的主张，不能成立。

二、在被监护人特殊体质类案件中，监护人与游泳馆经营者的责任界定

第一，关于游泳馆经营者的责任认定。结合《民法典》第一千一百九十八条第一款的规定，游泳馆经营者是否尽到安全保障义务应从以下几个方面进行评价。一是场馆软硬件是否符合国家法律法规，如游泳场所的开放条件和技术要求、游泳救生员的职业标准等。具体表现为是否具备相应资质、配备急救器材和救生人员、对注意和禁止事项充分告知、履行维修义务以确保场所设施不存在安全缺陷和隐患等。本案中，受害人陈乙为9周岁未成年人，身高1.4米，其独自从儿童泳池下水至成人泳池这一危险行为未被工作人员发现；成人泳池周围虽有3个救生观察台，但陈乙溺水后系被其他游客救起，某游泳公司并未提交证据证明案发时配备有相应救生人员在岗。二是保护措施和赴救行为是否积极、及时、得当。救援是否及时须结合发现险情的时间、该时间节点对阻却损害发生和扩大的可能性及意义等因素综合评价。陈乙溺水昏迷后被其他游客救起，某游泳公司救生人员未及时发现险情；陈乙被救至岸边后，从儿童泳池处赶来两个游泳教练实施紧急救护措施，某游泳公司无法证明陈乙溺水后得到符合职业标准的急救。综上，某游泳公司的上述行为，明显未尽到安全保障义务，对事故发生应承担相应过错责任。

第二，关于监护人的责任认定。监护人责任的认定应结合监护人是否对事故发生具有预见能力进行实质性认定，即在对监护人过往生活经历、受教育程度、文化水平、工作经验、年龄、智力状况等因素综合考虑的基础上，结合监护人行为时的客观条件与主观认识能力判断是否具备预见能力，而非一种主观

的臆断和猜想。这种衡量判断应首先以处于当时案发环境的社会一般人的衡量为参考。

本案中，可以上述标准对监护人罗某是否具有预见危害结果发生的能力进行判断，罗某作为陈乙的法定监护人，应知悉陈乙患有自闭症等疾病，并在游泳场所已贴有关于儿童游玩须大人陪同的须知情况下，届时罗某去泳池旁商铺买水将陈乙独自留在泳池，此时罗某应当能预见到陈乙有发生溺水的可能，被监护人存有特殊体质虽不会减轻侵权人的责任，但监护人应有更高的监护注意义务和责任。监护人罗某对陈乙溺水的发生有明显过错，应承担相应责任。

综上，从因果关系、公平原则和风险分担理念的运用等方面综合考虑，在被监护人存在特殊体质的情况下，监护人若尽到监护义务，或游泳馆经营者尽到安全保障义务，则均可避免死亡结果的发生，二者与陈乙溺亡的损害后果均存在相当因果关系。若单纯由监护人或游泳馆经营者承担全部责任，可能导致责任分配的不公平。且游泳馆作为一个经营场所，其经营者应承担一定的风险分担责任。通过让监护人与游泳馆经营者承担同等责任，可实现风险的合理分担，促使监护人和安全保障义务人谨慎地履行各自职责。

编写人：广西壮族自治区东兴市人民法院　汪源　徐丽廷　范宏凯

四、教育机构责任纠纷

16

学生在校期间受到损害的，教育机构举证责任的认定规则

——何某诉某保险公司、某学校教育机构责任案

【案件基本信息】

1. 裁判书字号

辽宁省盘锦市中级人民法院（2023）辽 11 民终 1178 号民事判决书

2. 案由：教育机构责任纠纷

3. 当事人

原告（上诉人）：何某

被告（上诉人）：某保险公司

被告（被上诉人）：某学校

【基本案情】

何某原系某学校一年级学生。2021 年 3 月 4 日上午第三节课间活动时，某学校称据何某自述其在学校操场活动时摔倒，鼻腔出血。上午第四节课时，任课老师发现并为其擦拭，同时用纸堵住鼻腔出血。同日下午第一节体育课时，何某再次出现鼻腔出血现象。班主任电话联系何某的母亲，其母刘某将何某接走并送至 A 医院检查，但未查明原因。后，何某的父母将其送至 B 医院检查，

完善血常规和钠钾氯无明显异常，完善相关影像学检查等，未见明显异常，支付检查费1632.67元。

2021年3月5日，何某的父母再次将其带至B医院检查，提示颅内低密度影，建议到上级医院就医，支付检查费338元。

2021年3月5日，何某的父母将其送至C医院住院治疗15天，诊断为：脑梗死、维生素D缺乏、肺炎、支原体感染，一级护理，支付医疗费17209.04元，支付核酸检测费用420元。

2021年3月21日，何某到B医院检查，支付核酸检测费240元。

2021年3月22日，何某再次到C医院住院治疗297天，诊断为：偏瘫、失语，其中一级护理3天，二级护理294天，支付医疗费121352.43元。

2021年7月13日，何某以某学校未尽到教育、管理和保护职责为由诉至法院，要求某学校承担侵权责任。2021年11月25日，何某申请对其伤害后果（病历主要诊断脑梗死）与在学校意外摔伤是否存在因果关系进行司法鉴定。但A司法鉴定中心以“超出鉴定能力”为由，作出不予以受理鉴定告知书，决定不予以受理该鉴定。

2023年3月9日，某学校申请对何某的脑梗死系其自身原因还是其他原因造成进行司法鉴定。B司法鉴定中心以“鉴定要求超出本中心能力”为由，决定终止鉴定。

另查明，2020年3月20日，盘锦市教育局在某保险公司投保了校（园）方责任保险，被保险人为某学校，每次事故绝对免赔额为200元/人，每次事故每人人身伤亡赔偿限额为30万元，保险期间为2020年4月25日至2021年4月24日。

【案件焦点】

1. 何某是否在某学校操场内摔伤；2. 何某罹患脑梗疾病与摔伤之间是否存在因果关系；3. 原、被告举证责任如何分配；4. 某学校、某保险公司是否应当承担赔偿责任，如应当赔偿，赔偿的数额是多少。

【法院裁判要旨】

辽宁省盘锦市大洼区人民法院经审理认为：原告应对其提出的何某在某学校操场内摔倒并受伤以及鼻腔出血系因摔伤所致承担举证证明责任。但因原告提供的证据不足以证明何某在某学校操场内摔倒并受伤以及鼻腔出血系因摔伤所致的事实，故应承担举证不能的法律后果。另，原告应对其提出的创伤性脑梗死与校园摔伤存在因果关系承担举证证明责任。但因鉴定机构对何某罹患脑梗死的疾病无法作出客观准确的鉴定意见，原告没有有效证据证明其提出的创伤性脑梗死系由摔伤造成，亦应承担举证不能的法律后果。某学校应对其提出的已尽到教育、管理职责承担举证证明责任。因何某在校园操场摔倒，某学校未及时发现，校园操场属于公共活动区域亦未安装监控设施，何某出现鼻腔出血现象，未引起足够的重视，未在第一时间通知其父母，某学校在履行教育、管理职责中存在过失。综合考虑本案案情及过错程度，盘锦市大洼区人民法院认为由双方各承担50%为宜。因盘锦市教育局在某保险公司为某学校投保了校（园）方责任保险，某学校在履行教育、管理职责中存有过失，故某保险公司应在保险责任限额内承担赔偿责任，即115155.29元。

辽宁省盘锦市大洼区人民法院依据《中华人民共和国民法典》第一千一百九十九条，《中华人民共和国未成年人保护法》第三十五条第一款、第三十七条第二款，《中华人民共和国保险法》第十四条，《中华人民共和国民事诉讼法》第六十七条第一款，《最高人民法院关于适用〈中华人民共和国民事诉讼法〉的解释》第九十条规定，判决如下：

一、被告某保险公司于本判决生效后十日内给付原告何某经济损失115155.29元；

二、被告某学校于本判决生效后十日内给付原告何某经济损失200元；

三、驳回原告何某的其他诉讼请求。

何某及某保险公司不服一审判决，提起上诉。辽宁省盘锦市中级人民法院经审理认为：对于何某在校园内摔倒后流鼻血到医院就诊诊断出急性脑梗塞，某学校未提供证据证明何某的急性脑梗塞与在校园内摔倒无关联，也并未证明其摔倒的事实学校方无过错，因此，应认定某学校应当对何某的损害结果承担赔偿责任。对于一审法院认定应由何某来承担其急性脑梗塞与在操场摔倒二者之间有因果关系的举证责任不当，应予以纠正。何某作为无民事行为能力人在操场摔倒鼻腔出血，任课老师并未对其人身安全起到良好的保障作用，并且在损害发生后未高度关注其损害后果，未在第一时间内联系其监护人，且某学校未能提供何某在操场摔倒及出校门时的录像用以证明受损害时的状态，因其未举证予以反证证明，应当认定为未完全尽到看管照顾职责，应承担全部赔偿责任。

辽宁省盘锦市中级人民法院依照《中华人民共和国民法典》第一千一百九十九条，《中华人民共和国民事诉讼法》第四十一条第一款、第一百七十七条第一款第二项规定，判决如下：

一、维持盘锦市大洼区人民法院（2023）辽1104民初73号民事判决第二项：被上诉人某学校于本判决生效后十日内给付上诉人何某经济损失200元；

二、变更盘锦市大洼区人民法院（2023）辽1104民初73号民事判决第一项“被告某保险公司于本判决生效后十日内给付原告何某经济损失115155.29元”为：某保险公司于本判决生效后十日内给付何某经济损失230510.58元；

三、驳回某保险公司的上诉请求；

四、驳回何某的其他上诉请求。

【法官后语】

学生在校期间受到损害的，教育机构应该根据学生的民事行为能力承担相应的责任：受害学生为无民事行为能力人的，教育机构承担过错推定责任；受害学生为限制民事行为能力人的，教育机构承担过错责任。

一、对于何某的举证责任分配分析

何某不满8周岁，为无民事行为能力人，根据《中华人民共和国民法典》第一千一百九十九条规定，本案的归责原则为过错推定原则，即受害人无须证明教育机构存在过错，只需证明具有损害事实以及该损害事实发生在教育机构教育、管理过程中即可。何某自述课间活动时摔倒鼻腔流血，后经医疗机构诊断为脑梗死，何某提供的住院病历、住院收费票据足以证明损害事实的发生，教育机构亦认可何某摔倒鼻腔出血发生校园学习、生活期间，故何某作为受害人已完成举证义务。教育机构反驳该损害事实与摔伤不存在因果关系或由其自身原因造成，应就反驳事由提供证据加以证明，何某无须证明损害事实与摔伤之间存在因果关系，亦无须证明损害事实非自身原因造成。

二、对于教育机构举证责任的分配分析

教育机构需就其尽到了教育、管理职责承担举证证明责任。当前法律及司法解释虽然规定教育机构对未尽到教育、管理职责的赔偿责任仅在合理限度范围内予以承担，但其并未对“合理限度”的判断标准予以明确。综合考量，对教育机构教育、管理职责“合理限度”的判断应当把握以下三项重点：

1. 教育机构安全防护设施的配备是否充分到位。教育机构应当对教学场所和设施中的危险尽到可能的预防和控制义务，教学场所和设施设备既要符合产品质量和安全标准，亦要设置相配套的安全防护措施，且应当履行警示告知的安全注意义务。本案中，教育机构未能在操场配备安全防护措施，未安装监控设施，未配备执勤人员，致使何某摔倒鼻腔出血未及时发现，事发经过亦无法还原，教育机构存在管理上的过失。

2. 教育机构在损害发生后的救助措施是否及时合理。教育机构对在其教学管理场所内遭受到侵害的在校学生，应当及时采取合理的救助措施，以避免或者最大限度地降低受害人的损害。本案中，何某于第三节课与第四节课课间休息时摔倒受伤，第四节任课老师发现但并未送医救治，仅用卫生纸堵住出血鼻孔，至下午第一节体育课时再次鼻腔出血，方才通知家长带去就医。教育机构对损害发生的准备和应对工作不足，存在明显的管理瑕疵，虽无主观故意，但客观上延迟受害人的施救时间，并对治疗恢复阶段持放任态度，存在扩大或加重损害后果的现实风险。

3. 受害人遭遇危险是否超出教育机构可预见范围。教育机构应当预见教学场所和设施中的潜在危险，并采取积极有效的安全保障措施。然则，教育机构对“潜在危险”的预见并不能超出其担负能力范围，而应系作为理性人根据一般常识能够自然感知的风险，如此，其即应排除诸如不可抗力等突发事件导致的风险。本案中，何某于课间活动时在操场摔倒受伤，教育机构应当预见到学生嬉戏打闹时在操场意外受伤的风险，教育机构在管理上存在疏忽大意。

综上，本案教育机构未尽到“合理限度范围内”的教育、管理职责，其应当承担全部的赔偿责任。

编写人：辽宁省盘锦市大洼区人民法院 孙超

17

校方未尽管理职责致使学生擅自离校后在校外发生人身损害后果的校方责任险赔付认定问题

——祁小某诉某小学、某保险公司教育机构责任案

【案件基本信息】

1. 裁判书字号

浙江省丽水市中级人民法院（2024）浙 11 民终 113 号民事判决书

2. 案由：教育机构责任纠纷

3. 当事人

原告（上诉人）：祁小某

被告（被上诉人）：某小学、某保险公司

【基本案情】

2020 年 5 月 18 日，被告某小学学生祁小某因作业未完成被老师教育谈话。在教育谈话期间，原告祁小某因心情不佳跑离教学楼并通过学校保安岗亭边的小门离开学校。在学校保安未能及时阻拦原告离校情况下，学校老师告知原告家长相关情况，并在校外寻找原告。后，原告祁小某在某小区某幢房屋楼顶攀

爬时不慎发生坠楼事故。事故发生后，原告被送往医院救治，截至 2022 年 4 月 14 日共计花费医疗费用 422930.23 元。住院期间，原告祁小某父母向被告某小学借款 5 万元，并出具借条。2022 年 5 月 7 日，原告母亲委托某司法鉴定所对原告祁小某的人体损伤致残程度分级以及护理期限、营养期限进行评定。经鉴定，原告构成四个十级伤残、护理期限为 180 日、营养期限为 90 日。2022 年 5 月 22 日至 24 日，原告再次入院治疗，共计花费医疗费用 3071.36 元。

另查明，事故发生时原告已年满 12 周岁，在被告某小学就读六年级。

再查明，2019 年 9 月 26 日，某县教育局以某辖区范围内学校为被保险人投保了校（园）方责任保险（2007 版），含校（园）方责任保险附加校方无过失责任保险。保险期间自 2019 年 10 月 1 日零时起至 2020 年 9 月 30 日二十四时止，保险费用为 637250 元。保险合同关于校方责任的保险金额为 1300 万元，累计责任限额 1300 万元，每次事故责任限额 650 万元，每人责任限额 130 万元。校（园）方责任保险（2007 版）保险条款第三条约定：在保险合同期间内……在被保险人在校活动中或由被保险人统一组织或安排的活动过程中，因被保险人疏忽或过失发生下列情况导致学生的人身伤亡，依法应由被保险人承担的经济赔偿责任，保险人按照本合同的约定负责赔偿……校（园）方责任保险（2007 版）保险条款第七条第四项约定：保险人不负责赔偿精神损害赔偿。附加校方无过失责任保险条款第一条约定：在保险合同期间内……在被保险人在校活动中或由被保险人统一组织或安排的活动过程中，因自然灾害、学生自身原因、学生体质差异、校外的突发性侵害造成学生人身伤亡，尽管被保险人已经履行了相应职责、行为并无不当，但法院或仲裁机构仍判决或裁决被保险人需对受伤害学生给予经济补偿时，保险人按照本附加险合同约定负责赔偿。

【案件焦点】

某保险公司是否需要在责任险范围内履行赔付责任。

【法院裁判要旨】

浙江省青田县人民法院经审理认为：本次事故发生时，原告祁小某在某小学就读六年级，为限制民事行为能力人。某小学作为教育机构，对学校负有管理责任。本案发生因学校老师对原告进行谈话教育，该行为属于正常教育范畴，校方及老师对此不存在过错。但在正常上课期间，某小学应对校门人员的进出进行管理并保障学生不得无故擅自离开学校，从事发监控录像中可知，被告某小学在上课期间关闭了大门，并安排了一名安保人员在岗亭小门处进行值守，但在原告祁小某离开学校时，值守保安虽采取了一些制止措施，但因为开小差等原因未能第一时间予以阻止，致使祁小某离开学校，存在工作上的过失，故某小学在校门管理上存在疏忽。根据《中华人民共和国侵权责任法》第三十九条“限制民事行为能力人在学校或者其他教育机构学习、生活期间受到人身损害，学校或者其他教育机构未尽到教育、管理职责的，应当承担责任”的规定，某小学在本次事故中应承担管理过失的相应责任。原告祁小某在本次事故中亦存在过错。祁小某虽为限制民事行为能力人，但已具备一定的认知和判断能力，在上课期间擅自离校并在楼顶攀爬，其应当具有对该行为存在危险的认知力和判断力。祁某、郭某作为祁小某的监护人，在日常生活中对祁小某的安全和风险预防意识以及情绪管理等教育、疏导沟通不到位，对本案损害后果的发生也存在过错，也应承担相应的责任。

关于某保险公司是否需要在责任险范围内履行赔付责任问题。虽保险合同约定，责任险的赔付范围为在学校内或由学校统一组织或安排的活动过程中，因学校疏忽或过失所发生的学生人身伤亡事故。但本案应从学生离开校园、脱离学校监管的整个过程中，综合分析校方是否存在过错。本案事故的起点应为校方老师对原告祁小某进行谈话教育，因校方保安存在履职疏忽导致原告在上课期间擅离学校，最终才导致坠楼事故的发生。本院认为，不能简单地认为本次事故仅限于原告在校外坠楼这一行为，而应从整个事故发生经过进行综合判决，事故发生的起点在学校范围内，因校方大门管控疏忽导致原告擅自离开学校，因此整个事故发生的时间存在连续性，空间上也是从校内延伸到校外附近，应认定属于责任险的赔付范围，且也不符合校（园）方责任保险（2007 版）“责任免除”明确说明书第一条第四项的免责情形，故认定被告某保险公司应在保险范围内承担赔付责任。

浙江省青田县人民法院依照《最高人民法院关于适用〈中华人民共和国民法典〉时间效力的若干规定》第一条第二款、《中华人民共和国侵权责任法》第三十九条、《最高人民法院关于审理人身损害赔偿案件适用法律若干问题的解释》第七条和《中华人民共和国保险法》第六十五条之规定，判决如下：

一、被告某保险公司于本判决生效之日起十五日内赔付原告祁小某137467.37元；

二、驳回原告祁小某的其他诉讼请求。

祁小某不服一审判决，提出上诉。浙江省丽水市中级人民法院经审理认为：限制民事行为能力人在学校或者其他教育机构学习、生活期间受到人身损害，学校或者其他教育机构未尽到教育、管理职责的，应当承担相应的侵权责任。本案中，上诉人在老师教育谈话期间，跑离教学楼并通过学校保安岗亭边的小门离开学校，学校保安未能及时阻拦上诉人，随后学校老师告知上诉人家长相关情况并在校外寻找，后上诉人在房屋楼顶攀爬时不慎发生案涉事故。从现有证据来看，事故发生前，被上诉人某小学系正常行使教育职责，上诉人主张学校在教学活动中存在违反《中华人民共和国义务教育法》《中华人民共和国未成年人保护法》等情形，缺乏事实依据，本院不予支持。在上诉人离校过程中，被上诉人某小学确未进行有效的阻止，该行为属于未尽到合理限度范围内的安全保障义务，故应当承担相应的赔偿责任。一审综合本案实际酌定被上诉人某小学对上诉人因坠落造成的损失承担20%的责任比例，并无不当，本院予以维持。上诉人主张被上诉人某小学对上诉人坠落事故的发生承担全部过错，无事实和法律依据，本院不予支持。二审期间，上诉人申请追加当事人缺乏法律依据，本院不予准许。综上，上诉人祁小某的上诉请求不能成立，应予驳回；一审认定事实清楚，适用法律正确，程序合法，应予维持。

浙江省丽水市中级人民法院依照《中华人民共和国民事诉讼法》第一百七十七条第一款第一项之规定，作出如下判决：

驳回上诉，维持原判。

【法官后语】

近年来，校园事故类型呈现多样化，如何准确认定校方责任以及该责任是否属于校方责任险赔付范围，从而在维护学校正常履职与保护未成年人权益之间找寻平衡点，是司法实践中值得探讨的问题。本案的核心在于，校方未尽管理职责致使学生擅自离校后在校外发生人身损害后果是否属于校方责任险赔付范围。对于该问题，应将校方责任险投付目的与校方责任承担认定进行综合评价，而非机械套用保险条款所约定的时间和空间的要求。审判实践中可从以下三点分步辨析：

第一，明确事故发生是否属于校方责任。学校属于教育机构，教育机构承担侵权责任的范围需在其能够行使教育、管理职责的时间和空间范围内，一般以学校校园为限，但在教育机构组织学生参加的校外活动中，教育机构也承担着管理和保护未成年学生的法定责任，教育机构疏于管理致使学生在此类活动中遭遇伤害事故时，也应承担侵权责任。对于发生在校园外且非校园组织的校外活动中的事故，在认定是否属于校方责任上需评判损害后果是否与校方行使教育、管理职责有一定的因果关系，即事故虽非发生在校园内或者是校方所组织活动地点，但是若因校方教育、管理责任失职，导致未成年脱离校方履职空间而发生损害后果，校方应承担相应责任。

本案中，事故发生地点并非在学校校园，也并非在校方组织的校外活动中，但是被告某小学在正常上课期间应对校门人员的进出进行管理并保障学生不得无故擅自离开学校。原告祁小某在上课时间离开学校时，值守保安虽采取了一些制止措施，但因为开小差等原因未能第一时间予以阻止，致使祁小某离开学校，存在工作上的过失，故被告某小学校门管理上存在疏忽，应对祁小某后续发生坠楼的损害后果承担一定赔偿责任。

第二，明确校园责任险条款性质。学校投保校园责任险是学校为保障教育活动中可能出现的责任风险而进行的一种转嫁责任风险行为，目的是尽可能地实现和保障受害第三人（学生）的合法权益，同时减少和避免经济纠纷。校园责任险作为能够缓解教育机构法律责任压力的商业保险，既能使学校全力投入教育事业，同时保障了在校学生的利益。具体到本案的保险条款，校（园）方责任保险（2007版）保险条款第三条约定："在保险合同期间内……在被保险人在校活动中或由被保险人统一组织或安排的活动过程中，因被保险人疏忽或过失发生下列情况导致学生的人身伤亡，依法应由被保险人承担的经济赔偿责任，保险人按照本合同的约定负责赔偿……"该条款的设定为校方在行使教育、管理职责过程中可能产生的责任保障了责任承担。该条款虽然约定保险人承担赔付责任的范围是"被保险人在校活动中或由被保险人统一组织或安排的活动过程中"发生的事故，但是结合校园责任险设定的意义而言，对该条款的保障范围应作扩大解释，即校方在行使教育、管理职责过程中可能产生的风险，而非限定于在校活动中或由学校统一组织或安排的活动过程中发生的事故。

本案中，原告祁小某在校外发生坠楼事故与校方未全面、正确履行管理职责存在因果关系，该损害事故属于校方责任险的赔付范围是该险种设立的应有之义。

第三，明确事故发生的时间、空间属性。近年来，校方的教育、管理职责不再局限于校园内部或者校园组织的校外活动过程中，校方职责在时间和空间上的延展也是对未成年人保护的需要。故，在认定事故是否属于校园责任险范围时，也不应局限于上述的校园内部或者校园组织的校外活动过程中，应从时间、空间两维度进行综合考量。时间上，应考虑事故的发生是否在校方教学期间，如上课期间或校方组织活动期间；空间上，应考虑事故发生地点与校园或者校方组织活动所在地具有一定的延展性，如学校周边等。

本案事故发生的起点在学校范围内，因校方大门管控疏忽导致原告擅自离开学校，因此整个事故发生的时间存在连续性，空间上也是从校内延伸到校外附近，应认定属于责任险的赔付范围。

编写人：浙江省丽水市青田县人民法院　黄方方　李红慧

五、产品责任纠纷

18

新购车辆自燃烧毁，车辆经营者应对车辆瑕疵情况承担相应的举证责任

——廖某、某物流公司诉某汽车公司、某销售公司产品责任案

【案件基本信息】

1. 裁判书字号

重庆市第一中级人民法院（2023）渝01民终5785号民事判决书

2. 案由：产品责任纠纷

3. 当事人

原告（被上诉人）：廖某、某物流公司

被告（上诉人）：某汽车公司、某销售公司

【基本案情】

2021年5月底，廖某在某销售公司购买了一辆汽车，该车由某汽车公司生产。2021年6月，廖某将该车挂靠在某物流公司名下运营。2021年9月9日，廖某在驾驶该车辆时，车辆突然起火燃烧，车头及车尾部分被烧毁。2021年10月，重庆市璧山区消防救援支队作出火灾事故认定书，载明“经统计，直接财产损失约为598600元，经调查，对起火原因认定如下：起火部位为车头增压机

附近，起火原因不排除因增压机故障或电气线路故障引发火灾的可能”等内容。案涉车辆发生火灾事故后，保险公司已向廖某赔偿405880元，余下损失廖某未获赔偿。经调查，本案中不存在人为纵火、人为使用不当、非法改装或其他外力因素引发火灾的情况。2022年9月，廖某、某物流公司向法院提起诉讼，要求某汽车公司、某销售公司赔偿其未获得保险赔偿的财产损失224000元。

【案件焦点】

新购车辆自燃烧毁的情形下，车辆瑕疵的举证责任应如何分配。

【法院裁判要旨】

重庆市璧山区人民法院经审理认为：车辆的实际所有权人为廖某，故廖某有权利就案涉车辆主张损失赔偿，某物流公司是车辆的挂靠单位，不是实际车主，其没有权利就案涉车辆主张损失赔偿。廖某对案涉车辆已经尽到必要的注意义务，火灾事故认定书可以作为认定案涉车辆存在质量瑕疵的初步证据，某汽车公司、某销售公司应就车辆非因质量瑕疵引起火灾承担进一步的举证责任，但两公司均拒绝对车辆是否存在缺陷及缺陷与车辆发生的火灾有无因果关系申请鉴定，也未举证证明廖某对车辆具有不当的保养、维修、改装行为，或由其他外力因素引发火灾，故应由某汽车公司、某销售公司承担举证不能的不利后果。

重庆市璧山区人民法院依照《中华人民共和国民法典》第一千一百六十六条、第一千二百零二条、第一千二百零三条，《中华人民共和国产品质量法》第四条、第二十六条、第四十条，《中华人民共和国民事诉讼法》第一百四十五条之规定，判决如下：

一、被告某汽车公司、某销售公司于本判决生效后五日内支付原告廖某财产损失174576.06元；

二、驳回原告廖某的其他诉讼请求。

某汽车公司、某销售公司不服一审判决，提起上诉。重庆市第一中级人民法院经审理认为：案涉车辆从购买之日至事故发生之日不满四个月，依据《中华人民共和国消费者权益保护法》第二十三条第三款的规定，经营者提供的机动车、计算机、电视机等耐用商品或者装饰装修等服务，消费者自接受商品或者服务之日起六个月内发现瑕疵，发生争议的，由经营者承担有关瑕疵的举证责任。该车辆是否存在质量瑕疵的举证责任由车辆的经营者即上诉人承担，某汽车公司、某销售公司未能举示相关证据，结合消防管理部门对案涉车辆火灾事故的认定，可以认定案涉车辆存在质量瑕疵，故某汽车公司、某销售公司应对廖某的相关损失承担赔偿责任。

重庆市第一中级人民法院依照《中华人民共和国民事诉讼法》第一百七十七条第一款第一项规定，判决如下：

驳回上诉，维持原判。

【法官后语】

随着我国汽车保有量持续增长，因汽车产品质量引发的纠纷，特别是由车辆自燃引发的产品责任纠纷案件备受关注。汽车自燃既危及驾乘人员和车辆安全，也对周边人员和财产安全造成严重威胁。法院在审理此类纠纷时应立足社会价值，合理分配举证责任，综合考量案件因素，在强调车辆生产者、销售者举证义务的同时，也不能忽视车辆所有人或使用人的一般安全注意义务，以保障社会经济健康发展。

一、汽车自燃案件中的举证责任分配

汽车自燃案件属于产品责任纠纷案件，是一种特殊的侵权责任类型。其特殊性主要表现在归责原则的适用上，普通侵权责任适用过错责任原则，要求侵权人具有过错，而产品责任纠纷大多适用无过错责任。被侵权人无须证明侵权人具有过错，只需证明产品具有缺陷、被侵权人存在损害的事实、缺陷产品与损害发生之间具有因果关系即可。在汽车自燃案件中，汽车生产者、销售者是否承担赔偿责任的关键在于汽车是否存在缺陷，火灾事故的发生是否由汽车缺陷造成。因被侵权人对于汽车这种生产工艺复杂、技术含量很高的产品缺乏专业知识，被侵权人往往需要借助火灾事故处理部门或专业机构的意见证实自己的主张。本案中，消防救援支队作为火灾事故处理部门，其所出具的火灾事故认定书载明”起火部位为车头增压机附近，起火原因不排除因增压机故障或电气线路故障引发火灾的可能”等内容，即被侵权人已完成举证责任。

二、车辆所有人或使用人的一般安全注意义务

汽车自燃案件在强调汽车生产者和销售者举证责任的同时，不能忽视车辆所有人或使用人的一般安全注意义务。据分析，汽车自燃的原因除包括车辆设备故障、电气线路短路等问题外，也不排除车辆所有人或使用人维护不当、违章操作等人为原因造成。一般情况下，汽车发生火灾事故需具备以下条件：一是易燃品；二是火源。这就要求汽车使用人必须对车辆尽到一般的安全注意义务，如定期检测车辆、及时维修故障；不随意改装车辆、改变电器线路；不停放于火源或易燃物附近等。如车辆无质量问题而车主存在前述行为，即可推定车辆所有人或使用人对财产损害存在过错。

三、高度盖然性证据规则在汽车自燃案件中的适用

本案中，案涉车辆在火灾事故发生后已被严重烧毁，已不具备进行司法鉴定的客观条件，汽车自燃的原因既可能是由增压机故障或电气线路故障造成的，也可能是由其他原因造成。但本案应认定车辆系由自身缺陷引发火灾事故的可能性更大。理由有：(1) 廖某对案涉车辆已经尽到必要的注意义务，本案中不存在人为纵火、人为使用不当、非法改装或其他外力因素引发火灾的情况。(2) 火灾事故处理部门认定车辆起火原因不排除因增压机故障或电气线路故障引发火灾的可能，火灾事故认定书可以作为认定案涉车辆存在质量瑕疵的初步证据。(3) 汽车作为耐用商品，案涉车辆从购买之日至事故发生之日不满四个月，此时发现车辆存在瑕疵，发生争议的，由经营者承担有关瑕疵的举证责任。本案中，在没有充分证据证明汽车自燃的具体原因情形下，根据盖然性占优的证明标准，宜认定汽车燃烧系由增压机故障或电气线路故障引起。

编写人：重庆市璧山区人民法院 冷超超 游海兵

19

产品是否存在缺陷的举证责任分配

——王某诉某工程公司、匡某产品责任案

【案件基本信息】

1. 裁判书字号

河南省信阳市中级人民法院（2023）豫15民终204号民事判决书

2. 案由：产品责任纠纷

3. 当事人

原告（被上诉人）：王某

被告（上诉人）：某工程公司

被告：匡某

【基本案情】

2022年2月下旬，原告王某经人介绍向被告匡某购买制冷设备，并于当月25日通过微信向匡某转账5000元用于支付部分货款。2022年3月1日上午，被告匡某安排两名安装人员将原告购买的制冷设备安装在原告指定的放沼气设备的机房中，原告当日即向匡某支付尾款7000元。原告于当日21时许打开该设备的闸刀，开始使用机器，3月2日凌晨四时左右，案涉设备所在房屋发生爆炸，原告于6时50分向派出所报案。经查，案涉设备系安装在案涉砖混结构自建房的东面，设备开关闸刀在房屋南面，该房屋内并安装有沼气设备（2017年投入使用），爆炸发生在制冷设备所在的东面和南面墙体，沼气设备所在的北面和西面墙体未受损。案涉制冷设备的生产商为被告某工程公司，被告匡某系销售代理商。原告提交的案涉箱式冷凝机组的使用说明书显示：安全XJQ/

XJB系列箱式冷凝机组只能安装于制冷设备系统中，只有经正确安装后，并完全符合国家相关的法规，才能被投入使用；对压缩冷凝机组和制冷系统的所有工作应由合格的或经授权的制冷专业人士操作，错误的操作会发生严重危险……审理中，被告在举证期限内未能向法院提供安装工人具有专业资质的相关证据。

案件审理过程中，原告王某申请对爆炸导致的房屋及沼气设备损失进行评估，法院依法委托了某价格评估公司进行评估，该公司作出价格评估意见书，评估结论为：王某损坏房屋重建价值和沼气设备损失价值为人民币114323元。原告为此支出鉴定费用8359元。

【案件焦点】

1. 案涉产品是否存在质量缺陷及质量缺陷的认定；2. 某工程公司是否应承担赔偿责任。

【法院裁判要旨】

河南省潢川县人民法院经审理认为：根据《中华人民共和国产品质量法》第四十一条“因产品存在缺陷造成人身、缺陷产品以外的其他财产（以下简称他人财产）损害的，生产者应当承担赔偿责任。生产者能够证明有下列情形之一的，不承担赔偿责任：（一）未将产品投入流通的；（二）产品投入流通时，引起损害的缺陷尚不存在的；（三）将产品投入流通时的科学技术水平尚不能发现缺陷的存在的”及第四十六条“本法所称缺陷，是指产品存在危及人身、他人财产安全的不合理的危险；产品有保障人体健康和人身、财产安全的国家标准、行业标准的，是指不符合该标准”的规定，被告某工程公司作为生产者对其生产的产品是否为合格产品负有举证义务，且其亦不能证明案涉产品具有法律免责情形，而被告匡某作为案涉产品销售商，在规定的举证期限内也未能提供相应证据证明其指派的安装人员是否具有专业资质，因此应承担举证不能的不利后果。至于事故是否系产品质量缺陷引起的问题，通过原告提交的爆炸现场照片显示，爆炸发生位置正处于案涉制冷设备所安装的位置，被告辩称事故发生原因系沼气池爆炸，经查，案涉房屋内的沼气设备从2017年开始投入使用，其间未发生事故，而案涉制冷设备于2022年3月1日21时左右开始运行，夜里凌晨四时左右设备所在墙面就发生爆炸，且事故发生后，原告及时将现场状况告知产品销售商匡某，匡某承诺可以再重新给原告一台制冷机器。因此，可以认定事故发生与案涉制冷设备存在缺陷之间存在因果关系，现被告主张案涉事故的发生并非其产品所致，但未提供相关证据予以证明，故被告该辩称本院不予支持。

综上，根据《中华人民共和国民法典》第一千二百零三条规定："因产品存在缺陷造成他人损害的，被侵权人可以向产品的生产者请求赔偿，也可以向产品的销售者请求赔偿。产品缺陷由生产者造成的，销售者赔偿后，有权向生产者追偿。因销售者的过错使产品存在缺陷的，生产者赔偿后，有权向销售者追偿。"被告某工程公司及匡某分别作为生产者和销售者，原告王某要求二被告对其损失承担赔偿责任于法有据，本院予以支持。依据相关评估意见和证据，原告的经济损失为：126323元（房屋和沼气设备评估损失114323元+购机款损失12000元）。

河南省潢川县人民法院依照《中华人民共和国民法典》第一千二百零二条、第一千二百零三条、第一千二百零五条，《中华人民共和国产品质量法》第四十一条、第四十六条，《最高人民法院关于适用〈中华人民共和国民事诉讼法〉的解释》第九十条的规定，判决如下：

一、限被告某工程公司于本判决生效后十日内支付原告王某财产损失计款126323元；

二、被告匡某对上述经济损失的赔偿承担连带责任。

被告某工程公司不服一审判决，提起上诉。河南省信阳市中级人民法院经审理认为：《中华人民共和国产品质量法》第三十六条规定，销售者销售的产品的标识应当符合本法第二十七条的规定，即"产品或者其包装上的标识必须真实，并符合下列要求……（五）使用不当，容易造成产品本身损坏或者可能危及人身、财产安全的产品，应当有警示标志或者中文警示说明……"本案中，某工程公司在其生产的XJQ/XJB系列箱式冷凝机组机身上虽有警示标志，但未就其使用说明书中安装安全及机组适用及运行维护予以警示说明，存在产品说明不真实的情况，使消费者对该产品的危险性认识不足，从而增加了其不合理的危险，故该制冷设备存在一定的质量缺陷，而某工程公司并未提供证据证明其存在《中华人民共和国产品质量法》第四十一条规定的除外情形，故其应就产品的质量缺陷承担相应的赔偿责任。匡某作为销售者，其在向王某销售案涉制冷产品时，有附随义务向其说明产品的使用方法和注意事项，但其未指派具有专业资质的安装人员为王某安装制冷设备，也未提供证据证明安装人员或其本人将该安全使用方法告知过王某，故其应就产品销售过程中存在的不当安装行为承担相应的赔偿责任。王某购买某工程公司生产的制冷设备后于2022年3月1日安装在放置沼气设备的机房中并于当晚启动设备，2022年3月2日凌晨机房发生爆炸，造成房屋、沼气设备及制冷设备的损坏，根据《最高人民法院关于民事诉讼证据的若干规定》第八十五条及《最高人民法院关于适用〈中华人民共和国民事诉讼法〉的解释》第一百零八条的规定，可以推定案涉事故与案涉制冷设备的使用说明中没有合理警示说明及不当安装存在因果关系，某工程公司及匡某均应承担赔偿责任。但原审法院审理过程中，某工程公司并未就案涉事故发生与产品质量缺陷或不当安装之间的原因力大小予以鉴定，亦未提供证据证明王某在使用过程中存在过错，故原审法院依据《中华人民共和国产品质量法》第四十三条的规定判决某工程公司承担全部的赔偿责任，由匡某承担连带责任并无不当。综上，某工程公司的上诉请求不能成立，应予驳回；一审判决认定事实清楚，适用法律正确，应予维持。

河南省信阳市中级人民法院依照《中华人民共和国民事诉讼法》第一百七十七条第一款第一项规定，作出如下判决：

驳回上诉，维持原判。

【法官后语】

本案主要涉及“举证责任分配原则”在产品质量责任纠纷案件中的适用和把握，产品质量责任纠纷案件的难点及争议焦点主要在于举证责任的分配，合理分配举证责任，对于责任划分及如何承担赔偿责任具有积极意义。

一、产品质量责任纠纷中原告的证明责任

有观点认为，产品质量责任纠纷的证明责任应当由生产者和销售者承担，而忽视了受害人的证明责任。客观上，由于举证能力的限制，要求受害人承担过多的举证责任，不符合法律规定。但绝不意味着受害人就可以不承担证明责任，相反，一些证明责任能且只能由受害人来承担。

笔者认为，原告作为产品质量责任中的受害者，负有以下证明责任：(1) 受害人受到了伤害的客观事实；(2) 受害人受到损害的具体程度以及经济损失的具体数额；(3) 受害人受到的损害是由于产品引起的。这些证明责任，证明的是原告权利受到侵害的基础事实，是引起产品质量责任纠纷依据，只有证明了上述内容，才能说明原告与产品质量产生了法律上的利害关系，才符合人民法院受理案件的条件，这些证明责任，天然应当由原告来承担，即使是在产品质量责任纠纷案件中也不例外。

二、产品缺陷的证明责任

根据《中华人民共和国产品质量法》第四十一条的规定，生产者对因产品存在缺陷造成人身、缺陷产品以外的其他财产损害的，生产者应当承担赔偿责任。由此可见，生产者需要承担责任的基础是产品存在瑕疵。但对产品是否存在缺陷，如何确定举证责任，存在一定的分歧。

第一种观点认为，作为基础侵权事实，作为受害人的原告应当承担产品存在缺陷的证明责任。按照“谁主张，谁举证”的原则，原告应当证明产品存在质量缺陷，以及属于何种缺陷，该缺陷可能达到什么样的程序，据此可以成为要求生产者和销售者承担责任的依据。第二种观点认为，作为产品的生产者和销售者，早在受害人之先即已接触到产品，且其作为产品的制造者，负有义务证明制作的产品是合格即不存在缺陷的；销售者作为将产品直接交付给消费者的一个环节，同样有义务证明交付的产品是合格的，据此，应当由生产者和销售者证明所生产和销售的产品不存在缺陷，如果不能证明，就推定为产品存在缺陷。

笔者同意第二种观点，即对产品缺陷的证明责任由生产者和销售者承担。

（一）生产者的证明责任

《中华人民共和国产品质量法》第二十六条规定："生产者应当对其生产的产品质量负责。产品质量应当符合下列要求：（一）不存在危及人身、财产安全的不合理的危险，有保障人体健康和人身、财产安全的国家标准、行业标准的，应当符合该标准；（二）具备产品应当具备的使用性能，但是，对产品存在使用性能的瑕疵作出说明的除外；（三）符合在产品或者其包装上注明采用的产品标准，符合以产品说明、实物样品等方式表明的质量状况。"结合上述规定，生产者应当提供证据证明其生产的产品不存在危及人身和财产安全的不合理危险。也就是说，生产者需要证明其生产的产品不存在缺陷，从证据意义来说，就是要生产者举证证明一个消极事实：其生产的产品不存在缺陷。根据一般的证据理论，主张积极事实的一方承担举证责任，即谁主张产品存在缺陷，谁承担举证责任。但由于产品质量法对生产者的特定义务要求，生产者应当证明其生产的产品符合"不存在危及人身、财产安全的不合理的危险"的标准。

通常来说，生产者可以通过证明其生产的产品符合国家标准、行业标准来证明其产品不存在缺陷，这对生产者是容易做到的，也是其法定义务。

（二）销售者的证明责任

《中华人民共和国产品质量法》第四十二条第一款规定，由于销售者的过错使产品存在缺陷，造成人身、他人财产损害的，销售者应承担赔偿责任。第二款规定，销售者不能指明缺陷产品的生产者也不能指明缺陷产品的供货者的，销售者应当承担赔偿责任。从上述规定可以看出，销售者对产品缺陷承担的举证责任，是典型的过错责任，其对产品缺陷是否存在不承担证明责任。仅在通过其他主体证明销售者销售的产品存在缺陷的情况下，销售者需要提供证据证明其销售的缺陷产品的生产者或者其进货的合法渠道。只要能够证明缺陷产品的生产者或产品的供应者，即视为其完成了证明责任。

在产品的生产者或供应者参加到诉讼中后，可以提供证据证明其交付给销售者的产品不存在缺陷。此时，销售者就负有义务证明在缺陷的形成过程中，销售者没有过错。所谓的没有过错，只要能够证明销售者对产品的储存、维护、搬运等符合安全规定，即可视为销售者完成了举证责任。

三、生产者责任的减轻和免除

由于《中华人民共和国产品质量法》第四十一条第二款规定，生产者能够证明有下列情形之一的，不承担赔偿责任：(1) 未将产品投入流通的；(2) 产品投入流通时，引起损害的缺陷尚不存在的；(3) 将产品投入流通时的科学技术水平尚不能发现缺陷的存在的。当缺陷产品造成受害人损失时，生产者只有证明上述三项内容之一，方可免除其赔偿责任。在上述三项免责因素中，第一项相对较易证明，其只要证明产品未进入流通领域即可。对第二项证明内容，一般情况下其提供出厂检验证明等即可，但由于情况的复杂性，特别是由于缺陷产品自身发生损毁，造成缺陷的证明产生困难。此时，就需要通过双方技术鉴定等来完成。这样的举证责任，只能分配给生产者。对第三项的证明内容，生产者证明起来相对困难，往往需要较强的举证能力，才能证明社会一般的科学技术水平。

由于产品责任纠纷属于侵权责任范畴，生产者还可以通过证据证明受害人在使用过程中存在过错，来减轻自己的赔偿责任。即使受害人存在过错，除非能够证明受害人是故意造成自身的损害，都不能免除生产者的赔偿责任。根据侵权责任法的规定，受害人对侵害的造成也有过错的，可以减轻侵权人的赔偿责任。根据“谁主张，谁举证”的一般举证原则，证明受害人有过错的证明责任，应当分配给生产者。能够证明受害人过错的，可以适当减轻生产者的赔偿责任。

本案中，原告在起诉时负有义务举证证明原告因产品缺陷受到了损害这一基础事实。原告已履行了初步举证责任，生产者应就存在法定的免责事由进行举证，被告某工程公司未能在举证期间向法院提交证据证明存在免责事由，故应承担举证不能的不利后果。匡某作为销售者，其在向王某销售案涉制冷产品时，有附随义务向其说明产品的使用方法和注意事项，但其未指派具有专业资质的安装人员为王某安装制冷设备，也未提供证据证明安装人员或其本人将该安全使用方法告知过王某，故其应就产品销售过程中存在的不当安装行为承担相应的赔偿责任。

编写人：河南省潢川县人民法院　徐晓鸽

20

燃气事故中产品责任条款的适用和损害赔偿责任的认定标准

——某火锅店诉某燃气公司等财产损害赔偿案

【案件基本信息】

1. 裁判书字号

云南省昆明市中级人民法院（2023）云 01 民终 9020 号民事判决书

2. 案由：财产损害赔偿纠纷

3. 当事人

原告（上诉人）：某火锅店

被告（被上诉人）：某燃气公司、某液化气公司、罗某

【基本案情】

2021 年 7 月，某火锅店店内使用的液化气瓶发生漏气，导致起火、爆炸事故，造成火锅店店内部分桌椅、厨房设备等物品以及房屋装修烧毁。事故发生后，某火锅店在 2021 年 8 月期间未再营业，自 2021 年 9 月重新开始营业。

某火锅店经营中使用的液化气由某液化气公司灌装生产、由某燃气公司作为销售商向市场销售并由罗某直接销售和派送。

某火锅店经营者向某区消防救援大队所填的“火灾直接财产损失申报统计表”载明：财产损失总计人民币 63000 元。其通过微信转账方式向员工发放 2021 年 8 月工资合计人民币 26000 元。根据某火锅店与案外人签订的《商铺承包经营协议》，某火锅店 2021 年度的承包费用为人民币 30700 元/月。2021 年 12 月，某火锅店自行委托某评估公司对火灾直接财产损失价格进行评估，后某评估公司作出价格评估结论为：在价格评估基准日委托评估损失财产的评估值

为人民币 445389 元。某火锅店陈述其支出评估费人民币 15000 元。

【案件焦点】

三名侵权者的外部责任和内部责任应如何认定。

【法院裁判要旨】

云南省昆明市五华区人民法院经审理认为：第一，《中华人民共和国民法典》第二百三十八条规定，侵害物权，造成权利人损害的，权利人可以依法请求损害赔偿，也可以依法请求承担其他民事责任。第一千一百七十二条规定，二人以上分别实施侵权行为造成同一损害，能够确定责任大小的，各自承担相应的责任；难以确定责任大小的，平均承担责任。本案中，原告使用由被告某液化气公司灌装的液化气罐发生爆炸并引起火灾，造成原告财产受损，而被告某燃气公司作为销售者，亦负有对其销售的商品符合安全使用规范的职责，同理不能排除其销售的商品存在安全隐患，故被告某液化气公司、某燃气公司在不能排除己方责任的情形之下，应当对火灾产生的损害后果承担相应的赔偿责任。而被告罗某作为直接向原告销售液化气的人员，其并未提交证据证实其系某燃气公司的员工、上述销售行为系履行职务行为，且被告罗某也未提交证据证实其已取得昆明市液化燃气从业人员上岗证或相应职业技能岗位证书，故被告罗某亦承担相应的赔偿责任。因难以确定责任大小，故由三被告平均承担赔偿责任，由被告某液化气公司、某燃气公司、罗某各承担原告损失的 1/3。第二，至于原告的损失，一审法院根据原告经营者向某区消防救援大队所填“火灾直接财产损失申报统计表”中载明的损失金额，结合微信聊天记录等证据，确认原告直接财产损失 63000 元。对原告主张的 2021 年 8 月商铺租金损失人民币 30700 元以及人员工资损失人民币 26000 元，有相应证据予以佐证，一审法院予以认定。至于原告主张的可得净利润人民币 105731.88 元，原告提交的证据并不能证实其停业期间的损失为人民币 105731.88 元，故对原告该项主张，一审法院不予支持。综上，原告因此次事故所致损失合计人民币 119700 元，由被告某液化气公司承担人民币 39900 元，由被告某燃气公司承担人民币 39900

元，由被告罗某承担人民币39900元。对原告其余主张，一审法院予以驳回。

云南省昆明市五华区人民法院依照《中华人民共和国民法典》第二百三十八条、第一千一百七十二条，《中华人民共和国民事诉讼法》第六十七条、第一百二十一条、第一百四十七条及《最高人民法院关于适用〈中华人民共和国民事诉讼法〉的解释》第九十条之规定，判决如下：

一、由被告某液化气公司于本判决生效后十日内赔偿原告某火锅店损失人民币39900元；

二、由被告某燃气公司于本判决生效后十日内赔偿原告某火锅店损失人民币39900元；

三、由被告罗某于本判决生效后十日内赔偿原告某火锅店损失人民币39900元；

四、驳回原告某火锅店的其他诉讼请求。

某火锅店不服一审判决，提起上诉。云南省昆明市中级人民法院经审理认为：《中华人民共和国民法典》第一千二百零三条规定："因产品存在缺陷造成他人损害的，被侵权人可以向产品的生产者请求赔偿，也可以向产品的销售者请求赔偿。产品缺陷由生产者造成的，销售者赔偿后，有权向生产者追偿。因销售者的过错使产品存在缺陷的，生产者赔偿后，有权向销售者追偿"；第一千一百八十四条规定："侵害他人财产的，财产损失按照损失发生时的市场价格或者其他合理方式计算。"二审中，针对案涉的财产损害赔偿责任应如何认定的问题，根据审理查明的事实，首先，某火锅店在本案中的财产损害系由于使用某液化气公司灌装生产、由某燃气公司作为销售商向市场销售并由罗某直接销售给其的液化气罐发生严重泄漏情况导致引起火灾所致，故根据上述法律规定，某液化气公司作为生产商、某燃气公司作为销售商、罗某作为直接销售者应对本案的损害后果承担连带赔偿责任。至于罗某抗辩其系某燃气公司员工其销售行为系职务行为的主张，对此，某燃气公司不予认可，而罗某亦未提交证据证实其与某燃气公司之间存在事实劳动关系，故昆明市中级人民法院对其该项抗辩主张不予采信。其次，针对本案损害赔偿金额如何认定的问题，二审中，各方对一审判决认定的租金损失 30700 元以及人员工资损失 26000 元均无异议，昆明市中级人民法院依法予以确认。对于某火锅店主张的店铺直接财产评估损失共计 445389 元的问题，二审中，某火锅店申请出具评估报告的鉴定机构鉴定人员出庭接受质询，鉴定人员对评估报告中涉及的房屋装修损失包括拆除工程费 16488.17 元、修缮恢复工程费 310939.19 元、设备损失 85944 元、物品损失 32018 元进行了分项说明鉴定方法及依据，昆明市中级人民法院认为，根据该评估报告的评估内容结合本案火锅店受损现场消防部门的勘测情况及照片以及火锅店前后两次实际装修的情况、设备重新购置等情况，可以相互印证火锅店受损后真实全面的损害后果以及恢复原状的情况，而此前某火锅店在消防部门火灾直接财产损失申报表中申报的受损面积及金额显然与客观损害事实不符，某燃气公司、某液化气公司、罗某对评估报告虽不予认可但亦未提交证据明确予以反驳，故昆明市中级人民法院对某火锅店提交的财产损害评估报告评估的各项财产损失金额予以认定。最后，对于某火锅店主张的停业期间可得利润损失的问题，昆明市中级人民法院认为，该项可得利润损失并非直接财产损失且该项经营利润的获取具有不可确定性亦未实际产生，故昆明市中级人民法院对某火锅店的该项损失主张不予支持。综上所述，昆明市中级人民法院确认某液化气公司、某燃气公司、罗某应对本案的损害后果承担连带赔偿责任，赔偿的金额应为评估报告认定的直接财产损失 445389 元、租金损失 30700 元、人员工资损失 26000 元共计 502089 元及评估鉴定费 15000 元。

综上，上诉人某火锅店的上诉请求成立的部分，昆明市中级人民法院予以支持，其余部分予以驳回；一审判决认定事实不清，适用法律错误，导致判决结果不当，昆明市中级人民法院依法予以改判。

云南省昆明市中级人民法院依照《中华人民共和国民法典》第一千一百六十五条、第一千一百八十四条、第一千二百零三条，《中华人民共和国民事诉讼法》第一百七十七条第一款第二项之规定，判决如下：

一、撤销云南省昆明市五华区人民法院（2022）云 0102 民初 19291 号民事判决；

二、被上诉人某燃气公司、某液化气公司、罗某于本判决生效之日起十日内对上诉人某火锅店的财产损失赔偿款502089元及鉴定费15000元承担连带赔偿责任；

三、驳回上诉人某火锅店的其他诉讼请求。

【法官后语】

本案是一例燃气安全事故引发的损害赔偿案件，燃气是具有高度危险性的可燃气体，在被广泛使用的同时市场化、商品化程度较高，事故后果往往也较为严重，在民事纠纷中常会出现产品责任条款的适用和损害赔偿责任的认定问题。

一、产品责任承担者对外是否成立连带责任

《中华人民共和国民法典》第一千二百零三条第一款规定，因产品存在缺陷造成他人损害的，被侵权人可以向产品的生产者请求赔偿，也可以向产品的销售者请求赔偿。该条款实质上是为侵权方设置了不真正连带责任，但不真正连带责任并非法律明文规定的概念，在侵权方对外能否承担连带责任问题上司法实践存在争议。在本判决中，事故的起因和相关主体的责任较为清晰，结合对产品责任规定的立法原意，为了充分保护被侵权人的合法权益，如果不允许被侵权人一并向生产者、销售者同时主张权利，不仅会加重其选择负担，而且会由于其选择不当而失去获得填平损害的机会，故本判决认定三燃气相关主体承担连带责任。另外，本判决也是考虑到三燃气相关主体对燃气事故发生的过错程度没有显著的差异，三方都没有尽到安全生产义务，故在事实层面难以确认最终责任者，由三相关主体承担连带责任更为公平且减少诉累。

二、损害赔偿的计算标准

本案一审法院采信了某区消防救援大队出具的“火灾直接财产损失申报统计表”，以此认定了损害赔偿数额，二审对此不予认可。当出现多个财产损害价值标准时，应结合全案证据，实质调查财产损害赔偿范围。消防部门出具的事故责任认定书并不因专业资质当然成为事实证据，且本案中的“火灾直接财产损失申报统计表”并不是事故责任认定书，而是由当事人在事发第二天单方填写而成。二审通过让鉴定人出庭接受质询，结合本案火锅店受损现场消防部门的勘测情况和照片以及火锅店前后两次实际装修的情况、设备重新购置等情况，更为真实全面地反映了某火锅店的损害后果。

形成全面的损害后果事实后，还需对损害结果进行法律评价，以确定侵权者的责任范围。损失在法律上可分类为直接损失和间接损失。本判决认定的某火锅店的直接损失有：房屋装修损失、租金损失、人员工资损失、评估鉴定费。对于非有体物的损失“租金损失、人员工资损失、评估鉴定费”是否属于直接损失在司法实践中存在一定争议，本判决的审理思路为，既然侵权行为必然导致涉案建筑物不能使用，租金、人员工资对应的权益就无法实现，即因侵权行为导致受侵权方的财产必然减损，并且上述款项已经实际支出，法院认定上述支出为直接损失更能有效保护被侵权人的合法利益。对于某火锅店主张的停业期间可得利润损失，可得利润为典型的间接损失，某火锅店并未充分证明在其受害之前一定时间里的单位时间平均收益值，所以该项经营利润的获取具有不可确定性亦未实际产生，如果在此情况下支持某火锅店可得利润的主张，有违利益平衡的原则，应不予支持。

编写人：云南省昆明市中级人民法院　王思予　吴秋月

21

生产者和销售者对因产品缺陷造成损害承担连带责任

——杨某诉顾某等健康权案

【案件基本信息】

1. 裁判书字号

上海市第一中级人民法院（2023）沪 01 民终 5466 号民事判决书

2. 案由：健康权纠纷

3. 当事人

原告（被上诉人）：杨某

被告（上诉人）：某电池公司

被告：顾某、黄某、甲科技公司、乙科技公司、夏某

【基本案情】

顾某于2021年5月从某电动自行车经营部（已注销、经营者是被告夏某）处购买四轮电动车一辆，停放于其与配偶被告黄某所有的案涉屋院内。彼时该房屋由包含杨某在内的多名租客租住使用。2021年11月10日，上述四轮电动车的电池箱起火引燃周边可燃物并扩大成灾，事故造成5人受伤，大量财物受损。杨某产生损失共计104236.37元，故诉至法院，要求电动车电池生产方某电池公司，电动车生产商甲科技公司、乙科技公司，电动车销售方夏某及房屋所有人顾某、黄某共同承担侵权损害赔偿责任。

【案件焦点】

1. 涉案电动车（含电池）是否存在质量缺陷；2. 顾某、黄某是否存在使用管理不当。

【法院裁判要旨】

上海市奉贤区人民法院经审理认为：杨某因涉案火灾的发生而受伤，并产生损失，相关责任方应当对杨某承担相应的赔偿责任。

关于争议焦点一，根据消防部门的调查，显示涉案火灾系由于顾某、黄某所购四轮电动车电池箱起火引燃周围可燃物所导致。又根据消防部门的调查及勘验，明确事发前涉案房屋场院内无异常，场院内停放的其余电动车并无充电迹象，而顾某、黄某所购四轮电动车充电器与拖线板、电动车呈连接状态，可见当时该四轮电动车应处于充电状态。之后，四轮电动车右前侧有烟冒出，并有火光，结合消防部门的认定，可见涉案四轮电动车在充电过程中电池箱发生起火。又根据消防部门在现场提取电池箱内部分散落电池的损毁情况，电池箱

起火应当系其中的部分电池起火所导致，此亦符合一般常识。而电动车电池充电系产品应当具有的使用性能，充电过程中起火系异常现象，对此，电池的生产商、销售商应当对涉案电动车为何在充电时起火作出解释。而本案审理过程中，某电池公司、夏某均主张其生产、销售的产品具有合格证明，但又无法对车辆起火原因作出合理解释，也不申请对起火原因进行司法鉴定。由于电池的设计、生产具有复杂性、专业性特征，普通消费者和非专业人员难以知晓运作原理，作为受害者的杨某，也难以就产品质量与起火原因有关事宜进行举证。故，在杨某提供火灾事故认定书明确火灾系涉案四轮电动车的电池箱起火所导致后，其主张产品存在质量缺陷已经达到民事证据证明力标准，若产品的生产者、销售者否认产品质量存在缺陷，则应当提供证据予以证明。而本案中，夏某、某电池公司提供的证据不足以达到其证明目的，夏某、某电池公司又不申请司法鉴定，故其应当承担相应举证不能的后果。综上，法院认定涉案电池存在质量缺陷。因产品缺陷造成他人损害，被侵权人可以向产品的生产者请求赔偿，也可以向产品的销售者请求赔偿。本案中，夏某系电池的销售方，且其提交了出货单等证据证明其电池系向被告某电池公司购买。某电池公司虽认为涉案电池已经烧毁无法辨认是否系其生产的产品，但其确认曾向被告夏某供应电池，且某电池公司并无证据证明被告夏某曾向其他供应商购买电池，故结合一般商业常理，法院认定涉案电池系被告某电池公司生产。现杨某要求夏某、被告某电池公司承担赔偿责任，于法有据，予以支持。

关于争议焦点二，顾某、黄某系夫妻，涉案电动车及房屋均系用于两人家庭生活。本案中，顾某、黄某通过接拖线板的方式私拉电线给车辆充电，其行为具有安全隐患，且在电动车停放处堆放沙发等可燃物，亦未采取消防安全措施，进一步扩大了电池起火所造成的影响，作为电动车的使用人和房屋的出租人，顾某、黄某的不当行为也系造成火灾发生的原因之一，故顾某、黄某也应当承担一定的责任。

综上，法院认定被告夏某和被告某电池公司承担75%的责任，顾某和被告黄某承担25%的责任。

上海市奉贤区人民法院依照《中华人民共和国民法典》第一千一百六十五条第一款、第一千一百七十九条、第一千一百八十三条第一款、第一千二百零三条第一款之规定，判决如下：

一、被告顾某、黄某于本判决生效之日起十日内共同赔偿原告杨某损失26059.09元（扣除已支付的2万元后还需支付6059.09元）；

二、被告夏某、某电池公司于本判决生效之日起十日内连带赔偿原告杨某损失78177.28元；

三、驳回原告杨某的其余诉讼请求。

某电池公司不服一审判决，提起上诉。上海市第一中级人民法院经审理认为：根据消防部门基于现场勘验和物证检验结果作出的《火灾事故认定书》，起火原因为四轮电动车的电池箱起火引燃周边可燃物并扩大成灾。基于上述已然明确的起火原因，涉案电池的生产者和销售者如果不能证明自身生产或销售的电池系合法合规合格的产品，应承担火灾损害的赔偿责任。上诉人确实向原审被告夏某提供过锂电池，同时，上诉人既不能证明其在火灾前生产且提供给原审被告夏某的锂电池符合我国质量标准，也不能证明起火电池非其生产；在此情况下，一审判令生产者上诉人和销售者原审被告夏某向被上诉人承担赔偿责任，合理有据。原审被告顾某和黄某确实存在“飞线充电”情形，对出租房屋的安全管理亦存在一定的疏失，对起火风险及损害扩大应负部分责任；但不可否认的是，上诉人和原审被告夏某的生产销售行为系面向公众且以营利为目的，如果不能确保产品质量的安全可靠和经营行为的规范严谨，将会给公众带来重大隐患，此等危害性显然远大于原审被告顾某和黄某的过错。一审根据本案实际情况，认定上诉人和原审被告夏某承担75%的责任，原审被告顾某和黄某承担25%的责任，具有合理性，予以认可。

上海市第一中级人民法院依照《中华人民共和国民事诉讼法》第一百七十七条第一款第一项之规定，判决如下：

驳回上诉，维持原判。

【法官后语】

我国产品责任的承担不仅基于消费关系，还包括侵权关系。根据《中华人民共和国民法典》（以下简称《民法典》）第一千二百零二条之规定，只要因产品缺陷造成“他人”受损，生产者和销售者即需承担产品责任，即当因产品缺陷致使用者之外的第三人受损时，也构成产品责任。但是核心问题在于生产者、销售者及使用者如何承担责任。

一、生产者和销售者责任

由于消费者与生产者、经营者对产品的信息控制存在差距，消费者证明生产者和经营者存在侵权过错的难度较大。因此，我国产品责任的归责原则为严格责任，即不考虑主观因素，当因产品缺陷造成损害时即判定生产者和销售者构成侵权。至于责任承担方式，一般对外承担不真正连带责任，对内再按照缺陷原因进行追偿。

（一）现行规定：拥有连带责任的表征，承担“不真正连带责任”

连带责任即连带债务，是指债权人基于同一原因可对债务人中的一人、数人或全体，同时或者先后请求全部或部分给付的一种债务承担形式。《民法典》第一千二百零三条第一款规定，因产品存在缺陷造成他人损害的，被侵权人可以向产品的生产者请求赔偿，也可以向产品的销售者请求赔偿。《中华人民共和国消费者权益保护法》第四十条第二款规定，消费者或者其他受害人因商品缺陷造成人身、财产损害的，可以向销售者要求赔偿，也可以向生产者要求赔偿。由此看出，现行规定产品责任的承担方式有连带责任的表征，但并未明确为连带责任。《民法典》第一百七十八条第三款规定，连带责任，由法律规定或者当事人约定。因此，在无当事人预先约定的情况下，仅在法律规定的前提下才可确认侵权人承担连带责任。产品责任的对外承担虽类似但并非连带责任，实践中称为不真正连带责任。

（二）实践适用：受害者同时起诉时，应当承担连带责任

虽然法律相关规范并不明确规定生产者和销售者承担连带责任，但实践中，当受害者同时起诉生产者和销售者时，应直接确认两者承担连带责任。主要原

因如下：

1. 初端原因力的不同，不改变末端承担责任的事实。由于生产者和销售者是基于不同的原因力对受害者承担赔偿责任，不同于连带责任是基于同一原因力的法理基础，故现行规范不明确规定生产者与销售者承担连带责任。但是责任承担的原因力为初端，承担方式为末端，即使初端不同，也不应影响末端的实现。在产品责任中，生产者一般基于对产品的设计制造等缺陷承担责任，销售者基于产品选择、质量控制等承担责任，虽初端的原因力不同，但是殊途同归，均为保护受害者权益而产生受害者可要求其承担全部责任的末端，故虽法律并未明确规定，但并不妨碍生产者及销售者需承担连带责任的事实。

2. 减轻受害者诉讼负担，保障当事人权益。对比生产者，销售者对于产品信息的掌握并不完全、产品的干涉程度相对较小，因此在审判实践中，多数的产品缺陷最终确认为生产者过错。但不可否认的是，对比无辜受害者而言，销售者主张生产者承担责任的诉讼能力更强，举证也更加轻松，出于商业目的的考量，销售者也更易获得生产商的补偿。在受害者同时起诉销售者及生产者时，将两者处于同一判罚位置、承担同一判罚结果，即承担连带责任，一方面可以为受害者减轻负累，另一方面也倒逼销售者督促生产者履行赔偿责任，充分保护无辜受害者权益。

3. 确认承担连带责任，并不影响过错方的最终责任承担。《民法典》第一千二百零三条第二款规定，产品缺陷由生产者造成的，销售者赔偿后，有权向生产者追偿。因销售者的过错使产品存在缺陷的，生产者赔偿后，有权向销售者追偿。此款是生产者和销售者对内关于过错责任的承担规定，是以第一款为基础的责任区分。即使首次诉讼判定生产者和销售者承担连带责任，后期两者也可基于此条款对真正过错方主张追偿，同时，首次诉讼将事实厘清，销售者和生产者承担连带责任后，对于经济实力和信息掌握的综合平衡转移至两者之间的诉讼中，避免无辜受害者因选择错误丧失赔偿机会。

4. 方便判决概括表达，为诉的合并提供依据。上文已经提及，产品责任中，生产者和销售者承担“不真正连带责任”，但此种责任并非法律明文规定的概念，在审判实践中无法以此种表述写入判决进行确认。在外部责任的判定上，《民法典》第一百七十八条第一款的表述又高度一致于连带责任的承担，因此在实践中需以连带责任的概括表述确认生产者和销售者的责任承担。同时，在受害者异地或者先后分别起诉销售者和生产者时，连带责任的承担可以以诉的合并进行处理，销售者或生产者也可以前诉的结果进行抗辩，在减轻诉累的同时，避免受害者无法获得充足的赔偿或获得重复赔偿。

综上，本案中由于涉案机动车电池起火，致使多人受伤及财物受损，电池的生产者和销售者无法证明自身生产或销售的电池系符合我国质量标准的产品，则认为存在电池质量缺陷。受害者同时起诉电池的生产者及销售者，两者理应对受害者所造成的损失承担连带责任。

二、使用者责任

一般情况下，因产品质量缺陷致人损害，主要追究产品生产者及销售者责任，但是在部分情况下也应考虑确认使用者责任问题。

（一）使用人是否不当使用

侵权责任的一般抗辩事由包括第三人过错，具体在产品责任中，也即当产品造成使用者或者第三人的损害，是由于第三人的原因而引起的，则应由第三人承担责任，不能由产品的生产者或者销售者承担责任。但当第三人受损害是由产品使用者而非第三人造成，也应可以构成生产者和销售者抗辩。使用人不当使用对第三人造成损害属于一般侵权行为，承担一般侵权责任，而非特殊的产品责任。本案中，电动车使用者“飞线充电”行为，属不恰当使用电动车，使用者存在过错，故对起火风险及损害扩大应负部分责任。

（二）使用人在侵权行为中的作用力

根据《民法典》第一千一百七十二条规定，在多人共同侵权造成同一损害的情形下，能够分清行为人在侵权行为中责任大小的，按照责任大小承担相应责任。具体在产品责任中，当产品使用人和生产者、销售者实施不同行为，共同造成他人受损的情况下，应按作用力承担相应责任。本案电动车使用人不但“飞线充电”，还在电动车停放处堆放沙发等可燃物，且未采取任何消防安全措施，进一步扩大了电池起火所造成的影响。鉴于电动车使用人增加了失火风险，又未尽安全管理义务，在对原告的共同侵权行为中产生了部分作用，故应该按照作用比例承担相应责任。

编写人：上海市奉贤区人民法院　陆申甲　梅杨

22

“明知”不符合食品安全标准的食品而销售的认定

——龙某诉某商务公司产品销售者责任案

【案件基本信息】

1. 裁判书字号

云南省昆明市中级人民法院（2023）云 01 民终 6776 号民事判决书

2. 案由：产品销售者责任纠纷

3. 当事人

原告（上诉人）：龙某

被告（被上诉人）：某商务公司

【基本案情】

T 商城“某旗舰店”系被告某商务公司经营的店铺。2021 年 6 月 2 日，原告龙某以 29 元的价格（包邮）在“某旗舰店”购买了标称“（狂欢价）2020 年新货核桃……云南老树核桃 大果 5 斤（老品种性价比高）”的 2.5 千克散装带壳核桃。龙某收到货物后发现其所购买的核桃存在发霉变质的情况，与客服沟通退货赔偿事宜未达成一致意见。

【案件焦点】

被告某商务公司是否“明知”其所售卖的核桃不符合食品安全标准仍进行销售。

【法院裁判要旨】

云南省昆明市呈贡区人民法院经审理认为：关于被告某商务公司是否“明知”的问题，首先，被告某商务公司向原告龙某出售的带壳核桃为散装食品，无证据证明被告某商务公司存在明知已过食品标明的保质期，仍然予以销售的行为。其次，被告某商务公司提供了所售核桃的进货来源，无证据证明被告某商务公司是以不合理的低价进货，被告某商务公司也要求供货人某食品公司提供了检验报告；且被告某商务公司向原告龙某销售的核桃为带壳核桃，籽仁的霉变及虫蛀难以从外观判断，被告某商务公司销售给原告龙某的核桃外观并无明显异常；故应认定被告某商务公司已经尽到了一般查验义务。再次，虽然有消费者评价其从“某旗舰店”购买的带壳核桃存在发霉等质量问题，但是相较于该款产品的总销量及总评价而言，关于存在霉味、腐烂等质量问题的评价数量较少，时间跨度较大，更多的消费者是给予好评。故，不能仅凭消费者的差评即认定被告某商务公司明知其销售给原告龙某的核桃为不符合食品安全标准的食品。最后，原告龙某未举证证明被告某商务公司存在虚假标注、更改核桃生产日期、批号，转移、隐匿、非法销毁核桃进销货记录或者故意提供虚假信息，以及其他能够认定被告某商务公司明知其销售给原告龙某的核桃为不符合食品安全标准的食品仍予销售的情形。

云南省昆明市呈贡区人民法院依照《中华人民共和国食品安全法》第二十五条、第一百四十八条，《最高人民法院关于审理食品安全民事纠纷案件适用法律若干问题的解释（一）》第六条，《中华人民共和国民事诉讼法》第四十条第二款、第一百二十一条，《诉讼费用交纳办法》第二十九条第二款规定，判决如下：

一、被告某商务公司于本判决生效之日起十日内赔偿原告龙某 29 元；

二、驳回原告龙某的其余诉讼请求。

龙某不服一审判决，提出上诉，云南省昆明市中级人民法院经审理认为：首先，《中华人民共和国农产品质量安全法》第三十八条规定：“农产品生产企业、农民专业合作社以及从事农产品收购的单位或者个人销售的农产品，按照规定应当包装或者附加承诺达标合格证等标识的，须经包装或者附加标识后方可销售。包装物或者标识上应当按照规定标明产品的品名、产地、生产者、生产日期、保质期、产品质量等级等内容；使用添加剂的，还应当按照规定标明添加剂的名称。具体办法由国务院农业农村主管部门制定。”第三十九条第二款规定：“从事农产品收购的单位或者个人应当按照规定收取、保存承诺达标合格证或者其他质量安全合格证明，对其收购的农产品进行混装或者分装后销售的，应当按照规定开具承诺达标合格证。”《中华人民共和国食品安全法》第六十七条第一款规定：“预包装食品的包装上应当有标签。标签应当标明下列事项：（一）名称、规格、净含量、生产日期；（二）成分或者配料表；（三）生产者的名称、地址、联系方式；（四）保质期；（五）产品标准代号；（六）贮存条件；（七）所使用的食品添加剂在国家标准中的通用名称；（八）生产许可证编号；（九）法律、法规或者食品安全标准规定应当标明的其他事项。”被上诉人所销售的核桃属于初级农产品，按照上述法律规定，其进行分装后销售，应当标明产品的品名、产地、生产日期、保质期、产品质量等级等内容，庭审中双方均认可被上诉人销售给上诉人的核桃包装内并未标明上述内容，不符合规范。

其次，被上诉人在 T 商城“某旗舰店”店铺网页上标明其销售的核桃“无农药、无漂白、无坏果”，根据龙某提交的照片及其提交的核桃实物，龙某从某商务公司购买的带壳核桃的籽仁有霉变异味，还可见大量类似虫类排泄物的外来异物。同时有消费者评价其从“某旗舰店”购买的带壳核桃存在发霉等质量问题。庭审中，被上诉人抗辩其承诺“无坏果”是指从外观上判断符合销售的标准，无法保证其销售的核桃百分之百都是好果。本院认为被上诉人明知无法保证其销售的核桃均为好果，仍在网络上宣传“无坏果”，根据一般消费者的认知能力、消费心理，该不实宣传必然会对消费者产生误导，影响消费选择权的行使。被上诉人的行为构成欺诈。

最后，被上诉人一审提交了销货清单、检验报告、银行转账电子回单、某食品公司企业信用信息公示报告等证据证实其进货情况，本院认为，被上诉人自称仅提交了部分销货清单、转账回单，且并非一一对应关系，经法庭要求庭后也未能补充提交证据证实进货价格，现有证据不能形成证据锁链，无法确定其出售给上诉人的核桃是否就是销货清单上载明的当批次货品及实际进货价格。关于保质期，被上诉人庭审中称核桃无保质期，上诉人购买的应该是去年生产的核桃。本院认为，根据生活常识，核桃作为初级农产品当然也有保质期，通常认为半年至一年左右，保存时间过长必然影响品质。被上诉人提交的检验报告显示生产日期为2020年7月6日，上诉人购买日期为2020年6月2日，极有可能出现变质。根据《最高人民法院关于审理食品安全民事纠纷案件适用法律若干问题的解释（一）》第六条规定："食品经营者具有下列情形之一，消费者主张构成食品安全法第一百四十八条规定的'明知'的，人民法院应予支持：（一）已过食品标明的保质期但仍然销售的；（二）未能提供所售食品的合法进货来源的；（三）以明显不合理的低价进货且无合理原因的；（四）未依法履行进货查验义务的；（五）虚假标注、更改食品生产日期、批号的；（六）转移、隐匿、非法销毁食品进销货记录或者故意提供虚假信息的；（七）其他能够认定为明知的情形。"因被上诉人未能举证证明所销售食品的实际进货价格、未标注保质期，存在可能已过保质期而仍进行销售的情况，根据上述法律规定，可以认定其符合"经营明知是不符合食品安全标准的食品"，上诉人根据《中华人民共和国食品安全法》第一百四十八条之规定主张支付价款十倍的赔偿金符合法律规定，本院予以支持。因增加赔偿的金额不足一千元的，为一千元。上诉人主张的其他费用未提交证据予以支持，本院不予支持。

云南省昆明市中级人民法院根据《中华人民共和国民事诉讼法》第一百七十七条第一款第二项之规定，判决如下：

一、撤销云南省昆明市呈贡区人民法院（2021）云0114民初10742号民事判决；

二、某商务公司于本判决生效之日起十日内支付龙某赔偿金 1000 元；

三、驳回龙某的其他诉讼请求。

【法官后语】

《中华人民共和国食品安全法》惩罚性赔偿的规定，是为了更好地规范食品生产流通环节、保障群众身体健康和生命安全。本案是网络购买初级农产品引发产品责任的典型案件，什么样的农产品是“初级农产品”，其应符合什么样的安全标准是本案的审理要点。根据《中华人民共和国农产品质量安全法》等相关规定，农产品是指来源于种植业、林业、畜牧业和渔业等的初级产品，即在农业活动中获得的植物、动物、微生物及其产品。“植物、动物、微生物及其产品”通常是指在农业活动直接获得的以及经过分拣、去皮、剥壳、粉碎、清洗、切割、冷冻、打蜡、分级、包装等加工，但未改变其基本自然形状和化学性质的初加工产品。比如，大家日常食用的蔬菜、水果、畜禽类、水产品等。《中华人民共和国食品安全法》对供食用的源于农业的初级产品的质量安全管理，进行了相应规定。食用农产品销售者应当建立食用农产品进货查验记录制度，如实记录食用农产品的名称、数量、进货日期以及供货者名称、地址、联系方式等内容，并保存相关凭证。记录和凭证保存期限不得少于六个月。进入市场销售的食用农产品在包装、保鲜、贮存、运输中使用保鲜剂、防腐剂等食品添加剂和包装材料等食品相关产品，应当符合食品安全国家标准。

本案中，某电子商务公司出售的核桃属于经自然晾晒未经过深加工的初级可食用农产品，其在网络上分装出售时，同时也属于预包装食品，故应当根据预包装食品的要求予以规范。根据法律规定，预包装食品的包装上应当有标签，标签应当标明名称、规格、净含量、生产日期、生产者的名称、地址、保质期等事项。本案中，某商务公司在销售核桃时未标注上述事项，龙某购买后从外观上可见核桃已经霉变生虫，显然不符合食品安全。根据生活常识，初级农产品当然有保质期，某商务公司明知其售卖的核桃可能变质仍在网络宣传页面上宣传“无坏果”，其行为同时构成欺诈及明知不符合食品安全标准而经营，两者的处罚力度不同，消费者择一重者行使权利，符合法律规定，应当得到支持。

审理此类案件除应严格依据《最高人民法院关于审理食品安全民事纠纷案件适用法律若干问题的解释（一）》第六条之规定外，还应结合食品的具体种类、销售方式、进货渠道等因素予以综合考量，对经营者分配以更严格的举证说明责任。

1. 根据《中华人民共和国农产品质量安全法》《中华人民共和国食品安全法》等法律规定，食品、初级农产品、食用农产品、预包装食品、保健品、婴幼儿食品等的生产、销售标准不同，应当进行区分。本案中，某公司售卖的核桃仅经过自然晾晒未进行深加工，属于初级农产品，商家从农户处收购然后在网络上定量分装售卖，亦属于预包装食品，应当标注产品的产地、生产日期、保质期、产品质量等级等内容。

2. 销售者通过网络进行销售，还应考虑其在宣传时是否存在夸大、不实宣传，是否构成欺诈。本案中，某公司在店铺网页上标明其销售的核桃“无农药、无漂白、无坏果”其明知无法保证其销售的核桃均为好果，该不实宣传必然会对消费者产生误导，影响消费选择权的行使，上诉人的行为构成欺诈。

3. 应仔细审查销售者所提供的进货凭证，判断其进货价格。本案中，某公司虽然提供了销货清单、检验报告等，但仅为部分，也未提交证据证实进货价格，因此无法判断其是否存在以明显不合理的低价进货、是否履行进货查验义务、是否存在合法进货来源等情况。

4. 关于保质期的说明。部分商家认为，核桃坚果类农产品无保质期，该认识显然与大众生活常识相悖。初级农产品同样存在保质期，本案中原告所购买的核桃在一年左右，极有可能出现变质，商家明知该情况仍进行售卖，应当认定其主观明知不符合食品安全标准而售卖。

编写人：云南省昆明市中级人民法院　汪丹丹

23

合意购买过期阿胶不应适用十倍惩罚性赔偿

——沈某诉于某产品责任案

【案件基本信息】

1. 裁判书字号

湖北省武汉市中级人民法院（2023）鄂01民终19032号民事判决书

2. 案由：产品责任纠纷

3. 当事人

原告（被上诉人）：沈某

被告（上诉人）：于某

【基本案情】

于某经营一家阿胶直营实体店，并通过小红书等平台对外宣传推广。2022年11月9日，沈某通过小红书得知并添加了于某的微信号，通过微信沟通双方就以820元/盒的单价购买5盒“14年D阿胶”（产品批号14××、生产日期2014年4月9日、有效期至2019年4月8日）这一事项达成一致，后双方均按约定履行相应义务。2023年1月6日，沈某通过微信向于某表示因过年送礼，想购买其朋友圈分享的“G堂金标阿胶 黑驴皮熬制（六年陈胶）”的G堂阿胶（产品批号16××、生产日期2016年10月5日，有效期至2019年10月4日），于某告知沈某价格为650元/500克、规格为250克/盒，并发送了“买方自愿购买的陈年（过期阿胶），已知晓日期的问题，卖家无须承担任何的法律责任，如果阿胶产品为假货由卖家承担一切后果”的免责声明图片，沈某向于某支付了12盒阿胶价款共计3900元，并于2023年1月8日收到该12盒阿胶。

5 盒 D 阿胶、12 盒 G 堂阿胶外包装盒印有“OTC”标识，其外包装盒载明的批准文号分别为国药准字 Z37021×××，国药准字 Z13020×××，该批准文号的产品类别均为“中药”。

沈某认为案涉两款阿胶属于超过有效期的药品，于某销售案涉阿胶的行为违反《中华人民共和国药品管理法》第九十八条相关规定，故诉至法院。

【案件焦点】

售卖过期阿胶的经营者应否承担退款及十倍惩罚性赔偿的责任。

【法院裁判要旨】

湖北省武汉市洪山区人民法院经审理认为：结合案涉产品外包装盒上显示的功能主治、用法用量、“OTC”标识等信息及该批准文号核查显示的产品类别，案涉产品符合《中华人民共和国药品管理法》第二条关于药品的规定。于某作为药品经营者，未提交证据证明其获得药品经营许可以及符合药品经营条件，其销售过期阿胶的行为，应认定属于明知是劣药仍然销售的情形。虽然于某已明确告知沈某案涉产品在销售时已过期，且发送了免责声明，但根据法律之规定，本院对沈某的诉讼请求予以支持。

湖北省武汉市洪山区人民法院依照《中华人民共和国药品管理法》第二条、第五十一条第一款、第五十二条、第九十八条第一款及第二款第五项、第一百四十四条第三款，《最高人民法院关于审理食品药品纠纷案件适用法律若干问题的规定》第三条、第十五条第一款之规定，判决如下：

一、被告于某于本判决生效之日起十日内向原告沈某退还购货款 8000 元；

二、被告于某于本判决生效之日起十日内向原告沈某支付赔偿金 8 万元。

于某不服一审判决，提出上诉。湖北省武汉市中级人民法院经审理认为：根据《中华人民共和国药品管理法》第一百四十四条，《最高人民法院关于审理食品药品纠纷案件适用法律若干问题的规定》第五条第二款、第十五条第二款之规定，虽然于某向沈某出售的阿胶超出了有效期，但于某对此已经进行了告知，沈某对此为明知，沈某亦未提交相关证据证明其使用案涉的阿胶产品受到损害。此外，沈某存在大量类似案件，其故意购买超出有效期的案涉产品通过诉讼方式牟利的行为，明显有违诚实信用原则。因此，沈某主张十倍赔偿，无事实及法律依据。

湖北省武汉市中级人民法院依照《中华人民共和国民事诉讼法》第一百七十七条第一款第二项之规定，判决如下：

一、维持湖北省武汉市洪山区人民法院（2023）鄂 0111 民初 1584 号民事判决第一项；

二、撤销湖北省武汉市洪山区人民法院（2023）鄂 0111 民初 1584 号民事判决第二项；

三、驳回沈某的其他诉讼请求。

【法官后语】

对于当事人明知药品存在质量问题而仍然购买的行为是否一律适用十倍惩罚性赔偿，实践中存在争议，最高人民法院的倾向性意见也在发生变化。2013 年《最高人民法院关于审理食品药品纠纷案件适用法律若干问题的规定》规定，购买者向生产者、销售者主张权利，生产者、销售者以购买者明知食品、药品存在质量问题而仍然购买为由进行抗辩的，人民法院不予支持。这一规定在大力惩治食品领域违法行为、切实维护人民群众生命健康安全发挥了积极作用。但随着部分打假行为朝着职业化和专业化方向发展，最高人民法院于 2024 年 8 月 21 日公布《关于审理食品药品惩罚性赔偿纠纷案件适用法律若干问题的解释》，这表明了在遏制食品药品领域的违法行为的同时也要解决“知假买假”问题的决心和态度。

本案一、二审法院不同的裁判结果和说理理由，正是前述两种裁判理念的具体体现。一审法院从论证阿胶属于药品到销售过期阿胶属于明知是劣药仍然销售的情形，最终得出原告可以请求支付价款十倍的赔偿金的结论。二审法院则根据原告主观上明知阿胶过期仍坚持购买，客观上其并未受到实际损害，并结合其存在大量类似故意购买超出有效期的案涉产品并通过诉讼方式牟利的行为，认定原告违反诚实信用原则，最终不予支持十倍赔偿。一、二审法院对于阿胶属于药品、销售过期阿胶属于销售劣药并无分歧，故均判决支持退还购货款。但对于是否支持十倍赔偿，一、二审法院在明知是过期药品仍购买的行为是否违反诚实信用原则、药品十倍赔偿是否必须以实际损害为前提等方面存在分歧。

关于明知是过期药品仍购买的行为是否违反诚实信用原则的问题。一审法院认为《最高人民法院关于审理食品药品纠纷案件适用法律若干问题的规定》第三条表明，明知药品存在质量问题也有权请求惩罚性赔偿。二审法院认为，原告以营利为目的购买过期药品，不属于法定的消费者，如果支持其惩罚性赔偿请求将有违诚实信用原则。此两种观点均具有合理性，采取何种观点则需根据具体案情进行判断。本案销售的药品是阿胶，尽管药监局规定阿胶的保质期为5年，但在传统中医领域及人们日常生活观念中，保存得当的陈年阿胶仍具备药效。因此，在被告告知销售的是陈年阿胶的前提下，原告不仅明知而且主动要求购买超过5年的陈年阿胶，应当认定原被告就买卖过期陈年阿胶达成合意，原告起诉要求退还货款并给予十倍赔偿的行为违背了诚实信用原则，对十倍赔偿的诉请不应支持。

关于药品十倍赔偿是否必须以实际损害为前提的问题。一审法院没有论述这个问题，二审法院则根据《最高人民法院关于审理食品药品纠纷案件适用法律若干问题的规定》第五条第二款、第十五条第二款认为，没有实际损害不应予以十倍赔偿，特别是结合原告主观上存在以购买过期阿胶获益的目的。

对于当事人明知药品过期而仍然购买的行为是否一律适用十倍惩罚性赔偿问题的考量，应当注意：(1) 购买人是否存在明知产品已过期而故意购买以牟利的目的；(2) 买卖双方是否就购买有质量问题药品达成合意；(3) 购买人是否遭受实际损失。在最新司法解释出台之前，在处理相关案件时应对支持知假买假持审慎态度。

编写人：湖北省武汉市洪山区人民法院　杨扬

24

履行他人应负的人身损害赔偿义务后可基于代为清偿规则向侵权人追偿

——某车辆装备公司诉某工程机械公司产品责任案

【案件基本信息】

1. 裁判书字号

江苏省南通市中级人民法院（2023）苏06民终4087号民事判决书

2. 案由：产品责任纠纷

3. 当事人

原告（被上诉人）：某车辆装备公司

被告（上诉人）：某工程机械公司

【基本案情】

2019年12月25日，某车辆装备公司与某工程机械公司签订《产品采购合同》，约定某车辆装备公司向某工程机械公司采购不同型号的回转缸筒、回转油缸、活塞、立柱回转齿轮等随车起重机配套产品。合同签订后，某工程机械公司即按约履行供货义务。

2020年5月30日，某车辆装备公司在公司厂区内对某型号随车起重机进行全伸臂吊装测试时，起重机齿轮柱（由某工程机械公司生产并供应）突然发生断裂并倾倒，致某车辆装备公司员工顾某被倾倒的随车起重机砸中致死。事故发生后，如东县应急管理局牵头成立事故调查组，开展事故调查。

案涉事故发生当日，受害人顾某的近亲属顾某某、陆某某以及某车辆装备公司在如东县社会矛盾纠纷调处中心达成人民调解协议，约定：（1）本起事故中顾某工伤保险理赔事宜由顾某某、陆某某另行主张，公司积极配合；（2）公司投有雇主责任险，双方积极配合理赔事宜，雇主责任险理赔款由公司享有；（3）公司一次性赔偿顾某某、陆某某人民币30万元，此赔偿款独立于工伤保险赔偿之外；（4）本协议签订之时，事故原因相关有权部门尚未出具报告。公司垫付可能存在的第三方侵权责任赔偿款人民币90万元给顾某某、陆某某，顾某某、陆某某不再向可能存在的侵权第三方要求赔偿，追偿权及理赔款由公司享有，顾某某、陆某某积极配合。如公司追偿未果，不再要求顾某某、陆某某返还前述垫付赔偿款90万元。

某车辆装备公司于2020年5月31日向顾某某支付赔偿款10万元，于同年6月3日向陆某某账户汇款110万元。

2021年4月，事故调查组形成事故调查报告，对事故原因和性质作出如下结论：（1）事故发生的直接原因是某工程机械公司生产的齿轮柱不合格，在承载动态试验载荷时，齿轮柱发生脆性断裂，致使现场调试人员被起重机砸中导致死亡。（2）事故发生的间接原因在于：①某车辆装备公司随车起重机装调岗位安全风险辨识不到位，未及时发现和消除事故隐患，是造成该起事故的原因之一（按照随车起重机操作手册，测试时任何操作人员不得进入作业范围）。②某工程机械公司和某车辆装备公司内部技术质量安全管理不规范。③事故性质为生产安全责任事故。

顾某的近亲属顾某某、陆某某已收到由工伤保险基金支付的一次性工亡补助金。

某车辆装备公司提出如下诉讼请求：判令某工程机械公司向某车辆装备公司支付赔偿款120万元及相应利息。某工程机械公司认为，人身损害赔偿请求权专属于权利人，依法不得转让，且案涉事故受害人亲属已经获得一次性工亡补助，某车辆装备公司就其自愿支付给受害人亲属的赔偿款向某工程机械公司追偿，没有事实和法律依据。

【案件焦点】

1. 某车辆装备公司就其向受害人亲属支付的赔偿款项，是否有权向某工程机械公司进行追偿；2. 本案事故责任应如何分担。

【法院裁判要旨】

江苏省如东县人民法院经审理认为：基于与受害人顾某近亲属达成的人民调解协议，某车辆装备公司在实际履行协议约定的赔偿义务后有权就其中包含的法定赔偿金额向需要承担侵权责任的某工程机械公司进行追偿。综合考虑某车辆装备公司与某工程机械公司的过错程度，酌定某车辆装备公司对案涉事故承担20%的责任，某工程机械公司承担80%的责任。

江苏省如东县人民法院依照《最高人民法院关于适用〈中华人民共和国民法典〉时间效力的若干规定》第一条，《中华人民共和国侵权责任法》第六条、第十二条、第十六条、第四十一条，《最高人民法院关于审理人身损害赔偿案件适用法律若干问题的解释》第三条之规定，判决如下：

一、某工程机械公司于本判决发生法律效力之日起十日内支付某车辆装备公司赔偿款693630.4元；

二、驳回某车辆装备公司的其他诉讼请求。

某工程机械公司不服一审判决，提出上诉。江苏省南通市中级人民法院经审理认为：某车辆装备公司就其履行的赔偿款向某工程机械公司追偿，具有事实和法律依据。一方面，根据《最高人民法院关于审理人身损害赔偿案件适用法律若干问题的解释》第三条第二款的规定，因第三人侵权遭受人身损害的劳动者有权请求侵权的第三人承担民事赔偿责任。可见案涉事故受害人亲属依法享有对某工程机械公司主张人身损害赔偿的权利，该权利不受工伤保险等法律关系的影响。

另一方面，某车辆装备公司在事故发生后与受害人近亲属达成赔偿协议，并履行全部赔偿义务，客观上有利于推动纠纷的实质解决，促进用人单位与工亡职工亲属之间的关系重新回归稳定、有序的状态，对履行人身损害赔偿债务具有合法利益。在某工程机械公司尚未履行赔偿责任的情况下，某车辆装备公司清偿本应由某工程机械公司履行的侵权之债，符合《中华人民共和国民法典》第五百二十四条规定的“第三人代为清偿”的构成要件，受害人近亲属对某工程机械公司享有的债权依法转让给某车辆装备公司。

综上，某车辆装备公司就其履行的赔偿款向某工程机械公司追偿，具有事实和法律依据。

关于事故责任划分问题。不论是某工程机械公司生产产品不合格的因素，还是某车辆装备公司风险管控和安全管理不到位的因素，均是造成案涉事故的重要原因。缺少其中任何一项因素，事故均不会发生。某车辆装备公司与某工程机械公司应就本案法定赔偿金额各承担50%的赔偿责任。一审判决责任划分明显不当，应予纠正。

江苏省南通市中级人民法院依照《中华人民共和国民法典》第五百二十四条、《最高人民法院关于适用〈中华人民共和国民法典〉时间效力的若干规定》第三条、《最高人民法院关于审理人身损害赔偿案件适用法律若干问题的解释》第三条、《中华人民共和国民事诉讼法》第一百七十七条第一款第二项之规定，判决如下：

一、撤销江苏省如东县人民法院（2023）苏0623民初1366号民事判决；

二、某工程机械公司于收到本判决之日起十日内支付某车辆装备公司赔偿款571247.5元；

三、驳回某车辆装备公司的其他诉讼请求。

【法官后语】

在现实社会生产生活中，侵权法律关系常常涉及多个主体，如在案涉安全生产事故中，涉及用人单位、侵权第三人、受害人三类主体。如果在事故责任确定之前，相关责任主体就受害人的损害赔偿问题相互推诿形成僵局，将不利于受害人权利救济。本案裁判适用第三人代为清偿的规则，承认案涉用人单位对共同侵权人的追偿权，有助于避免上述僵局的产生，对高效解决相关纠纷具有积极意义。

一、作为介入他人债权债务关系阀门的“合法利益”

基于“任何人不得为他人缔约”的法律原则，只有在第三人同意的前提下，当事人才能为其设定义务。但是，第三人在不负有法定义务时主动代他人履行债务，情况就大不相同。大部分情况下，第三人代为履行债务有利于债务人，但是第三人毕竟介入了他人的债权债务关系，影响了当事人之间的交易安排与既有秩序，债务人与债权人均有权予以拒绝。在此基础上，当第三人对履行债务不存在利益时，也就不存在承认代为清偿效力的必要性。因此，《中华人民共和国民法典》第五百二十四条第一款规定的第三人代为清偿以其对履行债务具有“合法利益”为前提。

二、从法条文义分析，合法性是对第三人与他人债务利益关联的唯一限定

“合法利益”本就是内涵模糊的不确定概念，从字面含义看，既包括第三人对履行债务可能存在法律上的利益，也包括其他现实利益。《中华人民共和国民法典》第五百二十四条第一款只有“合法”二字起到了限定作用，将行贿等因非法目的而代他人履行债务的情形排除在外，即第三人对履行债务所具有的利益必须是合法的。[①] 换言之，只要第三人对履行债务享有特殊利益，不论是法律上的利益还是其他事实上的利益，只要不是非法，即满足代为清偿的核心要件。本案中，某车辆装备公司为高效解决人损纠纷，履行其他侵权主体应负的赔偿责任，并无违反法律规定的情形，符合“合法利益”内涵。

三、从利益衡量角度分析，适用第三人代为清偿规则有利于平衡各方利益

通常情况下，只要履行的内容符合当事人的约定，债务人之外的第三人主动履行有利于促进债权及时实现，符合效率价值的要求。客观来讲，承认当事人以外的第三人履行债务或者受领给付，对推动债权实现有所助益。根据本案确立的裁判规则，共同侵权人就其他侵权人应当承担的赔偿义务代为履行后，有权依据民法典有关代为清偿的相关规定，向其他侵权人或实际侵权人进行追偿。本案中适用该规则，不仅符合用人单位的利益需求，及时使得用人单位与受害人亲属之间的关系回归平稳有序状态，且有利于受害人亲属损害赔偿请求权之实现，同时也未损害侵权第三人的合法权益，有效平衡了各方的利益。

编写人：江苏省南通市中级人民法院　谷昔伟　冯禹源　钱荣

---

① 最高人民法院民法典贯彻实施工作领导小组主编：《中华人民共和国民法典合同编理解与适用（一）》，人民法院出版社2020年版，第422页。

六、医疗损害责任纠纷

25

篡改电子病历的审查与认定

——梁某甲等诉某医院医疗损害责任案

【案件基本信息】

1. 裁判书字号

广西壮族自治区高级人民法院（2023）桂民再391号民事判决书

2. 案由：医疗损害责任纠纷

3. 当事人

原告（上诉人、申诉人）：梁某甲、梁某乙、吕某、阮某

被告（上诉人、被申诉人）：某医院

【基本案情】

患者吕某因产后闭经4年，双眼视力进行性下降3月余，于2015年12月14日入某医院诊治，诊断为鞍上占位性病变、脑积水，经住院治疗后病情无改善并逐渐恶化，吕某于2016年3月2日治疗无效死亡。经鉴定死亡原因为多器官功能衰竭，导致循环血流动力学不稳定，至最终死亡。梁某甲等4人向法院提起医疗损害责任之诉。

在诉讼过程中，梁某甲等4人于2016年6月8日申请进行医疗过错鉴定。

一审法院依法委托某司法鉴定中心就本案中某医院对患者诊疗行为的医疗过错、医疗过错行为与患者死亡的因果关系、过错参与度等专业性问题进行鉴定。某司法鉴定中心《医疗损害鉴定意见书》鉴定结论认为：患者自身疾病的严重性、治疗需要、并发症因素是其脑水肿加重、脑疝形成的根本原因和直接原因，与患者死亡具有直接因果关系，为导致其死亡的主要因素。医方在对患者的诊疗过程中存在对于Ⅰ级护理的患者，近 1 周不进行护理记录；堵管前未充分评估患者病情，堵管后缺乏有效观察；未能对转运患者进行有效监护等过错，过错行为导致患者缺氧情况加重，促进病情进展，与患者的死亡有间接因果关系，系导致其死亡的次要因素，建议参与度拟为 30%~40%。

梁某甲等 4 人于 2019 年 4 月 18 日向一审法院申请对患者诊疗过程中的电子病历作电子档形成时间及是否存在改动、改动前内容是什么进行鉴定。经一审法院委托，某司法鉴定所鉴定意见认为：吕某在某医院住院期间的电子病历系统数据有较多的增加和删除的情况，该电子病历数据不真实。

【案件焦点】

1. 应否认定案涉电子病历被篡改；2. 某医院应承担的民事赔偿责任比例。

【法院裁判要旨】

广西壮族自治区南宁市青秀区人民法院经审理认为：某医院的电子病历在硬件上没有配套使用电子签名系统确保其可靠性，存在难以克服的先天缺陷；在管理上没有依照病历书写规范严格约束，存在难以自圆其说的记录缺失，这与其省级三甲专科医院的应有水平相去甚远。本案病历的公信力及真实性已被动摇，病程记录当中主观病历部分的内容记载已经不具备可靠的真实性，在分析判断时将审慎地进行取舍。鉴定意见已经指出本案电子病历系统数据有较多增加及删除情况，否定了电子病历数据的真实性。某医院的电子病历系统缺少电子签名的功能，可靠性难以保障，究竟何人何时登录系统修改或编辑了病历，目前的在案证据难以反映体现。鉴于有证据证明某医院病历电子数据并不真实可信，而且医方对病历的撰写、编辑瑕疵难以自圆其说，难以排除病历受到篡改的嫌疑，应推定某医院存在过错。鉴定意见指出的某医院诊疗行为中存在如下诊疗过错：（1）缺失护理记录；（2）封堵气管套管前未进行有效评估及有效观察；（3）转运患者时未依照规范操作等。鉴定意见指出的上述过错均有在案证据证实，予以采纳。综上，推定某医院诊疗行为存在过错，结合患者自身病情特点，酌定患方自行承担40%的责任，即某医院应承担60%的民事赔偿责任为宜。

广西壮族自治区南宁市青秀区人民法院判决如下：

一、某医院向梁某甲等4人赔偿医疗费、护理费、住院伙食补助费、丧葬费、被扶养人生活费、死亡赔偿金、精神损害抚慰金七项共计765411元；

二、驳回梁某甲等4人的其他诉讼请求。

梁某甲等4人、某医院均不服一审判决，提出上诉。广西壮族自治区南宁市中级人民法院经审理认为：虽然案涉电子病历经鉴定机构依法鉴定，认为存在较多的增加和删除的情况、电子病历数据不真实，但没有证据证实该电子病历中的增加、删除系医方在纸质病历封存之后进行的改动，而医疗机构在制作电子病历过程中进行复制、粘贴、删减系正常的电子数据制作行为，仅以电子病历制作过程中存在改动即认定医方电子病历为伪造、恶意篡改有失公允，故综合全案证据，二审法院认定某医院对梁某甲一方因吕某死亡造成的经济损失承担40%民事赔偿责任，一审判决认定某医院电子病历存在恶意篡改，确定由其承担60%民事赔偿责任依据不足，二审法院不予采信。

广西壮族自治区南宁市中级人民法院判决如下：

一、维持南宁市青秀区人民法院（2016）桂0103民初4571号民事判决第二项；

二、变更南宁市青秀区人民法院（2016）桂0103民初4571号民事判决第一项为：某医院向梁某甲等4人赔偿医疗费、护理费、住院伙食补助费、丧葬费、被扶养人生活费、死亡赔偿金、精神损害抚慰金等，共计407524元。

梁某甲等4人不服二审判决，向检察机关申诉。广西壮族自治区人民检察院提出抗诉。广西壮族自治区高级人民法院再审认为：经鉴定机构对案涉电子病历进行鉴定，电子病历系统数据有较多增加及删除。某医院电子病历系统未使用电子签名功能，案涉电子病历存在的多处大段增加及删除已无法溯源被增加及删除的原始内容、增加及删除的具体时间及操作人员姓名，且某医院对上述增加及删除行为始终无法作出合理解释，亦未能提供充分证据证实增加及删除的内容与客观情况相符。综上，本案电子病历系统数据有较多被增加及删除已难以排除病历被篡改的可能性，应认定案涉电子病历存在篡改。根据《中华人民共和国侵权责任法》第五十八条“患者有损害，因下列情形之一的，推定医疗机构有过错……（三）伪造、篡改或者销毁病历资料”的规定，一审判决认为应推定某医院存在过错，具有事实和法律依据。参考《医疗损害鉴定意见书》，在本案电子病历系统数据存在较多增加及删除痕迹的情况下，尚能鉴定出某医院的诊疗行为中存在的过错与患者死亡有因果关系，且鉴定意见指出的诊疗行为过错均有在案证据证实，应认定某医院诊疗行为中存在的过错与患者死亡有因果关系。一审法院经综合分析评判患者吕某自身疾病因素，医方诊疗行为的过错程度，酌定患方自行承担40%的责任，某医院承担60%的民事赔偿责任，符合本案客观实际。二审法院直接采信某司法鉴定中心作出的《医疗损害鉴定意见书》中医方过错参与度30%～40%的意见，认定某医院承担40%民事赔偿责任，缺乏全面真实可靠的病历资料作为鉴定基础，依据明显不足，应予以纠正。

广西壮族自治区高级人民法院判决如下：

一、撤销南宁市中级人民法院（2021）桂01民终1038号民事判决；

二、维持南宁市青秀区人民法院（2016）桂0103民初4571号民事判决第二项；

三、变更南宁市青秀区人民法院（2016）桂0103民初4571号民事判决第一项为：某医院向梁某甲等4人赔偿医疗费、护理费、住院伙食补助费、丧葬费、被扶养人生活费、死亡赔偿金、精神损害抚慰金等，共计598396.84元。

【法官后语】

根据《电子病历应用管理规范（试行）》第三条规定：“电子病历是指医

务人员在医疗活动过程中，使用信息系统生成的文字、符号、图表、图形、数字、影像等数字化信息，并能实现存储、管理、传输和重现的医疗记录，是病历的一种记录形式，包括门（急）诊病历和住院病历。”随着信息化的发展和电子信息技术的不断完善，电子病历在医疗领域中得到越来越广泛的应用。随之而来，电子病历也逐渐取代传统的由医务人员亲笔书写的纸质病历，成为医疗损害责任纠纷诉讼中重要的证据基础。

电子病历的修改并不具有传统纸质病历修改的直观性，因而当医患双方产生医疗纠纷时，患方经常因电子病历存在修改、补充等情形对电子病历的真实性提出疑问，主张医方存在篡改电子病历行为。根据《病历书写基本规范》《电子病历应用管理规范（试行）》中的相关规定，在规定的时间和范围内，按照规定的方式修改电子病历是被允许的。当前医疗领域实务中，在面对患者人数与医疗资源紧张或需要紧急处置的病情时，医务人员为高效推进诊疗行为，在诊疗过程中往往未能一次性完成电子病历的全面准确书写，存在事后补充完善的情况。同时，鉴于电子病历系统本身的电子属性特点，医务人员在使用既有模板或者复制粘贴以往病程记录过程中亦容易出现制作瑕疵，因而需要事后进行核对修改。如果将医方对电子病历的修改轻易认定为篡改，不仅不符合上述关于病历书写与管理的规定，也忽视了电子病历系统本身所具有的特点，容易加重医疗机构的责任，影响医务人员在书写电子病历与高效诊疗行为间的平衡。

在经过对电子病历的鉴定或患方举出相应的证据能够证实电子病历存在修改的情况下，对篡改电子病历的认定应根据案件的具体情况，从以下维度进行严格审查与综合认定。

第一，电子病历的修改是否具有可追溯性。《电子病历应用管理规范（试行）》第六条明确规定，“医疗机构应用电子病历应当……具备对电子病历创建、修改、归档等操作的追溯能力……”第十四条规定：“电子病历系统应当对操作人员进行身份识别，并保存历次操作痕迹，标记操作时间和操作人员信息，并保存历次操作痕迹、标记操作时间和操作人员信息可查询、可追溯。”第十五条规定：“医务人员采用身份标识登录电子病历系统完成书写、审阅、修改等操作并予以确认后，系统应当显示医务人员姓名及完成时间。”根据上述规定，电子病历的修改时间、修改内容、修改操作人员应具有可追溯性、可查性。本案中，鉴定意见指出案涉电子病历系统未应用电子签名功能，电子病历存在多处、大段的修改且均无法追溯修改时间、修改操作人员及修改前的原始内容，也导致法院对于患方提出的“医方是在患者住院治疗期间因医患双方出现纠纷后马上修改电子病历”的主张无法直观做出判断。某医院对其在电子病历管理方面存在的严重违规导致电子病历的修改丧失可追溯性应承担相应责任。

第二，电子病历的修改目的是否具有正当性。通过审查电子病历修改的背景、时间、内容等来综合判断修改行为是否具有主观恶意，是出于完善病历的目的，抑或为了规避医疗事故责任，掩盖诊疗行为与原始病历的真实内容。如审查修改是否超出允许改动的范围、是否在允许改动的时间内操作、是否增加未真实发生的诊疗行为的记录、是否改变对患者真实用药种类、药量的记录来进行综合判断。

第三，电子病历的修改内容与客观诊疗过程是否具有一致性。一旦电子病历已经证实存在修改，医方应承担举证责任证实其对电子病历的修改与客观实际发生的诊疗过程具有一致性，这一举证责任的分配既与医方作为电子病历的制作方与管理持有方相符，亦与《中华人民共和国民法典》第一千二百二十二条规定的特定情形下对医疗机构采取过错推定原则的精神相契合。本案中，鉴定意见指出案涉电子病历存在多处、大段修改，均无法追溯修改时间与操作人。患方亦提出医方修改电子病历过程中增加的部分治疗内容客观上并未发生。对此，某医院始终未能作出充分合理的解释，未能通过充分举证证实修改后的内容与客观诊疗过程具有一致性。医方应对此承担举证不能的责任。

再审法院结合在案证据从电子病历的修改是否具有可追溯性、电子病历的修改目的是否具有正当性、电子病历的修改内容与客观诊疗过程是否具有一致性等维度出发进行全面审查，合理分配举证责任，经过综合评判认定本案中电子病历存在篡改，并在此基础上结合本案具体情况确定医方应承担的民事赔偿责任。

编写人：广西壮族自治区高级人民法院　郝欣欣

26

未尸检导致无法鉴定医疗过错应否当然免除医方的损害赔偿责任

——黄某等诉甲医院、乙医院医疗损害责任案

【案件基本信息】

1. 裁判书字号

广西壮族自治区高级人民法院（2023）桂民再125号民事判决书

2. 案由：医疗损害责任纠纷

3. 当事人

原告（上诉人、再审申诉人）：黄某、李某1、李某2

被告（被上诉人、再审被申诉人）：甲医院、乙医院

【基本案情】

甲医院为乙医院开办的二级医疗机构，不具有独立法人资格。黄某、李某1、李某2是李某某的家属。

李某某因胸闷20分钟，于2017年2月5日20时40分许到甲医院就诊，经急诊检查后，于21时17分入院治疗。收住院后进行了体格检查、血细胞分析检查等。医生进行病情评估：患者考虑冠心病的可能性大，病情随时会出现变化，予以一级护理、心电监护及血氧饱和度监测病情。黄某签署了《预防跌倒/坠床告知书》等，该告知书第二条规定“无论在卧床或下床活动时，应随时有陪伴人员在您的身边”。《患者护理记录单》显示，甲医院于2017年2月5日22时30分开始对李某某进行心电监护及血氧饱和度监测，2017年2月5日22时30分、23时58分和2月6日1时6分、2时5分、11时3分、13时4分、

15时2分、16时5分、17时2分、18时3分、19时均为窦性心律，未见早博。2017年2月6日10时2分、12时3分、14时2分均为窦性心律，偶见室性早博。2017年2月6日18时10分，护士巡房，19时30分，护士再次巡房，发现李某某晕倒在地，便立即呼叫其他医护人员进行抢救，2月6日21时6分宣布临床死亡。黄某在《尸检同意书》上签署“不同意尸检”的书面意见。

2017年8月7日，黄某、李某1、李某2向一审法院起诉，要求甲医院、乙医院承担赔偿责任。一审法院作出（2017）桂0108民初2039号民事判决。甲医院不服一审判决提起上诉，二审法院发回重审。重一审中，黄某等人申请医疗过错鉴定，甲医院、乙医院申请医疗事故技术鉴定。经二审法院摇号选取鉴定机构，入围的鉴定机构回函称无法进行医疗过错鉴定，一审法院委托某医学会进行医疗事故技术鉴定。某医学会于2019年6月18日作出《医疗事故技术鉴定书》，分析认为……结论：本病例不属于医疗事故。黄某等人不服该鉴定，提出由司法鉴定机构进行医疗过错鉴定的申请，且未能提供新的证据。

【案件焦点】

未尸检导致无法鉴定医疗过错，是否当然免除医方的损害赔偿责任。

【法院裁判要旨】

广西壮族自治区南宁市良庆区人民法院经审理认为：《医疗事故技术鉴定书》认为甲医院收治李某某入院后的一系列治疗行为及护理均符合诊疗常规，发现李某某晕倒后及时抢救，抢救治疗措施符合临床诊疗常规，甲医院的医疗行为不存在过错。本案中的医疗损害鉴定，程序合法，鉴定意见分析详尽，理由充分，该院予以采纳。根据《最高人民法院关于民事诉讼证据的若干规定》第七十一条“人民法院委托鉴定部门作出的鉴定结论，当事人没有足以反驳的相反证据和理由的，可以认定其证明力”的规定，黄某等人不服该鉴定，再次提出由司法鉴定机构进行医疗过错鉴定的申请，且未能提供新的证据，缺乏事实和法律依据，该院不予准许。李某某死亡后，因黄某未同意尸检，导致无法查明死因，应自行承担相应的法律后果。

广西壮族自治区南宁市良庆区人民法院判决如下：

驳回黄某、李某1、李某2的诉讼请求。

黄某等人不服一审判决，提出上诉。广西壮族自治区南宁市中级人民法院同意一审法院的裁判理由。

广西壮族自治区南宁市中级人民法院判决如下：

驳回上诉，维持原判。

黄某等人不服二审判决，申请再审。广西壮族自治区高级人民法院经审理认为：患者李某某在甲医院住院治疗期间死亡。一审法院在审理过程中依据双方申请鉴定事项委托某医学会同时进行医疗事故技术鉴定和医疗过错司法鉴定，某医学会回函称无条件进行医疗过错司法鉴定，且超出其鉴定能力范围。后，一审法院移送二审法院摇号选取鉴定机构，但入围的鉴定机构回函称无法进行医疗过错司法鉴定。某医学会根据委托进行了医疗事故技术鉴定，鉴定结论为：医方诊疗行为符合医疗常规，本病例不属于医疗事故。黄某等人主张胸部CT检查材料存在伪造嫌疑，依法不能作为鉴定依据，以及医疗事故技术鉴定书仅加盖某医学会印章，且缺少鉴定依据及使用的科学技术手段、鉴定人鉴定资格的说明和鉴定人员签名三项法定重要内容，不应作为证据采信。《医疗事故技术鉴定暂行办法》第三十五条规定："医疗事故技术鉴定书应当包括下列主要内容：（一）双方当事人的基本情况及要求；（二）当事人提交的材料和医学会的调查材料；（三）对鉴定过程的说明；（四）医疗行为是否违反医疗卫生管理法律、行政法规、部门规章和诊疗护理规范、常规；（五）医疗过失行为与人身损害后果之间是否存在因果关系；（六）医疗过失行为在医疗事故损害后果中的责任程度；（七）医疗事故等级；（八）对医疗事故患者的医疗护理医学建议。经鉴定为医疗事故的，鉴定结论应当包括上款（四）至（八）项内容；经鉴定不属于医疗事故的，应当在鉴定结论中说明理由。医疗事故技术鉴定书格式由中华医学会统一制定。"一审法院委托鉴定前已组织本案双方抽取鉴定专家，并将参加鉴定会的专家签名报到表交与双方核对确认，鉴定所依据的材料亦已组织双方进行了质证，鉴定意见书的格式严格按照上述规定制作。故，某医学会作出的医疗事故技术鉴定意见书程序合法、鉴定意见分析详尽，理由充分，依法可作为认定本案事实的依据。原审认定医方的诊疗行为不构成医疗事故理据充分，该院予以确认。但是，不构成医疗事故并不必然排除医方的损害赔偿责任。首先，从侵权行为法理论来看，一般侵权行为的构成要件是：违法行为、损害后果、违法行为与损害后果之间存在因果关系、行为人存在主观过错。医疗纠纷本质上属于人身侵权损害赔偿纠纷，适用过错责任原则，认定医疗机构存在侵权行为并不以构成医疗事故为前提，医疗机构承担医疗损害赔偿责任的原因也可能是医疗事故以外的其他原因。其次，医疗过错鉴定的评判标准和鉴定视角与医疗事故鉴定不同，医疗事故鉴定的评判标准是是否构成“事故”，它倾向认定诊疗行为是否存在过错并由此造成患者人身损害的事故，其鉴定结论主要分析是否达到事故级别，对有过错但不构成事故的情形通常在鉴定结论中不予认定。而医疗过错鉴定的评判标准是是否存在“过错”，主要分析损害后果是否存在、诊疗行为是否存在过错、诊疗过错行为与损害事实之间是否存在因果关系的问题，围绕着“损害、过错及二者之间的因果关系”进行分析、判断。

具体到本案中，黄某等人主张甲医院存在临时医嘱单记录不实、对患者李某某胸部CT检查不及时、未尽到一级护理责任等医疗过错。对此，该院根据双方提交的证据以及查明的事实分析认定如下：（1）关于黄某等人所主张的临时医嘱单记录不实、对患者李某某胸部CT检查不及时的问题。甲医院对此解释为因胸部CT检查需送CT室进行，送检前需要和CT室对接，安排人员及送检，医嘱上的“执行时间”是护士开始着手安排送检相关事宜的时间，因此实际检查时间会出现和执行时间不一致，且李某某的病情并未达到急诊做胸部CT检查的情况，故医院按照一般流程安排进行胸部CT检查，且在李某某入院第二天就已安排李某某进行胸部CT检查，不存在临时医嘱单记录不实和送检不及时的问题。从李某某在甲医院急诊科的诊疗情况来看，李某某的病情确未达到急诊做胸部CT检查的情况。根据一般的检查流程，医方作出医嘱到执行检查，再到检查报告形成，必然存在时间差，所以，甲医院的解释符合常理，予以采纳。(2) 关于甲医院是否尽到一级护理责任的问题。根据《综合医院分级护理指导原则（试行）》第十四条规定，对一级护理患者的护理包括以下要点：(一) 每小时巡视患者，观察患者病情变化；(二) 根据患者病情，测量生命体征……从甲医院提交的护理单记录来看，甲医院自李某某入院后并未严格做到每小时心电血氧监测。且根据上述规定，甲医院对一级护理患者的护理除需根据患者病情测量生命体征外，还需要每小时巡视患者，观察病情变化，可见遥测心电血氧并不能够替代巡视。甲医院于 2017 年 2 月 6 日 18 时 10 分巡房，至当日 19 时 30 分才再次巡房，已经超过 1 小时，在此期间，李某某晕倒在地，经抢救无效死亡。甲医院未能严格执行一级护理要求，导致未能及时发现李某某病情发生变化，最终抢救无效死亡，甲医院对李某某在治疗期间死亡存在一定过错。甲医院主张 2014 年 5 月 1 日实施的中华人民共和国卫生行业标准《护理分级》（WS/T431—2013），并未明确指明一级护理观察患者病情变化的时限，以及其已按照规定对李某某施行每小时遥测心电血氧监测，没有违反相应的护理常规。经查，《综合医院分级护理指导原则（试行）》规定现行有效，2014 年 5 月 1 日实施的中华人民共和国卫生行业标准《护理分级》（WS/T431—2013）仅是补充和细化了分级标准和依据，使分级护理在临床上更具可操作性和科学性、可行性，并未对《综合医院分级护理指导原则（试行）》规定进行修改，对于一级护理患者须每小时巡视的护理要求仍须执行。故，甲医院提出的上述主张，理由不成立，不予支持。如前所述，甲医院在李某某治疗过程中未能严格执行一级护理要求，导致未能及时发现李某某的病情变化，故李某某的死亡与甲医院的医疗行为不规范存在因果关系，依法应承担相应的责任。

本案经一审法院委托摇号选取鉴定机构，入围机构回函称无法进行医疗过错司法鉴定。因此，甲医院的诊疗行为对李某某死亡的参与度及原因力大小无法通过司法鉴定确定。但是，司法鉴定结论仅是民事诉讼证据的一种，并非认定医院承担民事责任及责任比例的唯一依据，在本案未进行医疗过错司法鉴定且现已不具备鉴定条件的情况下，人民法院结合在案证据综合分析认定医方是否存在过错以及应承担的责任比例。具体到本案中，根据黄某等人提交的李某某生前的体检报告，李某某并无重大疾病，李某某从入院到死亡未超过 48 小时，可见病情突然变化系李某某死亡的原因之一。且黄某作为李某某家属，在李某某住院治疗期间未能按照医方要求进行陪护，导致李某某晕倒在地未能及时发现，在李某某死亡后不同意进行尸检，导致李某某死亡原因不明，此亦为本案无法进行医疗过错司法鉴定的重要原因。甲医院虽因未严格执行一级护理“每小时巡视”的要求，对李某某的死亡存在一定过错，但现有证据不能证明该过错行为系导致李某某死亡的直接原因，且在发现李某某晕倒在地后，甲医院积极予以抢救，尽到了医方的救治义务。综上，经综合分析评判患者李某某自身因素以及其家属的过错行为、甲医院诊疗行为的过错程度，酌定由甲医院对黄某等人的损失承担 20%的民事赔偿责任。因甲医院不具备对外独立承担民事责任的能力，故本案的赔偿责任由乙医院承担。

关于黄某、李某 1、李某 2 的各项损失计算。经计算，黄某等人的各项损失合计 683939.64 元，由乙医院根据其过错程度承担 20%即 136787.93 元（683939.64 元×20%），再加上精神抚慰金 5000 元，合计 141787.93 元。综上，乙医院赔偿黄某等人上述各项费用合计 141787.93 元。

广西壮族自治区高级人民法院依照《中华人民共和国侵权责任法》第五十四条、第五十七条，《最高人民法院关于审理人身损害赔偿案件适用法律若干问题的解释》第十七条第一款及第三款、第十八条第一款、第二十七条、第二十八条、第二十九条，《中华人民共和国民事诉讼法》第二百一十四条第一款、第一百七十七条第一款第二项之规定，判决如下：

一、撤销南宁市中级人民法院（2019）桂 01 民终 14373 号民事判决及南宁市良庆区人民法院（2018）桂 0108 民初 1460 号民事判决；

二、乙医院于本判决生效之日起十日内赔偿黄某、李某 1、李某 2 各项损失 141787.93 元；

三、驳回黄某、李某 1、李某 2 的其他诉讼请求。

【法官后语】

由于诊疗行为的专业性、复杂性等原因，对于医疗机构的诊疗行为是否存在过错的认定，绝大多数时候需要通过司法鉴定来解决，但司法实践中往往不乏无法进行医疗过错鉴定的情形。在医疗机构的诊疗行为是否存在过错鉴定不能时，如何在医方与患方之间找寻平衡点，是司法实践中值得探讨的问题。本案的核心在于，未尸检导致无法进行医疗过错鉴定，是否必然排除医方的损害赔偿责任。

在侵权责任法律中过错责任原则是最基本、最主要的归责原则。关于医疗侵权的归责原则，《中华人民共和国民法典》充分考虑行为本身特点，本着既要保护患者的合法权益，也要保护医院和医务人员的合法权益，有利于医学科学进步以及医药卫生事业发展的考虑，在第五十四条明确规定了医疗损害责任适用过错责任的一般规则。医疗纠纷本质上属于人身侵权损害赔偿纠纷，适用过错责任归责原则，这就意味着医疗机构没有医疗过错就没有责任。从举证责任来看，过错责任原则实行“谁主张，谁举证”。患方主张医疗机构承担诊疗过错赔偿责任，应当提交到该医疗机构就诊、受到损害的证据，至于因果关系、诊疗过错的构成要件事实，可以通过申请鉴定来解决。

司法实践中，往往会出现无法进行医疗过错鉴定的情形，而绝大多数法官缺乏专业的医学知识，难以对医疗机构的诊疗行为是否存在过错作出专业判断，此时应回归侵权责任的构成要件来审查。而且，应正确把握鉴定意见的证据属性及功能。鉴定意见的证明力虽强于一般证据，但其属性仍为《中华人民共和国民事诉讼法》规定的证据类型之一，是否具有证明力及证明力大小需结合证据的形式、来源、内容等进行审核。2012 年修正的《最高人民法院关于民事诉讼证据的若干规定》将“鉴定结论”修改为“鉴定意见”，亦表明司法鉴定仅是司法鉴定人运用专业知识对专门性问题所作的分析和主观判断，其产生的结论并非案件事实判断的最终裁决依据。在审判实务中，法官需结合案件的全部证据对鉴定意见加以综合审查判断，因此，鉴定意见可作为证据，但不是定案的唯一证据。

判断医疗机构是否承担赔偿责任的基本要件，包括违法诊疗行为、患者损害事实、损害与诊疗行为之间存在因果关系和诊疗过错四个要件，四者缺一不可。构成医疗事故或存在医疗过错，医疗机构均应承担责任，本案中，虽然医疗事故技术鉴定意见书的鉴定结论是不构成医疗事故，但不构成医疗事故并不代表医疗机构不存在过错，只要患方有充分的证据证明医疗机构的病历或诊疗行为不符合诊疗规范，同样可以认定存在医疗过错。

就本案而言，患者李某某在住院期间死亡，家属黄某等人拒绝尸检导致死因无法查明，进而无法进行医疗过错鉴定。若以患方无法举证证明医疗机构存在过错为由，驳回患方的全部诉讼请求，则不利于医疗纠纷的解决。本案中，患者李某某住院期间需要一级护理，根据《综合医院分级护理指导原则（试行）》第十四条规定，对一级护理患者的护理除需根据患者病情测量生命体征外，还需要每小时巡视患者，观察病情变化。经审查发现，甲医院在李某某住院期间，未能严格执行一级护理标准，也未做到每小时巡视患者，导致未能及时发现李某某病情发生变化，最终抢救无效死亡。甲医院的诊疗行为存在明显不符合诊疗规范要求之处，对李某某在治疗期间死亡存在一定过错，应承担相应的过错责任。但该欠缺规范的诊疗行为对李某某死亡的参与度及原因力大小无法通过司法鉴定确定，此时则需要法官依法行使自由裁量权打破僵局，也就是人民法院可以结合在案证据综合分析认定医方是否存在过错以及应承担的责任比例。本案中，李某某并无重大疾病，李某某从入院到死亡未超过48小时，可见病情突然变化系李某某死亡的原因之一。黄某作为家属，在李某某住院治疗期间未能按照医方要求进行随身陪护，导致李某某晕倒在地未能及时发现，李某某死亡后又不同意进行尸检，导致无法查明死亡原因，进而也无法进行医疗过错司法鉴定。虽然甲医院未严格执行一级护理标准存在一定过错，但该过错并非导致李某某死亡的直接原因，再审法院根据李某某自身因素及其家属的过错行为、甲医院诊疗行为的过错程度，酌定甲医院承担20%的民事赔偿责任，合法合理。该案的妥善处理，既维护了医患双方的合法权益，又缓和了医患双方的矛盾，促进纠纷实质化解。

编写人：广西壮族自治区高级人民法院　程丽文　刘飞燕

27

婴儿在分娩过程中受到医疗损害，对于精神损害抚慰金的法律适用及认定标准

——耿小某诉某医院医疗损害责任案

【案件基本信息】

1. 裁判书字号

北京市第一中级人民法院（2023）京01民终1018号民事判决书

2. 案由：医疗损害责任纠纷

3. 当事人

原告（上诉人）：耿小某

被告（上诉人）：某医院

【基本案情】

耿某与马某系夫妻关系，二人于2021年2月13日育有一女耿小某。马某在某医院充值30万元购买家庭卡，并用储值金额购买了2019产前检查套餐、五晚择时剖宫产套餐标准间、五晚剖宫产新生儿拆分、盆底肌康复3次疗程、腹直肌康复3次疗程、热提拉腹部1次、2019版儿童早期综合发展、儿科加油包、某月子休养套餐等。耿小某出生后24小时查房发现头颅血肿，出生后41小时发现左侧肢体抽动，诊断：新生儿抽搐原因待查、头颅血肿；新生儿低血糖症；足月新生儿。耿小某出生第二天，于2021年2月15日转院至某医院2，某医院2明确诊断为脑实质出血、蛛网膜下腔出血、新生儿惊厥、头颅血肿。耿小某认为医院的诊疗过程存在重大失误，故起诉至法院要求医疗费、营养费、住院伙食补助费、精神损害抚慰金、护理费、交通费等损失。

审理过程中，经耿小某申请，法院委托司法鉴定中心于 2022 年 4 月 29 日出具鉴定报告，就医方过错与损害后果之间的因果关系及原因力大小论述为：被鉴定人母亲孕期检查未见异常，2021 年 2 月 12 日入院产检亦未见异常，2 月 13 日当日行“剖宫产”，被鉴定人出生后第二日出现“多处头颅血肿”，上级医院结合影像学检查诊断为“头颅血肿、脑出血、硬膜下出血、蛛网膜下腔出血”。医方病历明确记载“娩出困难”，上级医院病例分析亦明确“不除外产时挤压、分娩过程所致有关”，且医方表述剖宫产时胎头深入、助产亦取出困难，难以除外医方剖宫产过程中存在操作不当；被鉴定人辅助检查化验、MRA（磁共振血管成像）均未发现其存在异常，现有鉴定材料没有客观证据支持被鉴定人存在自身血液疾病、遗传代谢性疾病或颅脑血管异常；综上，难以除外医方操作不当与被鉴定人损害后果之间存在因果关系。根据现有鉴定材料综合分析，医方的诊疗过错与被鉴定人方自身不利因素共同作用，导致被鉴定人损害后果的出现。故此，医方诊疗过错相对于被鉴定人的损害后果的原因力大小应为同等。最终鉴定意见为：某医院对耿小某的诊疗行为存在医疗过错，医方过错与耿小某的损害后果之间存在因果关系，过错原因力大小应为同等。

【案件焦点】

某医院是否应当支付耿小某精神损害抚慰金。

【法院裁判要旨】

北京市海淀区人民法院经审理认为：患者在诊疗活动中受到损害，医疗机构及其医务人员有过错的，由医疗机构承担赔偿责任。关于精神损害，某医院的诊疗行为虽存在一定过错，但因耿小某尚系婴幼儿，对过错行为和损害后果缺乏认知能力，未对其产生精神损害，故对耿小某主张的精神损害抚慰金本院不予支持。

北京市海淀区人民法院依照《中华人民共和国民法典》第一千二百一十八条之规定，判决如下：

一、某医院于本判决生效后七日内赔偿耿小某医疗费、住院伙食补助费、营养费、交通费、鉴定费、复印费共计 17429.99 元；

二、驳回耿小某的其他诉讼请求。

耿小某、某医院均不服一审判决，提出上诉。北京市第一中级人民法院经审理认为：患者在诊疗活动中受到损害，医疗机构及其医务人员有过错的，由医疗机构承担赔偿责任。当事人对自己提出的诉讼请求有责任提供证据加以证明，没有证据或者证据不足以证明其事实主张的，当事人应当承担举证不能的不利后果。

关于精神损害抚慰金，因人身权益或者具有人身意义的特定物受到侵害，自然人或者其近亲属向人民法院提起诉讼请求精神损害赔偿的，人民法院应当依法予以受理。婴幼儿作为特殊人群，同样享有健康权等身体权利。耿小某主张的精神损害抚慰金数额过高，本院综合考虑耿小某的身体损伤情况和某医院的过错程度等实际情况，酌情认定某医院赔偿耿小某精神损害抚慰金 5000 元。

北京市第一中级人民法院依照《中华人民共和国民事诉讼法》第一百七十七条第一款第二项之规定，判决如下：

一、撤销北京市海淀区人民法院（2021）京 0108 民初 46731 号民事判决；

二、某医院于本判决生效后七日内赔偿耿小某医疗费、住院伙食补助费、营养费、交通费、护理费、鉴定费、复印费、精神损害抚慰金共计 35155.07 元；

三、驳回耿小某的其他诉讼请求。

四、驳回某医院的上诉请求。

【法官后语】

婴儿作为行为能力和认知能力受限的群体，其是否具有主张精神损害赔偿的主体资格，以及如果婴儿具备提起精神损害赔偿的主体资格，在不构成伤残的前提下，其精神损害赔偿金数额的认定标准应当如何计算，以上均为本案中值得研究探讨的重点问题。

一、精神损害抚慰金的权利主体不需同时具有民事行为能力和痛苦感知能力

精神损害赔偿制度，是基于行为人遭受侵权后，在生理或者心理上感知到

痛苦，从而对权利人进行救济的制度。《中华人民共和国民法典》第一千一百八十三条规定，侵害自然人人身权益造成严重精神损害的，被侵权人有权请求精神损害赔偿。根据《最高人民法院关于确定民事侵权精神损害赔偿责任若干问题的解释》第一条规定，因人身权益或者具有人身意义的特定物受到侵害，自然人或者其近亲属向人民法院提起诉讼请求精神损害赔偿的，人民法院应当依法予以受理。

该赔偿制度对应的权利主体应当具有民事行为能力这点并无太大争议。自然人从出生时起到死亡时止，具有民事行为权利，依法享有民事权利，承担民事义务。婴儿作为特殊群体，其在产妇分娩过程完成前就需要经历医疗诊疗活动，出生后为活体的，开始享有民事权利。但笔者认为，在出生前、分娩过程中遭受到医疗损害但最终顺利分娩的，其享有正当医疗的行为权利应当提前至分娩活动开始时。故，其在出生后也同样具有请求医疗机构向其支付各项赔偿的权利，其中应当包含精神损害抚慰金。结合到本案中，耿小某在分娩过程中虽然遭受诊疗失误行为，但是最终顺利分娩，其在出生前较短时间内与产妇未进行生理分离前，其自身享有的民事权利与产妇享有的民事权利就已经开始区分，故其自身应当具备提出精神损害赔偿的主体资格要件。

针对提起精神损害赔偿的主体是否应当具有痛苦感知能力，在实践中存在“痛苦感受能力必要说”和“痛苦感受能力不要说”两种不同的观点。因为有权利能力的自然人，完全可能存在不具备意识或者缺乏感知能力、分析能力、总结能力等各项行为能力。例如，婴儿、幼童、植物人、无民事行为能力人等，这些群体并无法完整地感知生理痛苦或者心理痛苦。这些人是否属于精神损害的主体范围？

结合到本案中，笔者认为，权利人并不需要具备痛苦感知能力，而应当以社会一般观念以及法官朴素的价值观进行认定，对痛苦无感受能力的人，即使其本身不能感受心理和生理的痛苦，但如果社会观念均认为此时该损害必要时，即存在可赔偿性精神损害，应属于消极形态上的精神损害。否则，对受害人将是不公平的。本案中，耿小某为婴儿，其情感认知发育并不完全，不可能具备认知痛苦的能力，但是并不代表损害未实际发生，根据鉴定报告鉴定结论显示，医方病历明确记载耿小某存在“娩出困难”，上级医院病历分析亦明确“不除外产时挤压、分娩过程所致有关”，且医方表述剖宫产时胎头深入、助产亦取出困难，难以除外医方剖宫产过程中存在操作不当。故，分娩过程中医方操作不当与耿小某在出生后出现“头颅血肿、脑出血、硬膜下出血、蛛网膜下腔出血”的损害后果之间存在因果关系。故，耿小某虽然无法感知，但实际上遭受了“分娩困难”带来的生理痛苦，根据日常生活经验法则，婴儿虽无法表达，但不代表没有遭受侵害。

二、在不具备伤残认定的前提条件下，精神损害赔偿数额可由法院进行酌定

并非只要人身权益受到侵害即可主张精神损害赔偿，必须要造成“严重的精神损害”，实践中欠缺可具体操作的裁量标准，通常以达成伤残等级标准作为主张的前提，但是婴儿作为特殊群体，各器官发育能力均不成熟，自身修复能力也较强，往往不具备伤残等级鉴定的前提条件，故鉴定机构无法作出权利人是否构成伤残的鉴定结论。在此情况下，笔者认为，对于精神损害赔偿数额的认定不可教条，承办法官可以根据侵权形态、侵权人的主观心态、侵害方式、侵害后果等相关因素进行综合酌定，赋予婴儿以精神损害赔偿请求权利，符合法律维护社会公平正义的使命，方能最终达到通过金钱抚慰权利人的最终目的。

编写人：北京市海淀区人民法院　林婷

七、高度危险责任纠纷

28

房屋因高危作业导致坍塌的责任认定及赔偿标准

——李某诉某交通建设公司财产损害赔偿案

【案件基本信息】

1. 裁判书字号

浙江省丽水市中级人民法院（2024）浙11民终268号民事判决书

2. 案由：财产损害赔偿纠纷

3. 当事人

原告（上诉人）：李某

被告（被上诉人）：某交通建设公司

【基本案情】

原告所有的一幢土木结构私有房屋系自建房，于1960年建成，建筑面积为112.38平方米。被告某交通建设公司设立某项目经理部承建某高速公路项目某标段（隧道、孔桩）施工。因该工程项目建设需实施爆破作业，被告进行了相关爆破作业项目许可审批及项目备案。又考虑到该村位于某高速某隧道爆破点正上方，隧道爆破作业可能使原告等某村民的房屋出现受损的情况，被告于施工前对原告等所在村村民的周边房屋影响户进行了统一购保。2019年8月15

日，保险公司委托的某检测公司对原告房屋进行第一次现场勘测，并于2019年11月6日出具《监测报告（第一次）》，报告载明原告房屋存在墙体腐蚀破损、木构件断裂等情况。隧道爆破施工前原告已搬离案涉房屋，被告于2020年5月至2021年9月进行了隧道开挖和爆破，隧道爆破作业使原告上述房屋出现部分坍塌情况。2022年5月16日，被告委托的某评估公司作出《某村陈某等72户房屋损失价格评估结论书》，关于原告房屋的受损价格评估结论为：以2021年11月23日为评估基准日期，被告施工对原告房屋坍塌造成的损失金额为5970元（已倒塌，建筑面积112.38平米，重置单价260元/平米，考虑成新率后按53.12元/平计算）。该报告附件显示原告儿子曾在记载有“户名李某、泥木结构、套内面积112.38平方米、南侧垟前部塌落、无人居住”内容的户主签名确认处签字。之后，被告对房屋受损户出具了临时搬迁补偿、房屋破损修复补偿等处理方案，并由当地某乡人民政府代为发放补偿款。但原告不同意其补偿方案，拒绝领取赔偿款后于2022年7月5日诉至本院，诉请被告将原告房屋修复至原状，本院立（2022）浙1127民初7X号案受理，该案因原告无法举证证明房屋受损前的原状，判决驳回原告的诉讼请求。后原告不服，向丽水市中级人民法院（以下简称丽水中院）提起上诉，丽水中院作出（2023）浙11民终62号民事判决：驳回上诉，维持原判。之后，原告就案涉纠纷再次向本院提起诉讼，并申请对案涉房屋倒塌造成的财产损失金额（房屋修复费用）进行鉴定。经本院委托，某咨询公司于2023年7月13日作出《工程造价鉴定报告书》，鉴定结果（不涉及房屋倒塌原因判断因素）为：房屋倒塌造成的财产损失金额（房屋修复费用）合计38502元。其中：（1）倒塌重建部分：（包括内容为重建夯土墙、木结构梁、木檩条、间壁墙、木楼板、木椽子、瓦屋面、木楼梯）鉴定结果为35955元；（2）未倒塌修缮部分：（包括未倒塌部分的木楼板整修）鉴定结果为2547元。原告为此支付鉴定费用7000元。此外，2019年原告办理不动产权证时，案涉房屋外墙已存在裂缝、腐蚀破损情况。被告进行的隧道爆破作业导致原告所在某村的村民房屋受影响达72户，损害程度不等，但大部分村民已领取损失赔偿款，并搬离受损住处。

【案件焦点】

1. 原告房屋倒塌的损失金额如何认定；2. 被告是否需要承担赔偿责任，如需赔偿责任房屋坍塌损失的责任比例如何认定。

【法院裁判要旨】

浙江省景宁畲族自治县人民法院经审理认为：从事高度危险作业造成他人损害的，应当承担侵权责任。原告所有的案涉房屋受损与被告隧道爆破作业存在因果关系，原告有权向被告主张损害赔偿。关于原告房屋倒塌的损失金额。本院委托有鉴定资质的某咨询公司作出《工程造价鉴定报告书》，原告房屋倒塌造成的财产损失金额（房屋修复费用）鉴定意见为38502元，该鉴定程序合法，鉴定报告书是鉴定机构经过现场勘验，较为充分论述、细致分析得出来的，因而具有可信赖度，鉴定结论与本案具有相关性，上述鉴定意见已包含原告房屋未倒塌部分的修缮费用。关于被告应承担原告房屋坍塌损失的责任比例问题。被告主张其施工对原告所有的某村房屋造成的损失考虑房屋诸多的坍塌原因、房屋建成及使用年限以及房屋成新率后应为5970元，且主张原告儿子对损失金额已经确认，原告对此不认可。经审理查明，原告儿子仅对“户名李某、泥木结构、套内面积112.38平方米、南侧垟前部塌落、无人居住”内容签字确认，并未对损失评估价格进行确认，故被告该主张依据不足，不予采纳。案涉房屋于被告爆破作业期间发生部分坍塌情况，坍塌时当地未出现其他会造成案涉房屋坍塌的自然灾害或人为因素，但考虑到案涉房屋于1960年建成，爆破前墙体已出现裂缝、腐蚀破损等，以及原告平时对房屋缺乏管理修缮等因素，酌定被告承担60%的损失赔偿责任，即23101.2元。

浙江省景宁畲族自治县人民法院依照《中华人民共和国民法典》第一千二百三十六条、《最高人民法院关于适用〈中华人民共和国民法典〉时间效力的若干规定》第一条第三款、《中华人民共和国民事诉讼法》第六十七条之规定，判决如下：

一、被告某交通建设公司于本判决生效之日起十日内赔偿原告李某房屋修复费用23101.2元；

二、驳回原告李某的其他诉讼请求。

原告李某不服一审判决，提起上诉。浙江省丽水市中级人民法院经审理认为：关于涉案房屋修复费用的问题，一审法院依法委托有鉴定资质的某咨询公司作出《工程造价鉴定报告书》，确定房屋倒塌重建部分和未倒塌修缮部分费用合计38502元，同时考虑到房屋建成时间、保存使用情况等，酌定某交通建设公司承担60%的损失赔偿责任即23101.2元，并无不当，李某主张某交通建设公司赔偿修复费用183873元缺乏依据，本院不予支持。关于鉴定费和诉讼费的承担问题，一审法院按照双方当事人承担责任比例确定鉴定费各自承担的数额，并根据《诉讼费用交纳办法》决定当事人各自负担的诉讼费用数额，两者均无不当，本院予以维持。综上，李某的上诉请求不能成立；一审认定事实清楚，适用法律正确，应予维持。

浙江省丽水市中级人民法院依照《中华人民共和国民事诉讼法》第一百七十七条第一款第一项之规定，判决如下：

驳回上诉，维持原判。

【法官后语】

本案的财产损害责任纠纷涉及高度危险作业，高度危险责任纠纷是指因某一具有高度危险性的物品或者物质发生危险事故而承担的损害赔偿责任。

一、高度危险作业法律分析

原《中华人民共和国侵权责任法》未使用“危险责任”，而使用了“高度危险责任”的概念，首创专章规定“高度危险责任”的立法例。《中华人民共和国民法典》第七编“侵权责任”（以下简称侵权责任编）继受了这一立法模式。“高度危险责任”是“危险责任”的一部分，其与产品责任、环境污染责任和动物损害责任中的部分责任共同构成现代侵权法上的危险责任。高度危险责任采用无过错责任原则，《中华人民共和国民法典》第一千二百三十六条规定：“从事高度危险作业造成他人损害的，应当承担侵权责任。”关于免责事由，《中华人民共和国民法典》第一千二百四十四条规定：“承担高度危险责任，法律规定赔偿限额的，依照其规定，但是行为人有故意或者重大过失的除外。”根据上述法律规定，仅在受害人对自身财产损害有故意或者重大过失的情况下，才可以减轻被告的赔偿责任。

二、高度危险作业的认定

对高度危险作业的认定，应当从如下几个方面考虑：一是高度危险作业损害的严重性。(1) 危险作业所威胁的民事权益的位阶较高，高度危险责任属于严格责任。(2) 危险作业所导致的实际损害具有严重性。危险一旦实现就导致严重损害的作业，造成大规模的人身伤亡或重大的财产损失。二是高度危险作业损害的难以控制性。一方面，高度危险作业所具有的危险性超过了一般人的预见可能性。危险作业具有潜在的危险性，这些危险的发生通常不在人们的预见范围之内，即使作业人尽到了最大的注意义务也可能无法预见到损害的发生。另一方面，对于高度危险作业所致的损害作业人是无法防范、无法避免的。三是高度危险作业损害的异常性。高度危险作业的认定要考虑作业是不是通常的做法，如果其是通常的做法就不属于高度危险作业。四是高度危险作业的社会价值。法律上要求高度危险作业人承担责任，在某种程度上也是利益衡量的结果。虽然有可能造成严重的损害后果，但其本身仍然是有益于社会的活动，在认定高度危险作业时，同样要考虑作业的社会价值。从本案看，其作业行为已造成原告的财产损害，应当承担无过错侵权赔偿责任。但涉及的房屋属于危旧房屋，且建造时间已超过基本使用年限且无人居住，爆破前已存在房屋破裂现象，此时的责任承担及赔偿责任认定应综合房屋建成时间、爆破前墙体的破损程度，以及房屋日常管理修缮等因素综合认定。

三、高度危险作业的免责事由

因危险活动造成损害常常是非常严重的，甚至导致大规模侵权。所以损害发生以后，从救济受害人上考虑，就有必要要求活动者承担更为严格的责任，因而此类高度危险责任的免责事由就受到更多的限制。一是受害人的故意。从保护受害人的角度考虑，应当对故意作限缩解释，将其仅限于直接故意。二是不可抗力。从利益衡量的角度考虑，如果要求高度危险活动的实施者对于不可抗力负责，难免过于苛刻。即使将不可抗力规定为免责事由也不应一概而论。

如果高度危险作业进行时应充分评估危险的可能性并采取充分的风险防范措施也并不能简单地根据不可抗力而免责。三是受害人自担风险。可以通过法官自由裁量权的行使灵活处理实践中各种复杂的自甘冒险的情况，从而保障裁判结果的公平。虽然自甘冒险不能成为一般的免责事由，但可以作为高度危险责任中的减轻或免除责任事由，因为在此情况下表明受害人是有过错的，据此可以相应地减轻行为人的责任。当然，实践中考虑到高度危险作业行为的高度危险性以及高度危险作业的受害方举证困难，法律加重行为人的责任，对高度危险作业适用无过错责任原则，即不考虑行为人的过错，只要发生一定的损害后果，行为人就要承担相应的责任。

四、高度危险作业赔偿责任认定

在实际案件中，不同的情形存在不同的损害程度，此时就存在责任认定的比例问题。对于赔偿比例法律并未明确规定，适当的比例可以平衡有关各方当事人的利益，从实践上的可行性的角度看，可以依据不同的损害程度逐渐形成赔偿的标准，使之与社会经济的发展水平相适应。本案中，被告某建设公司作为施工方应考虑到爆破作业的危险性，且被告前期已对房屋进行投保和价值鉴定，根据此次鉴定显示，该房屋现有损坏现象主要是房屋自身因素造成，保留的证据可以对比爆破前后损坏变化的具体情况。起诉后，原告申请再次鉴定，虽两次鉴定结论差距较大，但考虑到无论是根据哪次鉴定结论，依旧能认定原告房屋的损坏现象与房屋自身因素影响较大。从法律规定上看，房屋自身的瑕疵并不属于法律规定的当事人的过错，如无爆破冲击力的影响，原告的房屋虽超过基本使用年限但仍可正常居住，现因被告的爆破行为加剧了房屋的损害后果，故高度危险作业一方需承担侵权责任。但综合考虑双方过错及损害后果，遵循公平原则，一审法院酌定原告承担40%的责任，被告承担60%的赔偿责任。二审法院依法维持了原判，彰显了该案裁判的公正性，切实维护了当事人的合法权益。

编写人：浙江省景宁畲族自治县人民法院　陈慧子

八、饲养动物损害责任纠纷

29

饲养动物损害责任的法律适用与责任划分

——董某诉张某饲养动物损害责任案

【案件基本信息】

1. 裁判书字号

北京市第一中级人民法院（2023）京01民终230号民事判决书

2. 案由：饲养动物损害责任纠纷

3. 当事人

原告（上诉人）：董某

被告（被上诉人）：张某

【基本案情】

2021年5月15日14时左右，董某与其丈夫及女儿前往张某经营的垂钓园就餐。垂钓园门口左边狗窝拴着一只泰迪犬，董某与女儿走到餐厅外面玩耍时，因受到泰迪犬惊吓，董某与其女儿在躲闪的过程中为保护女儿不小心掉下台阶，导致董某受伤。2021年5月24日北京市公安局昌平分局作出行政处罚决定书，载明张某在垂钓园饭馆门口，未经登记、年检养犬，因此给予张某没收犬只的行政处罚，并责令改正。

【案件焦点】

1. 涉案小狗的惊吓与董某的受伤是否有因果关系；2. 张某作为涉案小狗的饲养人所应承担的责任范围如何界定。

【法院裁判要旨】

北京市昌平区人民法院经审理认为：根据董某与张某在公安机关的陈述，本院对因张某饲养的泰迪犬朝董某及其女儿叫唤导致董某摔下台阶受伤的事实予以确认。虽张某在庭审中主张系董某自己不小心掉下台阶受伤，但张某并未提交充分的证据推翻其在公安机关的供述，故本院对张某的辩解不予采信。张某作为案涉场地的经营者，应当保障前往案涉场地消费者的人身安全，但其在明知消费者可能在其院落中游玩的情况下，仍在经营场地饲养犬类，且并未就饲养的犬类办理相关养犬证，亦未尽到安全提醒义务，故张某对董某的受伤应承担相应的责任。需要注意的是，根据董某陈述其受伤并非直接因为张某饲养的犬类攻击而受伤，系其在保护自己女儿的过程中因惯性而摔下台阶，经本院核实案涉犬并非烈性犬，狗亦被绳子拴着，董某并未提交充分的证据证明事发时具有紧迫的、潜在的危险。董某作为成年人，其在带领孩子玩耍遇到犬类时应有一定的警觉性，且对于消费场地的环境应有一定的预判，但董某并未提交充分的证据证明其自身尽到注意义务，故本院认为董某对于此次事故的发生存在重大过失，应承担主要责任。根据双方过错大小，本院酌情确定董某承担70%的责任，张某承担30%的责任。

侵害他人造成人身损害的，应当赔偿医疗费、护理费、交通费、营养费、住院伙食补助费等为治疗和康复支出的合理费用，以及因误工减少的收入。本案中，在不区分责任的情况下，本院对董某的各项损失确定如下：（1）医疗费，根据董某提交的病历、诊断证明及票据，本院认定医疗费为22802.72元。（2）误工费，本院结合医院出具的诊断证明、休假证明中的休假建议及董某实际休假误工情况，同时结合董某纳税记录、银行交易明细及误工证明，本院对误工费26243.07元予以认可。（3）交通费，根据董某就医的次数及就医距离，本院酌情确定交通费为500元。（4）住院伙食补助费，董某同意按照720元计算，本院对此不持异议。（5）营养费，因董某未提交充分的证据证明其实际加强营养的支出情况，但张某认可 500 元，本院综合考虑董某的伤情酌情认定营养费为 500 元，以上共计 50765.79 元。在区分责任比例后，本院认定张某应赔偿董某医疗费、误工费、交通费、住院伙食补助费、营养费共计 15229.74 元。对于董某主张的过高部分，于法无据，本院不予支持。

北京市昌平区人民法院依照《中华人民共和国民法典》第一千一百七十九条、第一千二百四十五条，《最高人民法院关于审理人身损害赔偿案件适用法律若干问题的解释》第六条、第七条、第九条、第十条、第十一条，《中华人民共和国民事诉讼法》第六十七条之规定，判决如下：

一、张某于本判决生效后七日内赔偿董某医疗费、误工费、交通费、住院伙食补助费、营养费共计 15229.74 元；

二、驳回董某的其他诉讼请求。

原告董某不服一审判决，提出上诉。北京市第一中级人民法院经审理认为：本院对一审法院认定的其他相关事实予以确认。本院经现场勘验，了解到事发院落内有下沉的地面和池塘，从院落大门至事发房屋需要走一条小路，小路右边和房屋门前均有陡坡。事发房屋门前的右侧为必经之路，左侧倚房屋而建的狗窝距离房屋门为 3.3 米，房屋门前的台阶边有花盆，无法直接走下去。事发时，董某及其女儿所站位置的台阶边无花盆，距离房屋门为 3.1 米；董某摔下的高度为 1 米，系被台阶下木架的横杆磕伤。事发时无监控记录，双方认可涉案的小狗高度约 0.2 米，长度约 0.3 米，系了狗链；双方对狗链长度意见不一致，董某主张长约 1.5 米，张某主张为 0.55 米。关于事发时出门的目的，张某主张董某及其女儿是为了出门看狗，不是为了看池塘；董某主张是其女儿要出门看池塘，出门后就站在台阶旁边，听到身后有动静，转身后与女儿同时发现有小狗，而且小狗正扑向其女儿，当时为了保护女儿才摔落下去，女儿没有受伤，自己被磕伤，当时救女儿是出于本能。

法院认为，民事权益受到侵害的，被侵权人有权请求侵权人承担侵权责任。饲养的动物造成他人损害的，动物饲养人或者管理人应当承担侵权责任；但是，能够证明损害是因被侵权人故意或者重大过失造成的，可以不承担或者减轻责任。本案中，董某起诉主张受到张某饲养动物的惊吓后受伤，要求张某承担全部侵权责任。因此，本案的争议焦点为：其一，涉案小狗的惊吓与董某的受伤是否有因果关系；其二，张某作为涉案小狗的饲养人所应承担的责任范围。对此，分述如下：

关于涉案小狗的惊吓与董某的受伤是否有因果关系。本案中，因事发时无监控记录，因此无法还原董某受伤事件的整个过程，涉案小狗的惊吓与董某的受伤之间是否有因果关系，需要根据双方在公安机关和诉讼中的陈述，以及生活常识加以判断。日常生活中，由于被饲养的动物存在危险性，尤其是犬类动物存在攻击性和传染疫病的危险，所以，一般人会对其产生恐惧、紧张、害怕的心理。尽管本案中的小狗体型较小，它仍然具有一定的危险性，对于一般人而言会产生紧张及希望躲避的心理反应。此次事件中，涉案的小狗虽未对人实施“抓伤、扑倒、撕咬”等直接接触人体的动作，而且被系了狗链，但当其冲向董某及其女儿时，董某为了保护女儿而摔落下去被磕伤，具有高度盖然性，本院对董某的此主张予以采信。张某关于董某是在与涉案小狗玩的过程中受伤的主张，并非其亲眼所见，亦与其部分陈述内容不符，本院不予采信。因此，董某的受伤事件系涉案小狗的惊吓所诱发，二者之间存在因果关系。

关于张某作为涉案小狗的饲养人所应承担的责任范围。张某违反《北京市养犬管理规定》规定，饲养涉案小狗未办理相关养犬证，且未尽到安全提示义务，其作为涉案小狗的饲养人应当承担侵权责任。同时，饲养动物致人损害事实与损害结果之间的因果关系具有多样性，存在介入因素的因果关系则需要综合判断。从涉案小狗的高度和长度来看，虽然会使对犬类动物有畏惧心理的人产生惊吓，但此种惊吓并不足以导致董某摔落受伤，还有其他因素的介入才导致董某被磕伤的损害后果。首先，根据本院现场勘验情况，董某及其女儿出门看池塘的安全位置应为房屋门前的台阶处，此处有花盆阻挡，可以避免董某及其女儿出现摔落的风险，但董某及其女儿实际所处位置距离房屋门已较远，而且处于没有花盆阻挡的台阶处，董某及其女儿站在此处看池塘属未尽到安全的防护和注意义务，为后面磕伤事件的发生埋下了隐患。其次，根据董某陈述，其系看到涉案小狗扑向其女儿，为了保护女儿而摔落；董某不顾自身安危保护女儿的行为，应予以肯定；但此时涉案小狗对董某自身安全的紧迫性并不会导致惊慌失措，在保护女儿的同时其应有保护自身安全的意识，此因素亦应作为损害结果形成过程中的原因力之一予以考虑。因此，涉案小狗的惊吓并非董某受伤的全部因素，二者之间不具有完全的因果关系，应当结合本案的具体情况认定民事责任。一审法院酌情认定董某承担70%责任，张某承担30%责任的结论，本院在综合前述因素后予以采纳。一审法院根据各项损失，基于双方承担责任比例，所认定的张某赔偿董某的损失数额正确，本院予以确认。综上所述，董某的上诉请求不能成立，应予驳回；一审判决认定事实清楚，适用法律正确，应予维持。

北京市第一中级人民法院依照《中华人民共和国民事诉讼法》第一百七十七条第一款第一项规定，判决如下：

驳回上诉，维持原判。

【法官后语】

如何正确处理好饲养动物致人损害的认定与责任分担成为该类案件的疑难点。

一、我国法律对于饲养动物致害责任的界定

按照《中华人民共和国民法典》第一千二百四十五条的规定，饲养的动物造成他人损害的，动物饲养人或者管理人应当承担侵权责任；但是，能够证明损害是因被侵权人故意或者重大过失造成的，可以不承担或者减轻责任。

“饲养”通常指利用固定场所和设施持续供养，之所以规定饲养人要对饲养的动物侵权行为承担责任，主要是因为饲养动物者应当承担起对自己饲养动物这一潜在危险源的作为义务。“饲养人或者管理人”是指实际承担饲养动物危险控制责任的人，可能为动物的本权人、占有人、保管人等。饲养人作为所有人的保有人，是对饲养动物具有支配地位的人，管理人作为所有人之外的保有人，往往是对动物直接控制的人。

在饲养动物致人损害案件中，对于饲养动物主体的识别是损害责任认定的首要前提。

二、饲养动物致人损害的构成要件分析

饲养动物损害责任的归责原则实行二元化，原则上适用无过错责任原则，例外适用过错推定责任原则。动物致人损害责任的构成要件认定是判断损害赔偿的基础。

1. 饲养动物致人损害行为的判断。动物致人损害的情形很多，如动物咬人、被奔跑的动物撞伤、被他人从高层建筑物扔出的动物砸伤、被动物的叫声惊吓到等，但是，对于动物侵权致人损害的，应当为动物自身的危险性所致，对于与动物自身的危险性无关的侵权行为，则不适用《中华人民共和国民法典》第一千二百四十五条的规定。至于动物撞伤或咬伤他人，或动物的叫声致他人受惊吓受伤，都与动物自身的危险性相关，适用饲养动物侵权赔偿责任。本案中，董某系因受到狗的惊吓导致受伤，应当适用饲养动物侵权赔偿责任。

2. 被侵权人受到人身或财产损害的分析。动物侵权致人损害与其他致人损害情形并无差异，除常见的人身伤害，也有财产损害，在特定情况下还可能产生精神损害。除直接侵权外，饲养的动物携带的病毒致他人损害的，或妨害他人正常生活的，都属于损害的范围。本案中，董某因张某的狗受到惊吓掉下台阶，导致董某受伤，属于人身损害。

3. 因果关系厘定。一般而言，只要被侵权人证明其损害的事实由饲养的动物造成，就可以认定因果关系的成立，因果关系的成立，不考虑动物饲养人或管理人的主观过错。受害人损害和动物侵权行为之间有直接因果关系的，只要成立条件因果关系即可，但对于间接因果关系的，适用相当因果关系，如动物咬伤他人，导致受害人感染败血症死亡，也具备因果关系。对于饲养动物致人损害责任而言，“造成他人损害”之“造成”，是对因果关系的要求，即指动物危险的实现与他人损害之间具有相当因果关系，特定类型的动物危险的实现通常会给他人造成特定类型的损害，或者说致害事件发生之因果历程符合一般事件正常发展过程。本案中，涉案的小狗虽未对人实施“抓伤、扑倒、撕咬”等直接接触人体的动作，而且被系了狗链，但仍然具有一定的危险性，一般人会对其产生恐惧、紧张、害怕的心理，因此当其冲向董某及其女儿时，董某为了保护女儿而摔落下去被磕伤，具有高度盖然性。故而，董某的受伤事件与涉案小狗的惊吓二者之间存在因果关系。

三、饲养动物致人损害的责任分担

饲养动物致人损害事实与损害结果之间的因果关系具有多样性，存在介入因素的因果关系时则需要综合判断各方的责任范围。根据《中华人民共和国民法典》的规定，被侵权人的主观过错，如侵权人故意置身于危险境地、“碰瓷式”受伤、故意自损，可以作为侵权人减轻责任或免责的抗辩事由，或者在被侵权人存在重大过失时，可以减轻侵权人的赔偿责任。除此之外，在动物的危险程度较低，仅凭惊吓不足以完全导致损害结果发生时，即存在多因一果时，被侵权人未尽到安全的防护和注意义务应当成为法院在判决时考虑的责任分担因素和侵权人减轻责任的事由。

编写人：北京市昌平区人民法院　张焱　李凡

30

饲养危险昆虫侵权案件中的责任分担

——钟甲、朱某诉谭某等饲养动物损害责任案

【案件基本信息】

1. 裁判书字号

湖南省张家界市中级人民法院（2023）湘 08 民终 282 号民事判决书

2. 案由：饲养动物损害责任纠纷

3. 当事人

原告（上诉人）：钟甲、朱某

被告（被上诉人）：谭某、某镇人民政府、某村村民委员会

【基本案情】

为获得蜂蛹增加经济收入，被告谭某自2021年4月开始在S县L村镇T村养殖黄脚胡蜂（俗称葫芦蜂），蜂窝达二三十个，其中，裸露悬挂在该村老屋组其好友钟甲家空置的一栋三层楼顶的胡蜂窝有三个（屋前两侧各一个、屋后一个）。钟甲家附近散居有包括原告钟甲、朱某夫妇在内的四五家农户。二原告的女儿钟某1因在S县城上学平时随父母及奶奶彭某居住在县城，于2021年9月30日随彭某返回老屋组。

2021年10月1日9时许，钟某1与钟某2、钟某3（均未成年）结伴在钟甲家岩塔前玩耍（与胡蜂窝垂直距离八九米远）。其间，在家中带孙子的彭某听见钟某1在屋后公路呼救便赶至现场，发现大量胡蜂在钟某1头顶乱飞，其余两人亦被蜇伤，三人随即被钟某2的父亲钟乙开车送往卫生院进行救治，后钟某1经抢救无效死亡，共产生医疗费437.84元。当日，L村镇政府、T村村委会组织双方进行调解未果。

另，2021年10月1日、2日，谭某通过好友钟甲的微信分两次向钟某1亲属支付安葬费共计4万元；钟某1出生于2015年7月27日，其常住户口于2021年10月8日已被注销。湖南省统计局公布2021年度城镇居民人均可支配收入为44866元/年、2021年度城镇非私营单位在岗职工年平均工资为88874元/年。

【案件焦点】

二原告是否未尽到监护职责。

【法院裁判要旨】

湖南省桑植县人民法院经审理认为：本案系饲养动物造成损害产生的纠纷，案由应为饲养动物致人损害赔偿纠纷。饲养的动物造成他人损害的，动物饲养

人或者管理人应当承担侵权责任。根据《养蜂管理办法（试行）》的规定，即使养殖蜜蜂，也应当避开居民区、道路等，并保持至少1000米的距离。本案中，被告谭某将攻击性强的肉食性昆虫胡蜂饲养在居民区，极有可能蜇伤周围居民，对周围人的生产生活造成危害，因其未对饲养的胡蜂尽到合理的管控义务，导致钟某1被蜇伤死亡，作为胡蜂饲养人的谭某应当对钟某1的死亡承担民事侵权责任。被告谭某辩称钟某1是否被其饲养的胡蜂蜇伤死亡还有待确定，谭某当庭认可事发周围无其他人饲养胡蜂，事发当天亦无人烧野蜂窝，事发地与谭某饲养的胡蜂窝距离仅八九米，钟某1被谭某饲养的胡蜂蜇伤的可能性极高，具有民法意义上高度盖然性，结合公安机关询问谭某时其自认钟某1被自己饲养的胡蜂蜇伤死亡，现谭某亦未提供证据予以反驳，故对该意见不予采纳。事发时钟某1系年仅6周岁的未成年人，作为其监护人的二原告对钟某1在悬挂有胡蜂窝的钟甲家屋前玩耍未尽到监护职责，可以适当减轻被告谭某的责任。《中华人民共和国畜牧法》第三十五条规定，蜂种、蚕种的资源保护、新品种选育、生产经营和推广，适用本法有关规定，具体管理办法由国务院农业农村主管部门制定。《养蜂管理办法（试行）》第三条、第八条第一款规定，农业部负责全国养蜂管理工作。县级以上地方人民政府养蜂主管部门负责本行政区域的养蜂管理工作；养蜂者可以自愿向县级人民政府养蜂主管部门登记备案，免费领取《养蜂证》，凭《养蜂证》享受技术培训等服务，因此，被告L村政府、T村村委会非县级人民政府养蜂主管部门，对被告谭某的养蜂行为没有行政管理职责，二者亦非共同侵权人，故二原告要求被告L村政府、T村村委会承担连带赔偿责任的诉讼请求于法无据，本院不予支持。综合本案实际情况，本院确定被告谭某承担80%的民事赔偿责任较为适宜，对精神损害抚慰金酌情支持4万元，故被告谭某应赔偿二原告因钟某1死亡产生的医疗费350.3元（437.84元×80%）、死亡赔偿金717856元（44866元×20年×80%）、丧葬费35549.6元（88874元÷12个月×6个月×80%），扣减已支付的4万元，被告谭某仍需赔偿753755.9元。

湖南省桑植县人民法院依照《中华人民共和国民法典》第一千一百六十五

条、第一千一百七十九条、第一千一百八十三条、第一千二百四十五条，《最高人民法院关于审理人身损害赔偿案件适用法律若干问题的解释》第六条、第十四条、第十五条、第二十三条，《中华人民共和国民事诉讼法》第六十七条，《最高人民法院关于适用〈中华人民共和国民事诉讼法〉的解释》第九十条之规定，判决如下：

一、被告谭某于本判决生效后二十日内赔偿原告钟甲、朱某因钟某1死亡产生的医疗费、死亡赔偿金、丧葬费、精神损害抚慰金共计753755.9元；

二、驳回原告钟甲、朱某的其他诉讼请求。

被告谭某不服一审判决，提起上诉。湖南省张家界市中级人民法院经审理认为：法律具有指引、预测、评价、强制、教育等规范作用，这些作用很多时候都是通过人民法院作出的司法裁判实现的。本案中，一审判决的观点实质上是认为在谭某饲养胡蜂对当地安全形成危险后，当地村民有义务提升防护意识，通过限制出行、减少逗留等措施来防范风险发生，未成年人则由其监护人承担这一义务，如果发生侵权行为，人民法院可能认定受害人未尽到这一注意义务减轻侵权人的责任。对这一观点，本院不能认同，理由是：首先，从价值取向来评析，本案中的危险是由于侵权人的行为造成的，这一行为本身就是应该否定评价的，因为他人的不法行为进而给守法者增设义务，显然有违公平原则，也是法向不法的让步。其次，不能将倡导性的理念视为法律对公民的权利义务分配。现实生活中，当某种风险隐患发生时，会出现要求提升防范意识以防受到侵害的观点，家长往往这样教育孩子，相关部门也经常进行类似宣传，但这种宣传教育仅属倡导性建议性质，并不属于法律上给社会公众增设义务，也就是说，公民的注意义务只应停留在人为制造的危险形成之前的层次，不能因不法行为的发生被法律强加更高的注意义务。最后，根据《中华人民共和国民法典》第一千二百四十五条“饲养的动物造成他人损害的，动物饲养人或者管理人应当承担侵权责任；但是，能够证明损害是因被侵权人故意或者重大过失造成的，可以不承担或者减轻责任”的规定，只有损害是因被侵权人故意或者重大过失造成的情况，才能免除或者减轻侵权人的责任。由此可见，要求危险的相对人承担更高的注意义务，未尽到注意义务则减轻侵权人的责任的理念与立法本意是相悖的。另外，还须指出的是，诉讼中，饲养或管理人主张免除或减轻责任，需举证证明被侵权人存在故意或重大过失，否则承担举证不能的后果，一审时，谭某未提出相关的抗辩意见，也未提交证明被侵权人存在故意或重大过失的证据，故原审判决二上诉人承担20%的监护责任无事实和法律依据，本院予以纠正。

湖南省张家界市中级人民法院依照《中华人民共和国民法典》第一千一百六十五条、第一千一百七十九条、第一千一百八十三条、第一千二百四十五条、第一千二百四十七条，《最高人民法院关于审理人身损害赔偿案件适用法律若干问题的解释》第六条、第十四条、第十五条、第二十三条，《中华人民共和国民事诉讼法》第六十七条，《最高人民法院关于适用〈中华人民共和国民事诉讼法〉的解释》第九十条，《中华人民共和国民事诉讼法》第一百四十七条、第一百七十七条第一款第二项之规定，判决如下：

一、撤销湖南省桑植县人民法院（2022）湘0822民初1666号民事判决；

二、谭某于本判决生效后十日内赔偿钟甲、朱某因钟某1死亡产生的医疗费、死亡赔偿金、丧葬费、精神损害抚慰金共计982194.88元（包括已支付的4万元）；

三、驳回钟甲、朱某的其他诉讼请求。

【法官后语】

近年来，我国饲养动物致人损害侵权的事件时有发生，厘清饲养动物致人损害的归责原则，对于正确处理此类纠纷有着重要理论意义和现实价值。

首先，饲养动物损害责任应适用危险责任原则，而非过错推定原则。危险责任原则不将过错纳入侵权责任成立的要件之中，要求行为人承担责任的基础在于在危险事故发生之前，侵权人与受害人在对危险的控制上就具有不对性，侵权人更能有效控制危险的发生，因此危险责任考虑的并不是侵权人对侵权结果的发生是否具有可谴责性，而是考虑侵权人更有能力控制危险，并且从危险中获得了利益，因此为了平衡这种不对等性，法律规定在此情况下不考察侵权人是否具有过错，只考察侵权人的行为、导致的后果及二者的因果关系。

具体到本案中，因胡蜂的行为具有自发性以及不确定性，其行为并不受理性意志所支配，因而钟某1的监护人也难以对其行为进行预测，从而做出预防行为，因此动物行为的不可预见性为判断其具有危险的一个要素；另外，胡蜂所造成的损害往往属于人身损害，且有造成死亡的风险，因此饲养胡蜂的行为具有危险性，且这一危险性并非微不足道而可以忽视。而使得被告谭某其与受害人在对动物危险的控制上产生了不对等的地位，并且受害人不得不容忍这一危险的存在，作为补偿，被告谭某也必须在没有过错的情况下承担动物危险所带来的后果。

有观点认为，危险责任不考虑侵权人的过错便要求其承担责任，而在受害者具有过错时却要求减轻侵权人的责任，这种做法未免在逻辑上矛盾。事实上，过错相抵与危险责任并不存在逻辑冲突。理由在于，侵权责任法的功能在于预防与救济，就预防功能而言，饲养动物损害已经要求侵权人承担危险责任，侵权人为了减少自身的损失，也会尽到相应的注意义务，避免损害的发生；就救济功能而言，饲养动物损害属于危险责任，与过错责任的归责原因不同，在过错责任中，受害者的损害因侵权人的行为具有过错而得以救济，而对于危险责任，受害人的可救济性在于侵权人对于危险的控制更具有利地位，受害人因容忍这种危险所受损害应由侵权人补偿，但是若受害人主动追求此种危险，或者虽能预见其行为能促成危险的发生或者扩大，仍然为某种行为，那么其可救济性也应受到贬损，因此需要减轻侵权人的责任，二者并不冲突。

对《中华人民共和国民法典》第一千二百四十五条后半段应理解为在被侵权人故意引起损害发生的，侵权人可以不承担责任；而因被侵权人重大过失导致损害发生的，可以减轻侵权人的责任。因为在被侵权人故意殴打、挑衅动物时，实际上是在故意追求动物危险的实现，一般而言动物受到殴打、挑衅会因反抗而伤人，因此在此情况下，被侵权人对动物危险的实现处于主导的地位，极大地增加了动物危险的可能性，其可救济性可以因其积极追求损害结果而灭失；其次，动物的饲养人或者管理人也不能保证能完全控制动物被激怒后的行为，并且动物饲养人或者管理人在动物受到殴打、挑衅时，也受到了相应的损失，对比之下，被侵权人更具可谴责性，因此在被侵权人故意导致动物危险实现时，可以免除侵权人的责任。本案中，谭某未提出相关的抗辩意见，也未提交证明被侵权人存在故意或重大过失的证据，故应当承担全部责任。

编写人：湖南省桑植县人民法院　黄瑶

31

未栓绳遛犬致人损害，饲养人、管理人承担赔偿责任

——王某诉唐某饲养动物损害责任案

【案件基本信息】

1. 裁判书字号

北京市第二中级人民法院（2023）京 02 民终 10779 号民事判决书

2. 案由：饲养动物损害责任纠纷

3. 当事人

原告（上诉人）：王某

被告（被上诉人）：唐某

【基本案情】

王某提供的现场录像监控显示，监控范围的视野内停放了多辆车辆，图像中部停放一辆面包车，视频 11 秒左右显示一只未拴狗绳的大型犬进入面包车后侧，因面包车遮挡无法显示具体场景，视频 13 秒左右显示王某从面包车后起身露出头部后，后退几步摔倒在地，16 秒左右显示唐某进入监控范围将王某扶起。

关于事发时间，王某称是 2021 年 3 月 13 日下午，事发地点王某陈述为商

业街门市（店铺）前，为辅路，王某自述当时蹲在门口剪地上的皮子，狗未直接触碰到王某，但因狗未拴狗绳，王某被狗吓到，因闪躲导致摔伤。2021 年 4 月王某丈夫报警，派出所出具《接警单》与《询问笔录》。2022 年 10 月，某司法鉴定所出具《司法鉴定意见书》，鉴定意见为：（1）被鉴定人王某致残程度为十级，致残率（赔偿指数）为 10%；（2）建议拟被鉴定人王某误工期 365 日、护理期 150 日、营养期 180 日为宜。

王某提交《关于工作情况的证明》及其与某轮胎经销公司签订的《劳动合同》，载明王某在该单位做临时工，月工资 3500 元，因在工作处被一只大型犬追随摔倒致股骨颈骨折，请假半年，故扣除半年全部工资 21000 元（2021 年 3 月 14 日至 9 月 13 日）。

唐某提交犬证且双方均认可事发时狗未拴狗绳。

【案件焦点】

唐某是否应当对王某所受损害承担全部赔偿责任。

【法院裁判要旨】

北京市房山区人民法院经审理认为：饲养的动物造成他人损害的，动物饲养人或者管理人应当承担侵权责任。本案中，根据现场录像中狗出现的位置、时间和王某摔倒的位置、时间，双方虽未发生接触，应当认为唐某的狗跑向王某与其受惊吓摔倒具有因果关系，唐某饲养大型犬，遛狗时未拴狗绳，导致王某受惊吓摔倒受伤，唐某应当按照其过错程度承担赔偿责任。

关于王某自身是否存在过错，根据王某提交的视频，事发地点周围停满车辆，王某自认地点为辅路，其未注意观察周围环境，以下蹲姿势在停满车辆的道路辅路“剪胶皮”，将自己置于危险的环境中，致使狗经过被惊吓摔倒受伤，应当认为其未对自身的安全尽到注意义务，亦存在一定过错。法院酌情确定唐某承担 60%的赔偿责任，王某自担 40%的责任。

北京市房山区人民法院依照《中华人民共和国民法典》第一千一百七十九条、第一千二百四十五条，《最高人民法院关于审理人身损害赔偿案件适用法律若干问题的解释》第六条至第十二条之规定，判决如下：

一、唐某于本判决生效后十日内赔偿王某各项损失共计126009.72元；

二、驳回王某的其他诉讼请求。

王某不服一审判决，提出上诉。北京市第二中级人民法院经审理认为：违反管理规定，未对动物采取安全措施造成他人损害的，动物饲养人或者管理人应当承担侵权责任；但是，能够证明损害是因被侵权人故意造成的，可以减轻责任。对负有举证证明责任的当事人提供的证据，人民法院经审查并结合相关事实，确信待证事实的存在具有高度可能性的，应当认定该事实存在。本案中，双方对王某摔倒的原因各执一词。经审查，事发当时的监控录像显示唐某饲养犬只进入面包车后侧，虽因面包车遮挡无法显示具体场景，但随即王某从面包车后起身后退几步摔倒在地。相较唐某提交的证人证言，上述监控录像更为直观、客观，且唐某饲养犬只进入面包车后侧与王某从面包车后起身摔倒具有连贯性。综合本案具体审理情况，可以认定王某被唐某饲养犬只惊吓摔倒的事实达到高度可能性的证明标准，一审法院对此认定正确。事发时，唐某饲养犬只未拴狗绳，违反管理规定，且未举证证明损害系王某故意造成，唐某应对王某的合理损失承担全部赔偿责任。一审法院对此适用法律有误，本院依法予以纠正，确定唐某赔偿王某各项损失共计208682.87元。

北京市第二中级人民法院依照《中华人民共和国民事诉讼法》第一百七十七条第一款第二项规定，判决如下：

一、撤销北京市房山区人民法院（2022）京0111民初8997号民事判决第二项；

二、变更北京市房山区人民法院（2022）京0111民初8997号民事判决第一项为：唐某于本判决生效后十日内赔偿王某各项损失共计208682.87元；

三、驳回王某的其他诉讼请求。

【法官后语】

在日常生活中，饲养人“以爱之名”为犬“解绑”，任由犬只伤人事件时有发生。本案系一起典型的未拴绳遛犬致人损伤案件。

《中华人民共和国民法典》第九章对饲养动物损害责任进行了详细规定，除第一千二百四十八条系过错推定责任外，其余条文均适用无过错责任原则，这一立法设定是基于综合判断饲养人是否对其所饲养的动物形成了高度排他的支配及其支配程度后产生的。换言之，除动物园的特殊情况外，在日常侵权发生过程中，被侵权人往往处于被动承受的状态，而饲养人对饲养动物则具有高度的排他性支配，因此，有必要对饲养人课以更高的管理责任。而在司法实践当中，处理此类案件较多适用的就是第一千二百四十五条和第一千二百四十六条，本案适用的就是第一千二百四十六条。

笔者以为，第一千二百四十六条与第一千二百四十五条具有特别法与一般法的法条竞合关系，第一千二百四十六条是对违反管理规定未对动物采取安全措施致人损害的特别规定，应适用特别法优先的法理，即优先适用第一千二百四十六条。考虑到此两条款但书部分之间的差异，即第一千二百四十六条规定仅在能够证明损害是因被侵权人故意造成的情形下，才可减轻责任，相较于第一千二百四十五条而言，对有意违反了预防危险义务的动物饲养人或管理人施加更为严格的责任，故有必要在司法实践中对前述两条款的适用加以厘清。需要注意的是，第一千二百四十六条规定有“违反管理规定”和“未对动物采取安全措施造成他人损害”两个要件，笔者以为，此两者互为表里，其实质均是判断是否对被侵权人施加了法禁止风险的行为，而日常生活中较为常见的未拴绳遛犬致人受损则毫无疑问属于“违反管理规定”且“未对动物采取安全措施造成他人损害”。

具体到本案中，在已有证据足以认定双方虽未发生接触，但唐某的狗跑向王某与其受惊吓摔倒具有因果关系的前提下，王某与唐某均认可事发时唐某未拴狗绳，违反管理规定，且唐某未举证证明损害系王某故意造成，故唐某应对王某的合理损失承担全部赔偿责任。

一根绳子，连接的不仅是饲养人与宠物，更是许多家庭的安全与幸福。动物饲养人、管理人在享受动物带来乐趣的同时更应牢固树立养犬有责、养犬负责意识，严格遵守相关管理规定，做到文明养犬、依规养犬，避免动物给他人健康和人身安全带来不必要的危险。本案的处理，对于落实动物饲养人、管理人的法律责任和社会责任，维护社会公共秩序，营造全民守法的安全居住环境有所助益。

编写人：北京市第二中级人民法院　王磊　李雨桐

九、建筑物和物件损害责任纠纷

32

古树名木树池护墙倒塌致人损害的责任承担

——罗某诉林某等建筑物和物件损害责任案

【案件基本信息】

1. 裁判书字号

福建省厦门市中级人民法院（2023）闽02民终4174号民事判决书

2. 案由：建筑物和物件损害责任纠纷

3. 当事人

原告（被上诉人）：罗某

被告（上诉人）：某区园林局、某供电公司

被告（被上诉人）：林某、某居民委员会、某街道办事处

被告：某市园林局、某区农业农村局

【基本案情】

2021年6月21日，原告罗某将车辆停放在一株有200年树龄的古树树池的围墙边，次日上午古树树池围墙发生倒塌，将正在墙下准备挪车的原告砸倒并压伤。经鉴定，罗某因本次事故所致损伤及后遗症，构成人体损伤十级伤残，造成罗某医疗费、残疾赔偿金等经济损失共计574748.1元。经辖区派出所走访

调查及法院现场勘查，发现被告某供电公司在事故发生前2个月开始在案涉古树树池里施工，挖了一个长3500毫米×宽2400毫米×1700毫米的井，用于安放箱变基础底座，事故发生时，尚未完工。在事故发生前10天左右，被告林某将古树树池护墙边的台阶及护坡挖除，致使护墙裸露出的土层最高处距离地面80多公分。经向气象服务中心调取的《气象资料证明》显示，案涉围墙所在地附近2021年6月21日日降水量为27.8毫米，2021年6月22日日降水量为102.5毫米。

【案件焦点】

1. 案涉围墙的管理人；2. 案涉围墙倒塌的原因；3. 各方对原告罗某的案涉合理损失应如何进行承担。

【法院裁判要旨】

福建省厦门市集美区人民法院经审理认为：

关于争议焦点一，各方当事人均未举证证明案涉围墙系谁建造，围墙的所有人是谁，但案涉围墙与古树的树池形成整体，用于保证古树的正常生长环境，系属古树的护墙，是古树的配套附属设施。古树的管理人应认定为案涉围墙的管理人。根据《福建省古树名木保护管理办法》第四条规定，县级以上人民政府应当加强对古树名木保护管理工作的领导，将其纳入本行政区域行业专项规划，所需经费列入同级财政预算。乡（镇）人民政府、街道办事处应当协助做好古树名木保护管理的相关工作。村（居）民委员会可以通过制定村规民约等形式引导村（居）民增强古树名木的保护意识。第五条第二款规定，县级以上人民政府林业、城市绿化主管部门按照职责分工，负责本行政区域内古树名木保护管理工作。《厦门经济特区园林绿化条例》第四十六条第二款规定，区园林绿化部门或者林业部门按照各自职责负责辖区内古树名木的管理工作、监督检查和技术指导。根据某区园林局与某区农业农村局共同签署的《古树名木保护管理工作协调备忘录》，明确某街道的古树名木由某区园林局负责保护和管理。从上述相关规定及某区园林局和某区农业农村局的相关职责分工，涉案古树位于某街道，其管理人系某区园林局。虽然某区园林局以下发通知的方式，通知镇街古树名木的管养责任人并通知镇街加强古树名木的养护管理，但是《福建省古树名木保护管理办法》第四条规定，镇街系协助区园林局做好古树名木保护管理的相关工作，某区园林局仍是古树名木的主管部门，在事故发生前，其既未就古树名木制作清单，按株落实养护责任人，并通知到位，也未将相关专项经费拨付到位，亦未及时发现并消除案涉古树现场存在的安全隐患，对外依法不能免除其管理人的管理责任。至于某区园林局认为古树的养护责任人是Q街道还是D社区，可在承担相关管理责任后，依照内部行政职责分工，待进一步明确相关管理、养护责任后再自行协调相关部门进行处理。

关于争议焦点二，案涉围墙倒塌的原因。在案证据显示，案涉围墙倒塌主要有两个方面的原因：一方面，某供电公司在古树树冠垂直投影5米范围内进行施工，但在施工前既未取得相关规划、建设主管部门的许可，亦未向相关市政园林主管部门报备并征得其同意，在施工过程中，也未制定古树保护方案和措施，其施工行为明显不具有合法性；需要指出的是，某供电公司施工的箱变基础井的面积达8.4平方米（3.5米×2.4米），甚至向地面以下挖井高达1米，势必会破坏古树的根茎对土壤的固着作用，在暴雨冲刷的情况下，易造成水土流失；从倒塌的现场照片中亦可以看出，围墙倒塌后，某供电公司施工的箱变基础井显露出来，进一步证明围墙的倒塌与某供电公司的施工存在因果关系，某供电公司的施工是围墙倒塌的原因之一。另一方面，围墙外围原有台阶及环绕围墙的护坡，在6月12日至21日，被林某挖除后，墙体相应位置的土层裸露在外，距离地面约80公分，雨水冲刷使土质松软；台阶及护坡平台拆除后，墙体失去部分支撑力，亦是造成围墙倒塌的原因之一。

关于争议焦点三，各方对原告罗某的案涉合理损失应如何进行承担。福建省厦门市集美区人民法院对罗某因案涉事故所造成的损失进行逐一认定，医疗费、残疾赔偿金、住院伙食补助费、误工费、营养费、护理费、交通费等共计574748.1元，精神损害赔偿金4000元。《福建省古树名木保护管理办法》第二十九条第一款、第二款规定："禁止在古树名木保护范围内新建、扩建建筑物或者构筑物。国家和省重点基础设施、民生保障以及公共事业项目确需在古树名木保护范围内进行建设施工，无法避让的，建设单位应当在施工前制定古树名木保护方案，并报所在地县级人民政府古树名木主管部门备案。县级人民政府古树名木主管部门应当对保护方案的制定和落实进行指导、监督……”某供电公司未取得相关规划、建设主管部门的许可，未向相关市政园林主管部门报备并征得其同意，亦未制定古树名木保护方案，在古树下挖坑，造成古树土壤破坏；未预见暴雨天气对土壤可能造成的影响，并制定预案或采取防护措施；工程尚未完工，围墙外的台阶被挖除，存在安全隐患，也未采取安全防护措施，未在围墙周围设立警戒线，明显存在较大过错。福建省厦门市集美区人民法院酌定某供电公司承担35%的责任，即201161.84元（574748.1元×35%）。林某未经相关部门准许，擅自将围墙外的台阶及护坡平台挖除，使某供电公司的施工环境发生变化，共同造成围墙倒塌的后果，明显存在过错，福建省厦门市集美区人民法院酌定林某承担25%的责任，即143687.03元（574748.1元×25%）。某区园林局在事故发生前未将案涉古树的养护责任人落实到位，对某供电公司、林某实施有损古树护墙的行为未及时发现并采取措施消除安全隐患，或设置安全警示标识，防范事故的发生，管理责任未履行到位，对事故的发生也存在过错，福建省厦门市集美区人民法院酌定某区园林局承担20%的责任114949.62元（574748.1元×20%）。根据《中华人民共和国民法典》第一千一百七十三条规定：“被侵权人对同一损害的发生或者扩大有过错的，可以减轻侵权人的责任。”罗某将车辆停放在非停车位上，在暴雨天气紧挨有部分墙体裸露的围墙边，未及时发现可能存在的安全隐患，对自身损害的发生亦存在过错，可以减轻侵权人的责任，福建省厦门市集美区人民法院酌定对其案涉损失自身承担20%的责任。此外，罗某因案涉事故构成十级伤残，精神上受到一定的损害，结合各方的过错程度、损害后果、受诉法院所在地的平均生活水平，酌情确定某供电公司应赔偿罗某精神损害抚慰金1750元，林某赔偿罗某精神损害抚慰金1250元，某区园林局赔偿罗某精神损害抚慰金1000元。

福建省厦门市集美区人民法院依照《中华人民共和国民法典》第一千一百

六十五条、第一千一百七十三条、第一千一百七十九条、第一千一百八十三条第一款、第一千二百五十二条第二款，《厦门经济特区园林绿化条例》第四十六条第二款，《最高人民法院关于审理人身损害赔偿案件适用法律若干问题的解释》第六条、第七条、第八条、第九条、第十条、第十一条、第十二条，《最高人民法院关于确定民事侵权精神损害赔偿责任若干问题的解释》第五条，《福建省古树名木保护管理办法》第四条、第五条第二款、第二十九条，《中华人民共和国民事诉讼法》第六十七条第一款之规定，判决如下：

一、被告某供电公司应于本判决生效之日起十日内赔偿原告罗某各项损失共计 202911.84 元；

二、被告某区园林局应于本判决生效之日起十日内赔偿原告罗某各项损失共计 115949.62 元；

三、被告林某应于本判决生效之日起十日内赔偿原告罗某各项损失共计 139477.03 元；

四、驳回原告罗某的其他诉讼请求。

某供电公司、某区园林局不服一审判决，提出上诉。福建省厦门市中级人民法院经审理认为：本案二审的争议焦点：一是某区园林局是否为案涉古树及围墙的管理单位；二是某供电公司的施工行为与案涉围墙的坍塌是否存在因果关系；三是某区园林局、某供电公司的责任比例是否适当。

关于争议焦点一，根据《福建省古树名木保护管理办法》第四条、第五条第二款，《厦门经济特区园林绿化条例》第四十六条第二款的规定，城市人民政府城市园林绿化行政主管部门负责本行政区域内城市古树名木保护管理工作，应当对城市古树名木，按实际情况分株制定养护、管理方案，落实养护责任单位、责任人，并进行检查指导。某区园林局与某区农业农村局共同签署的《某区古树名木保护管理工作协调备忘录》进一步明确，Q 街道的古树名木由某区园林局负责保护和管理。某区园林局以《福建省古树名木保护管理办法》第二十一条第一款第三项规定“城市园林绿化管理部门管理的公共绿地、公园、城市道路用地范围内的古树名木，园林绿化专业养护单位为养护人”为依据，主张其养护责任范围限于“城市园林绿化管理部门管理的公共绿地、公园、城市道路用地范围内的古树名木”，但根据该办法第二十一条的完整内容分析，该条仅对于有明确用地范围内的古树名木确定养护人，并未规定城市园林绿化管理部门的养护范围仅限于“城市园林绿化管理部门管理的公共绿地、公园、城市道路用地范围内的古树名木”。对于上述规定之外的古树名木，城市人民政府城市园林绿化行政主管部门仍负有保护管理责任。另外，虽然某区园林局以下发的相关通知为依据主张 Q 街道或 D 社区为养护责任单位，但相关专项经费既未拨付到位，亦未与 Q 街道或 D 社区签订养护协议，以明确养护责任，对外尚不影响其法定的养护责任主体地位。综上，一审法院认定某区园林局为案涉古树的养护责任单位以及案涉围墙的管理单位，并无不当。

关于争议焦点二，某供电公司的案涉施工行为违反《福建省古树名木保护管理办法》第二十九条的规定，不仅具有违法性，而且属于对古树名木的生长造成损害的行为。某供电公司如认为其施工行为对古树名木的生长没有造成损害，应就此承担举证证明责任。某供电公司以东山#8 变电箱与案涉东山#11 变电箱的设计均按照相关规范进行，符合安全标准为由，主张其新建案涉东山#11 变电箱的施工行为没有安全隐患。从某供电公司没有在施工前制定古树名木保护方案，并报所在地县级人民政府古树名木主管部门备案的事实来看，其所称的施工安全仅指案涉工程自身的安全标准，不能说明对古树名木没有造成损害。某供电公司还以东山#8 变电箱工程竣工已 6 年未造成安全隐患为由，主张案涉东山#11 变电箱的施工同样没有安全隐患。但东山#11 变电箱在本案事故发生时尚未竣工，二者不具有可比性。一审法院根据某供电公司施工的箱变基础井的面积以及深度造成水土流失的高度可能性，结合案涉事故发生于暴雨天气、围墙倒塌后某供电公司施工的箱变基础井显露出来等事实，认定某供电公司的施工是围墙倒塌的原因之一，并无不当。某供电公司主张其施工行为与案涉围墙的倒塌之间并无因果关系，证据不足，本院依法不予采信。

关于争议焦点三，某供电公司违法施工，造成古树土壤破坏，在施工过程中，未对暴雨天气对土壤可能造成的影响制定预案或采取防护措施，未在围墙周围设立警戒线，而林某未经相关部门准许，擅自将围墙外的台阶及护坡平台挖除，使某供电公司的施工环境发生变化。二者相较，某供电公司的行为明显具有违法性，且作为专业的施工单位，其预见相关风险并采取相关防范措施的能力较强，故其过错较大。某区园林局对某供电公司、林某实施有损古树护墙的行为未及时发现并采取措施消除安全隐患，管理责任未履行到位，一审法院据此判定其承担相应的责任，并无不当。综上，本案损害后果的发生系多因一果，一审法院根据各责任主体的过错程度酌定各自的赔偿责任比例，裁量合理。

综上所述，某区园林局、某供电公司的上诉请求均不能成立，应予驳回；一审判决认定事实清楚，适用法律正确，应予维持。

福建省厦门市中级人民法院依照《中华人民共和国民事诉讼法》第一百七十条第一款第一项之规定，作出如下判决：

驳回上诉，维持原判。

【法官后语】

本案系由于古树护池围墙倒塌引发的建筑物和物件损害责任纠纷案，是在《中华人民共和国民法典》（以下简称《民法典》）施行后，适用《民法典》第一千二百五十二条的典型案例，本案中如何准确适用法律，如何在众多的被告中认定侵权责任主体，并由各个责任主体根据其对事故发生的不同作用力、过错程度承担相应的侵权责任具有借鉴作用。同时本案又是保护古树名木的典型案例，有针对性地适用了古树管理条例等相关法规。古树保护涉及生物多样性，应当充分考虑特别法的规定，本案结合了一般侵权和特殊法律适用的规定，既保障了受害人的权利，又督促主管部门加强了对古树名木的保护。

一、建筑物和物件损害责任的法律适用问题

《民法典》侵权责任编在第十章规定了建筑物和物件损害责任相关法条，在本章中涉及七种建筑物和物件损害的特殊责任承担形式。针对本案主要考量的是《民法典》第一千二百五十二条及第一千二百五十三条的适用问题。

首先，需要对于倒塌物的性质进行认定。构筑物通常不具备提供人类居住、工作生产或者物品储存的功能，如道路、桥梁、隧道、城墙、堤坝等。除此之外，一些难以直接认定属于建筑物、构筑物等设施本身的可以归入其他设施，为法官解释适用留下空间。[①] 本案中，一株200年树龄的古树，栽种于一个斜坡上，古树树池一侧距离地面约三四十公分，一侧距离地面约有四米，倒塌发生于距离地面高的这侧，在树池外侧有砖砌的台阶、护坡平台，护坡距离树池平面有两米多，除台阶及护坡外的树池外墙砌有瓷砖保护。倒塌物既是树池的一部分，又是一堵墙，虽难以直接认定为城墙等构筑物，但依立法本意，应可归入构筑物之列。

其次，法条之间的选择适用。《民法典》第一千二百五十三条物件脱落、坠落损害责任采过错推定原则，被侵权人只需证明自己遭受的损害系因建筑物、构筑物或者其他设施或者其搁置物、悬挂物发生脱落、坠落所造成的，即完成初步举证责任，由所有人、管理人或者使用人对自己没有过错承担举证责任，否则便应承担侵权责任。这可能是本案原告在起诉状中坚持主张涉案古树树池护墙脱落的原因之所在。脱落，是指建筑物、构筑物或者其他设施的组成部分从主体脱离。根据查明的事实，本案的护墙并非从主体结构脱离，而是墙体崩塌，崩塌下来的墙砖、土块砸伤原告，致使本案事故发生，多个被告在答辩意见中亦均提及。基于这一基础事实的查明，在法律适用上，排除《民法典》第一千二百五十三条的适用。

最后，同一法条不同条款的选择适用。《民法典》第一千二百五十二条第一款规定："建筑物、构筑物或者其他设施倒塌、塌陷造成他人损害的，由建设单位与施工单位承担连带责任，但是建设单位与施工单位能够证明不存在质量缺陷的除外。建设单位、施工单位赔偿后，有其他责任人的，有权向其他责任人追偿。"第二款规定："因所有人、管理人、使用人或者第三人的原因，建筑物、构筑物或者其他设施倒塌、塌陷造成他人损害的，由所有人、管理人、使用人或者第三人承担侵权责任。"第一款同样适用过错推定原则，由建设单位与施工单位承担举证责任，证明不存在质量缺陷可免责，可见此款重在规定

---

① 最高人民法院民法典贯彻实施工作领导小组主编：《中华人民共和国民法典侵权责任编理解与适用》，人民法院出版社2020年版，第682页。

建筑物等因质量缺陷而发生倒塌等的责任承担。而第二款则规定系因所有人、管理人、第三人等人为原因所致，则由侵权责任主体承担责任。本案经审理查明，系人为原因所致，故最终确定适用《民法典》第一千二百五十二条第二款之规定。

二、侵权责任主体的认定

依循上文法律条款，所有人、管理人、使用人或者第三人均可能是侵权责任主体。这是本案原告列举了七名被告的原因所在，原告无法明确侵权责任主体，而是采用一把抓的方式，将所有可能相关的主体均列为被告，这也增加了本案的审理难度，需从众多主体中，厘清最终的责任人。

（一）管理人的认定

本案中，各方当事人均未举证证明讼争构筑物的所有人，亦难以直接认定构筑物的管理人与使用人，但构筑物与古树的树池形成整体，用于保证古树的正常生长，系属古树的护墙，是古树的配套附属设施。古树的管理人应认定为构筑物的管理人。关于古树的管理人，各被告亦各执一词，纷纷主张己方非管理人。根据古树名木的相关规定及政府的相关职责分工，古树的行政主管部门即古树所属辖区的市政园林局应属古树的法定管理人。按规定，古树的保护应按株落实养护责任人并有专项经费保障，市政园林局作为行政主管部门，对外不能以下放管理职能而主张免责。可在承担相关管理责任后，依照内部行政职责分工，待进一步明确相关管理、养护责任后再自行协调相关部门进行处理。

（二）关于原因力规则的适用

侵权责任主体的认定与构筑物倒塌原因息息相关。

一方面，从倒塌的人为原因分析，主要存在某供电公司违法施工及林某破坏古树护墙边的台阶及护坡平台两部分因素，这是引发倒塌的积极作用力。根据古树保护相关规定，严禁在古树保护范围内进行施工，涉民生工程，仍需向相关市政园林主管部门报备并征得其同意，并制定古树名木保护方案，而某供电公司均未履行上述审批手续，明显存在较大过错。本案某供电公司承担责任更是表明在古树名木保护面前没有特权，涉民生保障工程并非法定免责事由，造成损害的仍应承担相应的法律责任。而林某在某供电公司施工未完工时，未经相关部门准许，擅自将围墙外的台阶及护坡平台挖除，使某供电公司的施工环境发生变化，共同造成围墙倒塌的后果，明显存在过错，亦应承担相应的侵权责任。

另一方面，从管理人的管理责任分析，古树名木的主管部门管理责任未履行到位，未及时发现并制止破坏古树的违法行为，亦是引发构筑物倒塌的消极作用力。虽然管理人未实施积极的侵权行为，但其法定责任未履行，消极不作为的行为亦是法律所规制的。从某种程度上而言，若管理人及时积极履行管理职责，既保护了古树的生长环境，同时更可能避免此次事故的发生，故管理人仍应承担相关的责任，这亦是给古树名木主管部门敲响警钟。

值得一提的是，判决生效后，法院向辖区市政园林局发送司法建议，督促其切实履行古树保护的管理责任，及时查处违法破坏古树名木的行为。区市政园林局积极组织调研，并书面反馈整改方案与下一步计划。本案起到良好的教育与导向作用，更加体现司法对生态保护的关切，赋能生态保护。

编写人：福建省厦门市集美区人民法院　詹雪霞

33

在公共道路上堆放、倾倒、遗撒妨碍通行的物品造成他人损害的责任划分

——蒋某诉甲建设公司等侵权责任案

【案件基本信息】

1. 裁判书字号

浙江省台州市中级人民法院（2023）浙 10 民终 2765 号民事判决书

2. 案由：侵权责任纠纷

3. 当事人

原告（被上诉人）：蒋某

被告（上诉人）：某财产保险公司

被告（被上诉人）：甲建设公司、某公路事务中心、乙建设公司、黄某1、黄某2

【基本案情】

被告甲建设公司与被告乙建设公司于2020年7月签订的《工程施工分包合同》约定，甲建设公司将H区农村饮用水达标提标（供水一体化）项目水利工程施工分包给乙建设公司施工。乙建设公司又将该工程分工区分包给多人施工。被告黄某1系P乡工区承包人。被告黄某2为被告黄某1向被告乙建设公司提供担保，约定对被告黄某1的所有行为承担连带责任。被告甲建设公司为该工程向被告某财产保险公司投保了建设工程一切险，约定对工程直接相关的意外事故引起工地内及邻近区域的第三者人身伤亡、疾病或财产损失，每次事故赔偿限额1100万元，其中人身伤亡每次事故限额100万元，财产损失每次事故绝对免赔额为5万元或者损失金额的10%（以高者为准），人身伤亡每次事故免赔额为2000元或者损失金额的10%（以高者为准）。2021年12月20日00时01分许，原告蒋某驾驶小型普通客车自南向北行驶至P乡某小学对出路段处时，因驾车时未查明前方路况，导致车辆撞上被告黄某1因施工而占用道路东侧路面堆放的沙堆后发生侧翻，造成原告蒋某受伤及车辆部分受损的道路交通事故。2022年1月30日，交警部门作出《道路交通事故认定书》认定：原告蒋某承担此次事故主要责任，被告甲建设公司作为施工单位承担此次事故次要责任。原告因事故导致左侧肘关节平面肱动脉断裂伴缺失、左侧肘关节周围皮肤软组织缺损等，住院治疗38天。2022年7月25日，A司法鉴定中心出具鉴定意见，评定蒋某一处六级残疾等级、一处七级残疾等级、一处十级残疾等级，评定误工期为180日，护理期为90日，营养期为90日，以上期限均包括住院时间在内。根据被告甲建设公司申请，本院委托B司法鉴定中心对原告蒋某的误工期、护理期、营养期以及医疗费合理性进行鉴定。2023年4月14日，该机构出具鉴定意见，评定蒋某误工期为180日，护理期为90日，营养期为90日，医疗费用中氯雷他定片14.98元与本次交通事故无关，其余医疗费基本合理。原告因事故造成的损失有以下几项：（1）医疗费：原告起诉主张95044.32元。被告某财产保险公司认为非医保部分5000元和伙食费1716元应扣除。本院认为，被告某财产保险公司以原告医疗支出超过基本医疗保险范围为由拒付保险金，不符合规定，本院不予采纳，但伙食费1716元和不合理费用14.98元应予剔除，因此，本院认定合理医药费为93313.52元。（2）住院伙食补助费：原告主张3800元，符合标准，本院予以认定。（3）护理费：原告主张17730元，本院根据标准计算，应为12608元（197元/天×38天+98.5元/天×52天），按此予以认定。（4）营养费：原告主张2700元，符合标准，本院予以认定。（5）残疾赔偿金：原告主张949963.95元，本院根据标准计算，应为937945.98元（71268元/年×20年×54%+44511元×14年×54%×50%），按此予以认定。（6）误工费：原告主张35460元，符合标准，本院予以认定。（7）交通费：原告主张1000元，基本合理，本院予以认定。（8）财产损失：原告主张车辆报废损失2000元，但未提供相应证据，本院不予认定。（9）鉴定费：原告主张1900元，基本合理，本院予以认定。上述一项至九项合计为1088727.5元。

【案件焦点】

在公共道路上堆放、倾倒、遗撒妨碍通行的物品造成他人损害的责任如何划分。

【法院裁判要旨】

浙江省台州市黄岩区人民法院经审理认为：《中华人民共和国民法典》第一千二百五十六条规定："在公共道路上堆放、倾倒、遗撒妨碍通行的物品造成他人损害的，由行为人承担侵权责任。公共道路管理人不能证明已经尽到清理、防护、警示等义务的，应当承担相应的责任。"原告蒋某驾车经过涉案路段，车辆撞上沙堆后发生侧翻，造成原告的人身伤害。涉案路段上出现的这一危险因素是被告黄某1在施工活动中违法占用公共道路堆放沙土造成。根据上述法律规定，被告黄某1应当对原告受到的损害承担侵权责任。被告乙建设公司将涉案水利工程项目分包给黄某1个人，对涉案路段的施工活动也未尽到管理责任，对于上述危险因素的出现和持续存在负有相应责任，也应对原告受到的损害承担侵权责任。被告方提出，交警部门认定原告负事故的主要责任，因此，原告对于其损失应自负大部分责任。本院认为，道路交通事故认定书系针对行为人在交通事故中存在的违法行为及责任大小作出，并不等同于侵权责任纠纷中的民事责任大小。就本案而言，被告黄某1、乙建设公司对于涉案路段上危险因素的存在负有全部责任，对于因此发生的事故具有主要过错，应当承担侵权责任，但原告未查明前方路况、未确保安全，自身也存在一定的过错，可以适当减轻侵权人的赔偿责任。因此，根据本案实际情况，对于原告的合理损失1088727.5元，本院酌情确定由被告黄某1赔偿50%即544363.75元，并赔偿原告精神抚慰金13500元；被告乙建设公司赔偿20%即217745.5元，并赔偿原告精神抚慰金5400元。被告甲建设公司将工程分包给被告乙建设公司，不存在过错，无须承担赔偿责任。但被告甲建设公司已为涉案工程投保了建设工程一切险，本案事故属于保险责任范围，故被告某财产保险公司应当根据保险合同约定对上述赔偿款项按照9%比例予以理赔。原告诉讼请求的合理部分，本院予以支持。被告某公路事务中心的职责范围是黄岩区农村公路的养护、服务工作，本案的危险因素系被告黄某1占用路面堆放沙土造成，并非公路本身存在因养护不当造成的缺陷。被告某公路事务中心对此并无过错，也非其管理范围，因此，原告要求其承担责任，缺乏依据，本院不予支持。被告黄某2系为被告黄某1向被告乙建设公司提供担保，与本案不属同一法律关系，原告要求其承担责任，不能成立，本院亦不予支持。

浙江省台州市黄岩区人民法院依照《中华人民共和国民法典》第一千一百六十五条、第一千一百七十三条、第一千一百七十九条、第一千一百八十三条、第一千二百五十六条，《最高人民法院关于审理人身损害赔偿案件适用法律若干问题的解释》（2020年12月23日最高人民法院审判委员会会议通过）第六条、第七条、第八条、第九条、第十条、第十一条、第十二条、第十七条，《最高人民法院关于适用〈中华人民共和国保险法〉若干问题的解释（三）》（2020年12月23日最高人民法院审判委员会会议通过）第十九条和《中华人民共和国民事诉讼法》第一百四十七条之规定，判决如下：

一、被告黄某1在判决生效后十日内赔偿给原告蒋某各项损失557863.75元，其中502077.38元由被告某财产保险公司直接赔付给原告。

二、被告乙建设公司在判决生效后十日内赔偿给原告蒋某各项损失223145.5元，其中200830.95元由被告某财产保险公司直接赔付给原告。

三、驳回原告蒋某的其他诉讼请求。

某财产保险公司不服一审判决，提起上诉。浙江省台州市中级人民法院依照《中华人民共和国民事诉讼法》第一百七十七条第一款第一项之规定，判决如下：

驳回上诉，维持原判。

【法官后语】

一、关于公共道路的认定

公共道路是指公共通行的道路。根据《中华人民共和国公路法》第二条第二款规定："本法所称公路，包括公路桥梁、公路隧道和公路渡口。"根据《中华人民共和国道路交通安全法》第一百一十九条的规定，道路，是指公路、城市道路和虽在单位管辖范围但允许社会机动车通行的地方，包括广场、公共停车场等用于公众通行的场所。《中华人民共和国民法典》第一千二百五十六条所说的公共道路包括但不限于《中华人民共和国公路法》中的公路以及《中华人民共和国道路交通安全法》中的道路。公共道路既包括通行机动车的道路，也包括人行道路。另外，广场、停车场等可供公共通行的场地、建筑区划内属于业主共有但允许不特定的公众通行的道路都属于公共道路。

二、关于堆放、倾倒、遗撒妨碍通行物的认定

《中华人民共和国民法典》第一千二百五十六条中规定的堆放、倾倒、遗撒妨碍通行物，是指在公共道路上堆放、倾倒、遗撒物品，影响他人对该公共道路正常、合理的使用。公共道路的使用关系到公众的利益，在道路上堆放、

倾倒、遗撒妨碍通行物，会对他人的安全造成不合理的危险。《中华人民共和国公路法》第四十六条规定，任何单位和个人不得在公路上及公路用地范围内摆摊设点、堆放物品、倾倒垃圾、设置障碍、挖沟引水、利用公路边沟排放污物或者进行其他损坏、污染公路和影响公路畅通的活动。《中华人民共和国道路交通安全法》第四十八条中规定，机动车载物的长、宽、高不得违反装载要求，不得遗洒、飘散载运物。在公共道路上堆放、倾倒、遗撒妨碍通行物，既可以是堆放、倾倒、遗撒固体物，如在公共道路上非法设置路障、晾晒粮食、倾倒垃圾等；也可以是倾倒液体、排放气体，如运油车将石油泄漏到公路上、非法向道路排水、热力井向道路散发出大量蒸汽。被侵权人被堆放、倾倒、遗撒的妨碍通行物损害有多种情形。例如，行人在公共道路上被妨碍通行物绊倒、滑倒；司机被公共道路上非法堆放的物体遮挡视线，驾驶机动车撞到路旁的建筑物上、发生交通事故，等等。

三、关于堆放、倾倒、遗撒妨碍通行物致人损害责任的认定

在公共道路上堆放、倾倒、遗撒妨碍通行的物品的主体大致可分为两类：一类是具体实施该行为的侵权人。任何人都应当遵守道路管理规则，避免在道路上堆放、倾倒、遗妨碍通行物，在公共道路上堆放、倾倒、遗撒妨碍通行物造成他人损害的，应当由行为人承担责任。另一类是对公共道路具有养护、管理职责的主体。公共道路涉及公共安全，公共道路管理人对道路的管理职责中当然就包括法定的防止因第三人的堆放、倾倒、遗撒等行为造成他人损害的义务。为了保障公共道路具有良好的使用状态，公共道路的管理、维护者要及时发现道路上出现的妨碍通行的情况并采取清理、防护、警示等合理的措施。如果没有尽到这种义务，应在未尽到职责的范围内承担相应的侵权责任。《最高人民法院关于审理道路交通事故损害赔偿案件适用法律若干问题的解释》第十条规定："因在道路上堆放、倾倒、遗撒物品等妨碍通行的行为，导致交通事故造成损害，当事人请求行为人承担赔偿责任的，人民法院应予支持。道路管理者不能证明已按照法律、法规、规章、国家标准、行业标准或者地方标准尽到清理、防护、警示等义务的，应当承担相应的赔偿责任。"因此，本条在

《中华人民共和国侵权责任法》第八十九条的基础上，区分了直接侵权人和公共道路管理人两种情况，作了进一步的细分和完善，公共道路管理人承担的是过错推定责任。

四、本案中关于损害责任的认定

原告蒋某驾车经过涉案路段，车辆撞上沙堆后发生侧翻，造成原告的人身伤害。涉案路段上出现的这一危险因素是被告黄某 1 在施工活动中违法占用公共道路堆放沙土造成。根据《中华人民共和国民法典》第一千二百五十六条的规定，被告黄某 1 应当对原告受到的损害承担侵权责任。被告乙建设公司将涉案水利工程项目分包给黄某 1 个人，对涉案路段的施工活动也未尽到管理责任，对于上述危险因素的出现和持续存在负有相应责任，也应对原告受到的损害承担侵权责任。被告黄某 1、乙建设公司对于涉案路段上危险因素的存在负有全部责任，对于因此发生的事故具有主要过错，应当承担侵权责任，但原告未查明前方路况、未确保安全，自身也存在一定的过错，可以适当减轻侵权人的赔偿责任。

编写人：浙江省台州市黄岩区人民法院　牟宇立

34

车辆违规停放被坠物砸中的责任承担

——刘某诉周某、某物业公司侵权责任案

【案件基本信息】

1. 裁判书字号

广东省深圳市中级人民法院（2023）粤 03 民终 13165 号民事判决书

2. 案由：侵权责任纠纷

3. 当事人

原告（被上诉人）：刘某

被告（上诉人）：周某

被告（被上诉人）：某物业公司

【基本案情】

2022年6月15日，原告刘某的车辆进入某物业公司管理的某小区，车辆停放在某展厅门口旁，此处非停车区域。后，于2022年6月16日上午10时许驶离。被告周某家中客厅窗户玻璃于2022年6月16日凌晨4时许发生自爆，玻璃掉落至楼下，并掉落至刘某车辆顶部及四周。刘某于2022年7月将车辆送修，共产生维修费11万余元。刘某诉请周某、某物业公司承担车辆维修费11万余元、车辆折旧费14万余元、律师费等。

【案件焦点】

刘某违规停放车辆，车辆被高空坠落的玻璃砸中导致损坏，应由谁对刘某的车辆损失承担赔偿责任。

【法院裁判要旨】

广东省深圳市福田区人民法院经审理认为：本案根据公安机关的询问笔录、监控视频、照片等相关证据，足以证明原告刘某车辆受损系因被告周某家中玻璃自爆导致。被告周某作为房屋业主，对其房屋窗户玻璃具有控制权、管理权，应当尽到对房屋窗户玻璃日常管理、维护的义务。现因周某家中玻璃自爆导致刘某车辆受损，周某应当对此承担侵权责任。被告某物业公司作为小区管理方，已尽到物业管理人的提示义务。若每次玻璃发生自爆产生事故都要求某物业公司承担相应赔偿责任，显然有失公平。刘某将案涉车辆停放在非停车区域，该行为本身虽具有过错，但刘某违规停车的行为与本案侵权事实的发生本质上并不具有法律上的因果关系，不能因此而减轻周某应承担的侵权责任。对刘某诉请的车辆维修费115748元应予支持，对车辆折旧费144000元不予支持，对律师费 1 万元予以支持。综上，周某应承担刘某车辆受损的全部责任。

广东省深圳市福田区人民法院依照《中华人民共和国民法典》第一千一百六十五条、第一千一百八十四条、第一千二百五十三条，《最高人民法院关于适用〈中华人民共和国民法典〉时间效力的若干规定》第一条，《中华人民共和国民事诉讼法》第六十七条、第一百四十五条之规定，判决如下：

一、被告周某应于判决生效之日起十日内赔偿原告刘某损失 125748 元；

二、驳回原告刘某的其他诉讼请求。

周某不服一审判决，提起上诉。广东省深圳市中级人民法院经审理认为：刘某提交的报警记录、小区管理处出具的《证明》以及多名案外人在公安机关所作询问笔录相互印证，能够形成较为完整的证据链，证明周某家中阳台玻璃于 2022 年 6 月 16 日发生自爆，玻璃碎片散落在客厅和外阳台，并掉落至楼下地面，导致刘某车辆受损。一审认定刘某车辆受损与周某家中玻璃自爆存在因果关系，证据充分。根据《中华人民共和国民法典》第一千二百五十三条的规定，周某应对刘某车辆受损承担侵权赔偿责任。关于某物业公司应否承担赔偿责任。某物业公司作为小区的管理人，已采取向小区业主发送玻璃贴膜温馨提示的方式提醒业主注意家中玻璃安全，一审基于玻璃属业主专有，不具备公共属性，认定某物业公司已尽到警示、提醒业务，并无不当。关于刘某违规停放车辆应否承担责任。事发当时，刘某的车辆停放在非停车区域，其自身确实存在一定过错，但周某家中玻璃自爆是产生本案事故的根本原因，刘某违规停车难以与本案侵权事故建立因果关系，故一审未认定刘某承担部分责任，并无不当。

广东省深圳市中级人民法院依照《中华人民共和国民事诉讼法》第一百七十七条第一款第一项之规定，判决如下：

驳回上诉，维持原判。

【法官后语】

在住宅小区内发生的高空坠物事件，往往会因责任主体的确定产生争议。事故的发生能否确定实际侵权人；若能够确定实际侵权人，物业管理公司以及受害人自身对事故的发生是否存在过错，是否应承担相应责任，又是办理难点。本案即为被侵权人违规停车，车辆被坠落的玻璃砸坏的案件，如何认定责任主体，是本案关键所在。

一、物件脱落、坠落损害责任案件一般采用过错推定责任原则

对于有明确的所有人、管理人或者使用人的高空坠物，根据《中华人民共和国民法典》第一千二百五十三条的规定，受害人只需证明自己遭受的损害来源于高空设施或物品发生脱落、坠落所导致，即已完成初步举证责任，由所有人、管理人或者使用人对自己没有过错承担举证责任，否则应承担侵权责任。在归责原则上，适用过错推定责任原则，即在所有人、管理人或者使用人不能证明自己没有过错的情况下，推定其对高空设施存在管理瑕疵责任。

对于不明抛掷物、坠落物致害责任，根据《中华人民共和国民法典》第一千二百五十四条的规定，适用公平责任原则，此为一种特殊的责任分担机制，与本案情形不同，不在本文讨论之内。

二、物件脱落、坠落侵权责任主体的认定

物件脱落、坠落损害责任案件作为侵权案件的一种，其责任构成要件与侵权责任相同，分为侵权行为、损害后果、主观过错、因果关系四大要件。其侵权责任主体包括两类：一是具体侵权人，即致害物品的所有人或者使用人，使用人是指因租赁、借用或者其他情形使用建筑物等设施的人；二是未尽安全保障义务的物业服务企业等物业管理人。具体侵权人承担侵权赔偿责任，在司法实践中不存在争议，难点在于对物业管理人是否承担侵权责任的判断。

判断物业管理人是否承担侵权责任的要件包括：其一，关于侵权行为。物业管理人的侵权行为一般系消极的不作为行为，即未尽安全保障义务的行为。但此必须结合其义务范围进行判断，若致害物件属业主私人物品，不具有建筑物的公共属性，则不能对物业管理人课以更高的安全保障义务，一般应认定为具体侵权人承担全部责任，难以认定为物业管理人未尽安全保障义务。其二，关于主观过错。根据《物业管理条例》第三十五条、《最高人民法院关于依法妥善审理高空抛物、坠物案件的意见》第十二条的规定，物业管理人负有采取

必要的安全措施的义务，没有达到该义务要求的注意程度即为有过错。其三，关于损害后果。损害后果包括人身侵害和财产损失。其四，关于因果关系。因为消极的不作为情形是物业管理人侵权行为的主要表现形式，由此判断因果关系通常是考察防止侵害发生的盖然性，如果物业管理人采取必要的安全保障措施能够防止损害后果的发生，则认为其消极的不作为行为是损害后果产生的原因，二者具有因果关系。

本案中，业主周某家中阳台玻璃发生自爆，周某系具体侵权人，其未举证证实对玻璃自爆不存在过错，应承担侵权责任。对物业管理人，因业主阳台玻璃属业主专有，不具备公共属性，难以认定为物业管理人的安全保障义务范围，尤其是物业管理人已采取向小区业主发送玻璃贴膜温馨提示的方式提醒业主注意家中玻璃安全的情况下，应认定某物业公司已尽到警示、提醒业务，因此不应由某物业公司承担赔偿责任。

三、受害人是否应自行承担部分责任

本案受害人的车辆未停放在指定车位上，受害人对损害后果的发生是否存在过错，是本案另一争议问题。

根据《中华人民共和国民法典》第一千一百七十三条的规定："被侵权人对同一损害的发生或者扩大有过错的，可以减轻侵权人的责任。"也即受害人对损害的发生有过错的，才应自行承担部分责任。而对于高空坠物致车辆受损案件，受害人车辆的停放位置与物件坠落致损不存在必然联系，也对高空坠物这一侵权行为的发生不具有原因力。受害人违规停放车辆至多属于触犯交通法规，其过错仅存在于因违规停放导致的受损责任中，如因违规停放导致车辆被擦碰，则可以认定受害人对擦碰事故存在过错，从而自行承担部分责任。但对于高空坠物致损案件，车辆致损的原因在于高空坠物，车辆致损与高空坠物之间存在因果关系，与车辆违规停放则不存在法律意义上的因果关系，不能因此要求受害人自行承担部分责任。正如行人行走过程中被高空坠物砸伤，不能以行人此时通过此地而认定行人有过错。本案中，车主刘某将车辆停放在楼下空地，虽不属于划定的车位，但周某家中玻璃自爆是产生本案事故的根本原因，刘某违规停车难以与本案侵权事故建立因果关系，故法院认定车主刘某无须承担责任。

编写人：广东省深圳市中级人民法院　李静

35

构筑物倒塌侵权案件责任比例的划分

——许某诉沈某、黄某侵权责任案

【案件基本信息】

1. 裁判书字号

浙江省台州市中级人民法院（2023）浙10民终2073号民事判决书

2. 案由：侵权责任纠纷

3. 当事人

原告（被上诉人）：许某

被告（上诉人）：沈某

被告（被上诉人）：黄某

【基本案情】

原告许某和案外人周某育有两子一女，即长子周某1、次子周某2、小女儿周某3。周某于2013年6月20日亡故。周某2未结婚，亦无子女。周某2与被告黄某系亲戚关系。

被告黄某长期租用被告沈某的案涉楼房。该楼房系毛坯房，且未构筑各层阳台围栏。被告黄某租用该楼房后，构筑了各层阳台围栏，其中五楼阳台围栏系用三层泡沫砖垒放构筑。周某2居住于该房屋五楼。

2023年2月28日22时10分许，周某2从该房屋五楼坠落在地，当场死亡。现场五楼阳台围栏断裂，部分泡沫砖亦坠落在地。

因周某 2 死亡，原告遭受的经济损失有以下两项：一是死亡赔偿金：原告主张 1580068 元（71268 元/年×20 年+42193 元/年×11 年÷3 人），基本合理，该院予以确认。二是丧葬费：原告主张 64412.5 元，符合标准，该院予以确认。上述两项合计为 1644480.5 元。

【案件焦点】

沈某是否承担侵权责任。

【法院裁判要旨】

浙江省台州市黄岩区人民法院经审理认为：《中华人民共和国民法典》第一千二百五十二条规定："建筑物、构筑物或者其他设施倒塌、塌陷造成他人损害的，由建设单位与施工单位承担连带责任，但是建设单位与施工单位能够证明不存在质量缺陷的除外……"被告黄某租赁涉案楼房后在各层阳台构筑围栏，因此，被告黄某系各层围栏构筑物的施工单位。而被告沈某作为房主，为上述构筑物的最终产权人，因此，其系构筑物的建设单位。周某 2 从涉案房屋五楼坠落身亡，而五楼阳台围栏出现断裂，部分泡沫砖亦坠落在地，因此，本案属于构筑物倒塌致人损害的情形，适用过错推定的归责原则。被告黄某、沈某并未提供充分证据证明五楼围栏不存在质量缺陷，因此，依法应对损害结果承担连带责任。但就导致损害结果的原因力而言，被告黄某作为直接的施工单位，其行为系损害发生的主要原因。被告沈某出租的房屋未构筑阳台围栏，存在安全隐患，租赁给被告黄某后，对于构筑围栏的活动亦未进行监督管理，其过错系损害发生的次要原因。周某 2 与泡沫砖同时坠落，显然，围栏倒塌时，周某 2 的身体与围栏处于接触状态，对围栏施加了一定的作用力。周某 2 作为泥水工匠，应当知晓用泡沫砖构筑的围栏不够牢固，因此，其对围栏施力，存在主观上的过错。周某 2 的这一过错，也是损害发生的次要原因。据此，本院酌情确定由被告黄某赔偿原告经济损失 822240.25 元及精神抚慰金 25000 元，被告沈某赔偿原告 411120.13 元及精神抚慰金 12500 元，二被告互负连带责任。

原告诉讼请求的合理部分，本院予以支持。

浙江省台州市黄岩区人民法院依照《中华人民共和国民法典》第一千一百六十五条第二款、第一千一百七十三条、第一千一百七十九条、第一千一百八十一条、第一千一百八十三条第一款、第一千二百五十二条第一款和《最高人民法院关于审理人身损害赔偿案件适用法律若干问题的解释》第十四条、第十五条、第十六条、第十七条之规定，判决如下：

一、被告黄某在判决生效后十日内赔偿给原告许某 847240. 25 元；

二、被告沈某在判决生效后十日内付给原告许某 423620. 13 元；

三、被告黄某、沈某互负连带责任；

四、驳回原告许某的其他诉讼请求。

沈某不服一审判决，提出上诉，浙江省台州市中级人民法院经审理认为：本案的争议焦点是上诉人是否承担侵权责任。《中华人民共和国民法典》第一千二百五十二条第二款规定，因所有人、管理人、使用人或者第三人的原因，建筑物、构筑物或者其他设施倒塌、塌陷造成他人损害的，由所有人、管理人、使用人或者第三人承担侵权责任。本案中，沈某和黄某未提供充分的证据证明周某 2 存在故意外力撞击阳台围栏导致坠楼的情形，也不能举证证明五楼阳台围栏在案发事故发生时符合质量安全要求，故沈某作为房屋的所有人，黄某作为承租人，对于因阳台围栏倒塌造成的损害，均应承担责任。且本案中，作为出租人的沈某存在过错。出租人应当提供符合安全使用要求的租赁物，沈某将未构筑阳台围栏的房屋用于出租，本就存在过错；在租赁期间，出租人仍有义务对租赁物进行检查、维修，对黄某构筑阳台围栏的行为及该围栏的后续使用情况均应进行监督、管理和维护，确保阳台围栏符合安全使用要求。沈某当庭陈述其出租房屋后从未对房屋进行过检查，亦存在过错。综上，沈某应当承担侵权责任。《中华人民共和国民法典》第一千二百五十二条第一款适用的是构筑物因施工阶段的质量缺陷而发生倒塌、塌陷的情形，本案中没有证据证明阳台围栏在施工时就存在质量缺陷，且黄某也不具备施工单位资质，因此本案不应当适用《中华人民共和国民法典》第一千二百五十二条第一款的规定，一审法院依据该款要求沈某和黄某承担连带责任不当，本院依法予以纠正。

综上所述，沈某的上诉请求部分成立，予以支持；一审判决认定事实清楚，但适用法律错误，本院依法予以纠正。

浙江省台州市中级人民法院依照《中华人民共和国民事诉讼法》第一百七十七条第一款第二项规定，判决如下：

一、维持台州市黄岩区人民法院（2023）浙 1003 民初 1669 号民事判决第一项、第二项；

二、撤销台州市黄岩区人民法院（2023）浙 1003 民初 1669 号民事判决第三项、第四项；

三、驳回被上诉人许某的其他诉讼请求。

【法官后语】

一、构筑物倒塌侵权案件中过错推定责任的适用原则

过错推定责任，是指在法律有特别规定的情形下，从损害事实本身推定加害人有过错，并据此确定造成他人损害的行为人具有可归责性，从而应当承担侵权责任的归责原则类型。过错推定责任不是一项独立的归责原则，其归责事由仍属主观归责，即以过错作为责任归属的依据；但该过错无须由原告举证证明，而是按照法律的特别规定，直接依据损害事实本身推定。因此，从价值判断上看，过错推定属于过错责任原则的特殊类型；而从法律效果上看，多数情形下此项推定难以被推翻，故其效果接近于无过错责任。理论上认为过错推定责任是介于过错责任原则和无过错责任原则之间的中间责任。

过错推定即在法律有特别规定的情形，直接根据损害事实本身推定加害人有过错，行为人须对其没有过错承担举证责任，如不能举证或者举证不足以证明其没有过错，行为人就应当承担侵权责任。过错推定没有改变过错责任原则的主观归责事由，责任构成要件也与一般侵权的责任构成要件一致，因此，其在价值体系上仍属过错责任原则的范畴。《中华人民共和国民法典》（以下简称《民法典》）将其置于第一千一百六十五条规定的第二款，作为第一款过错责任原则的附从条款，亦证明了此一法律价值取向。

过错推定责任尽管在价值体系上归属于过错责任原则，但在规则体系上还是存在重大区别。

第一，调整范围不同。过错责任原则的调整范围为一般侵权责任；而过错推定责任的调整范围为广义的特殊侵权责任，如《民法典》第一千二百条（限制民事行为能力人在学校或者其他教育机构学习、生活期间受到人身损害，学校或者其他教育机构未尽到教育、管理职责的）、第一千二百四十八条（动物园的动物致人损害，动物园未尽到管理职责的）、第一千二百五十三条（建筑物、构筑物等致人损害，所有人、管理人或者使用人不能证明自己没有过错的）、第一千二百五十五条（堆放物倒塌、滚落或者滑落造成他人损害，堆放人不能证明自己没有过错的）、第一千二百五十八条（在公共场所或者道路上挖掘、修缮安装地下设施等造成他人损害，施工人不能证明已经设置明显标志和采取安全措施的）等。

第二，举证责任不同。适用过错责任原则的一般侵权责任，按照“谁主张，谁举证”的举证责任分配规则，由原告对被告具有主观过错承担举证责任；而在过错推定责任中，实行举证责任倒置，被告的过错根据法律规定依据损害事实直接推定，原告无须举证，而由被告对其主观上没有过错承担举证责任。

第三，责任形态不同。适用过错责任原则的一般侵权责任其责任形态为自己责任、直接责任；而适用过错推定的特殊侵权责任其责任形态则较为复杂，通常表现为控制、管理、支配、占有者的间接责任，如补充责任、替代责任等。

《民法典》第一千一百六十五条第二款规定的过错推定责任揭示了侵权责任法中归责原则适用中的特殊类型，但其本身不具有请求权基础规范的功能，不能作为被侵权人行使侵权责任请求权的基础规范。被侵权人行使请求权，仍须以特定侵权类型的具体规范作为依据。其第一千二百五十二条规定，建筑物、构筑物等倒塌、塌陷造成他人损害的，由建设单位与施工单位承担连带责任。但建设单位与施工单位能够证明不存在质量缺陷的除外。该条规定系建筑物倒塌等情形的过错推定责任。基于倒塌的事实法律规定直接推定建设单位、施工单位有过错。建设单位、施工单位举证证明建筑物、构筑物不存在质量缺陷，即证明没有过错的，不承担责任。于此情形，须援引《民法典》第一千二百五十二条作为请求权基础。

二、本案采用过错推定的判断

《民法典》第一千二百五十二条规定，“建筑物、构筑物或者其他设施倒塌、塌陷造成他人损害的，由建设单位与施工单位承担连带责任，但是建设单位与施工单位能够证明不存在质量缺陷的除外……”被告黄某租赁涉案楼房后在各层阳台构筑围栏，因此，被告黄某系各层围栏构筑物的施工单位。而被告沈某作为房主，为上述构筑物的最终产权人，因此，其系构筑物的建设单位。周某2从涉案房屋五楼坠落身亡，而五楼阳台围栏出现断裂，部分泡沫砖亦坠落在地，因此，本案属于构筑物倒塌致人损害的情形，适用过错推定的归责原则。被告黄某、沈某并未提供充分证据证明五楼围栏不存在质量缺陷，因此，依法应对损害结果承担连带责任。但就导致损害结果的原因力而言，被告黄某作为直接施工单位，其行为系损害发生的主要原因。被告沈某出租的房屋未构筑阳台围栏，存在安全隐患，租赁给被告黄某后，对于构筑围栏的活动亦未进行监督管理，其过错系损害发生的次要原因。

三、构筑物倒塌侵权案件中过错推定责任的适用原则

《民法典》第一千一百七十三条规定的是“与有过错规则”，又称为“过错相抵规则”。该规则首见于原《中华人民共和国民法通则》，后被原《中华人民共和国侵权责任法》吸收，旨在规定在侵权赔偿中可以基于被侵权人的过错而减轻侵权人的责任，但被侵权人的过错仅限于对损害发生的过错。《民法典》第一千一百七十三条将原《中华人民共和国侵权责任法》第二十六条的规定增补修改为“损害的发生或者扩大”，增加了被侵权人防止损害扩大的义务，体现了责任承担上的利益平衡。这一修改主要是考虑到实践中存在被侵权人或其家属为索取较高的侵权赔偿金而放任或者故意造成损害结果扩大，以期加重侵权人的责任的情形。同时《民法典》第一千一百七十三条新增的“同一损害”，以立法形式明确限定被侵权人的过错是对侵权人所造成的同一损害的加重或扩

大，该规定具有积极的现实意义，主要是针对分别侵权行为而言，分别侵权如果造成同一损害，被侵权人的过错可减轻行为人各自的责任；如果造成不同损害，则根据损害部位和程度可减轻相应行为人的责任。

四、与有过错原则在本案中的适用

《民法典》第一千一百七十三条规定："被侵权人对同一损害的发生或者扩大有过错的，可以减轻侵权人的责任。"周某2与泡沫砖同时坠落，显然，围栏倒塌时，周某2的身体与围栏处于接触状态，对围栏施加了一定的作用力。周某2作为泥水工匠，应当知晓用泡沫砖构筑的围栏不够牢固，因此，其对围栏施力，存在主观上的过错。周某2的这一过错，也是损害发生的次要原因。

编写人：浙江省台州市黄岩区人民法院　王颖清

36

高层住宅公共排水管道溢水致损责任认定

——谢某1诉某物业公司、某置业公司财产损害赔偿案

【案件基本信息】

1. 裁判书字号

江苏省南京市中级人民法院（2023）苏01民终13784号民事判决书

2. 案由：财产损害赔偿纠纷

3. 当事人

原告（上诉人）：谢某1

被告（被上诉人）：某物业公司、某置业公司

【基本案情】

2011年5月11日，谢某1与某置业公司签订《商品房预售合同》一份，

约定谢某1向某置业公司购买案涉房屋。住宅质量保修说明载明管道堵塞保修期限2个月，电气管线、给排水管道、设备安装保修期限2年。2013年10月21日，谢某1办理了案涉房屋的房屋所有权登记。某物业公司系该小区物业服务公司。

2022年8月30日，谢某1从网格员处得知案涉房屋漫水，遂赶至房屋查看并报警。某派出所民警到达案涉房屋，报警人谢某1称自己家不知道什么原因被水淹了，经民警现场了解物业负责人谢某2称是因为开发商设计有问题，两户用一个下水管道。民警现场告知物业负责人要尽快解决此事，并告知报警人保留证据可以走法律程序。事发照片显示，案涉房屋厨房下水管道反水，且污水已从厨房漫至客厅、卧室、阳台等处，造成谢某1家中装修及物品受损。后，谢某1与某物业公司、某置业公司因反水原因及赔偿等问题产生争议，遂诉至本院。

关于装修及物品损失，谢某1提供了其自行委托的南京金众装饰工程有限公司出具的《装饰报价表》，证明其装修及物品损失为102667元，但无法提供相关装修材料、家具的购买凭证等，且某物业公司、某置业公司对该金额均不予认可。

案件审理过程中，谢某1就反水原因及造成的损失数额申请了司法鉴定，本院先后委托某评估公司、某工程公司进行鉴定评估，两家鉴定公司以不具备鉴定条件、谢某1无法提供待估财产的关键数据资料（商品名称、规格型号、购买凭证等）分别于2023年2月2日、3月22日退案，未能评估。

2023年5月11日，本院组织双方当事人至案涉房屋进行了现场勘验，谢某1在勘验中陈述案涉房屋分别在2013年和2020年装修，第二次装修仅更换了墙纸和木地板。勘验后，某物业公司于2023年5月29日自行委托某公估公司评估财产损失，该公司出具的《评估报告》载明评估损失为17378.3元；某置业公司于2023年7月11日出具《说明》，载明其自行估价认为损失为37800元，但谢某1对上述金额均不予认可。

庭审中，谢某1陈述其本人在同小区其他房屋内居住，案涉房屋一直处于空置状态，事发后其要求某物业公司查看管道堵塞原因，但某物业公司不予配合。某物业公司当庭也陈述“管道应该没有打开看过”。

【案件焦点】

房地产开发商及物业公司是否应承担损害赔偿责任。

【法院裁判要旨】

江苏省南京市六合区人民法院经审理认为：业主对建设单位、物业服务企业或者其他管理人以及其他业主侵害自己合法权益的行为，有权请求其承担民事责任。通过谢某1提交的事发现场照片、各方当事人的陈述，可以证实2022年8月30日案涉房屋厨房下水管道发生反水进而导致房屋被淹的事实存在。关于某物业公司的责任，因发生反水的厨房下水管道属于共用管道，某物业公司对于该管道有相应的清理、疏通的管理责任，现因共用管道反水致房屋受损，其虽提交了相应的疏通记录，但不足以证明其已全面履行案涉房屋所在公共下水管道的清理、疏通义务，故其对于案涉房屋因管道反水造成的损失应承担相应责任。谢某1作为案涉房屋的所有权人，其对于房屋负有妥善管理的职责，而在事发前房屋一直处于空置状态，因其对于房屋的疏于管理，未能及时发现家中出现反水情况并予以处置，一定程度上导致了损失的扩大，故其亦应自担部分责任。关于某置业公司的责任，因案涉房屋已验收并交付十余年，现谢某1主张管道设计有问题而要求某置业公司承担相应责任，但其未能提供相应证据予以证实，本院不予支持。谢某1主张装修及物品损失102667元，其提供的报价表不足以证明其损失金额，但鉴于该财产损失客观存在，本院根据事发时照片及现场勘验反映的损失情况，结合一般市场价格、各方过错程度等因素，酌定某物业公司赔偿谢某1装修及物品损失2万元。关于房屋的空置损失、误工费、交通费、律师费，因上述费用并非反水导致的直接损失，且缺乏相应的证据或法律依据，本院均不予支持。

江苏省南京市六合区人民法院判决如下：

一、某物业公司于判决生效之日起十日内赔偿谢某1损失2万元；

二、驳回谢某1的其他诉讼请求。

谢某1不服一审判决，提起上诉。江苏省南京市中级人民法院依照《中华人民共和国民事诉讼法》第一百七十七条第一款第一项之规定，判决如下：

驳回上诉，维持原判。

【法官后语】

现代侵权法鲜明地体现了以人为本的特征，体现了对人的关爱，这也促使了侵权法的救济功能要不断地强化。侵权法已从过去主要“强调对过错行为的制裁”转向现在着重“强化对受害人的保护”①。现代社会是一个风险社会，风险无处不在，又难以预防，当风险发生之后，我们首先需要解决的并非对侵权人如何惩罚，而是如何对不幸的受害人进行救济。当前社会，侵权法与刑法的一个重要区别就是刑法是制裁法，更多地体现着惩罚性，而侵权法主要是救济法，要强化对受害人的救济。基于建筑物区分所有权人的基本生活形态，公共排水管道相对封闭运行系统存在堵塞风险，该风险基于共有人的不当使用行为导致，进而导致财产损害发生，如因难以查清具体的异物来源就对受害人的损失不予救济，显然对受害人是不公平的。

笔者认为，该类案件可以参照损失分担理论，损失分担理论是指当不幸的损害发生的时候，法官所要考虑的并非过错问题，而是应考虑如何对不幸的受害人进行救济，如何在原、被告之间进行公平合理地分配或者分担损失，抑或哪一方完全、部分分担损失更公平合理，此时并非主要考虑过错问题，而是哪方分担更多的损失更公平合理。同时，由可能加害的业主承担补偿责任有利于损害预防，按照损害预防的理论，在确立侵权责任的时候，应当把责任放在距离损失发生原因最近的一方身上，只有这样才能有效地督促责任人采取措施来预防未来可能发生的损害或者预防未来发生类似的损害，显然同单元共同使用排水管道的业主更接近损害发生的原因。

异物来源难以确定时，排除堵塞之前一定期间未入住的业主，应将受损业

① 王利明：《侵权行为法研究》上卷，中国人民大学出版社2004年版，第304页。

主楼上同单元所有业主视为一种风险共同体，基于公平理念以及风险共担原则，由上述业主对此类案件的受害人进行救济，由实际共用同一排水管道的所有业主分担损失，但这并不意味着受害人会被免除基本的举证责任。

《中华人民共和国民法典》第一千一百六十五条第二款及第一千一百六十六条分别规定了过错推定原则和无过错责任原则，根据上述法律规定，过错推定原则与无过错责任均需要在法律特别规定的情形下才能适用，公共排水管道堵塞致损案件显然未有法律明文规定可以适用过错推定原则或无过错责任原则，故该类案件为一般侵权行为，需要受损业主举证证明同单元楼上业主存在侵权行为。

《最高人民法院关于适用〈中华人民共和国民事诉讼法〉的解释》第一百零八条第一款、第二款规定，对负有举证证明责任的当事人提供的证据，人民法院经审查并结合相关事实，确信待证事实的存在具有高度可能性的，应当认定该事实存在。对一方当事人为反驳负有举证证明责任的当事人所主张事实而提供的证据，人民法院经审查并结合相关事实，认为待证事实真伪不明的，应当认定该事实不存在。结合当前的司法审判实践，导致公共排水管道堵塞的异物主要是两类：一是装修废弃物，如水泥、黄沙等；二是生活异物，如抹布、清洁球、塑胶鞋刷等。

对第一类装修废弃物堵塞致损，受损业主需要举证证明公共管道堵塞之前哪家或哪几家业主在装修，结合水泥凝固周期，受损业主应举证证明该期间存在装修施工的业主，哪怕该段时间存在数家符合条件的业主，笔者认为根据受损业主提供的证据，其已将相应可能的侵权方范围缩小，法院应根据当事人提供的证据，并结合该期间装修业主的证据和抗辩意见，认定相关业主对侵权事实是否具有高度可能性，进而判决其是否承担责任。即便侵权行为并非业主自身行为，法院判决其承担责任之后其可以另案向装修施工者追偿损失。

对第二类生活异物排放堵塞致损，由于该类异物来源非常广泛，排查该类异物的具体来源相对更为困难，除非堵塞的异物中存在侵权方的某些特定信息或存在某些特殊之处，如堵塞的异物中存在某业主的快递身份信息、专属于某户用品等利于缩小排查范围的线索，以证实相关业主存在侵权的高度可能性，否则基本上难以查清异物的具体排放源。因该类堵塞物导致公共排水管道堵塞，受损业主可根据物业和电力公司、自来水公司提供的证据，举证证明排水管道堵塞之前入住业主，尽可能缩小排查范围。笔者认为，对此类案件，受损方取证难度较大，为查明案件事实，人民法院主动应调查收集证据，尽可能缩小异物排放来源范围。若穷尽措施无法缩小异物来源范围，造成损失的原因无法查清，应尽可能合理在原、被告之间公平合理分配或者分担损失。若受损业主因过错未及时发现损失或导致证据灭失，则应依其过错程度，减轻或者免除该风险共同体其余成员应分担的损失份额，判决受损方负担主要责任或驳回其诉请亦不违背风险控制理论。

需要指出的是，因公共排水管道堵塞位置不同，承担责任的业主范围不尽相同，受损业主同单元楼上业主，因对堵塞位置之上的排水管道的使用行为可能引发风险，故存在参与损害分担的可能；反之，受损业主同单元楼下的业主因不存在引发风险的可能，则无须参与损害的分担。在明确此类案件由风险共同体的全体成员来分担受害人的损失后，需要进一步明确的是如何分担损失的问题。如受害业主属于该风险共同体的成员之一，对于该风险共同体而言，每个排水管道的使用人都有可能引发风险，成员之间进行损害分担无须考虑其各自过错，也难以依据使用频率、程度的不同而区分各自分担的比例。因此，应由该风险共同体的全体成员、包括受害人在内，平均分担损失，由风险共同体的其他成员对受害人平均承担补偿责任。

基于此类案件的不当使用行为人难以确定，将实际共用同一排水管道的所有业主视为一种风险共同体，基于公平理念以及风险共担原则，由该风险共同体的全体成员平均分担损失，能在一定程度上实现现代侵权责任救济受害人的主要功能和目标，也符合经济效率的原则，体现法律的效率价值。

编写人：江苏省南京市六合区人民法院　张凌　胡元川

十、触电人身损害责任纠纷

37

高压触电人身损害赔偿的案由选择、责任主体及其责任分配

——杨某诉鲍某等触电人身损害责任案

【案件基本信息】

1. 裁判书字号

湖北省宜昌市中级人民法院（2023）鄂05民再14号民事判决书

2. 案由：触电人身损害责任纠纷

3. 当事人

原告（被上诉人、再审被申诉人）：杨某

被告（上诉人、再审申诉人）：鲍某、陈某

被告（被上诉人、再审被申诉人）：某供电公司

被告：朱某甲

【基本案情】

2020年5月14日，受害人朱某乙酒后擅自进入朱某甲经营的鱼塘钓鱼，因钓鱼线缠绕鱼塘上方10千伏高压线而触电身亡。涉案高压线系鲍某、陈某夫妇经营窗帘工厂所需，委托某供电公司设计施工，双方在《高压供用电合同》约定了供用电设施产权分界点及各自产权范围内的运行维护管理责任，事故段

高压线在鲍某、陈某夫妇产权范围内，事发地可视范围内无安全警示标志，受害人家属杨某遂向鲍某、陈某、某供电公司、朱某甲主张侵权损害赔偿责任。

【案件焦点】

1. 本案的案由如何选择；2. 责任主体如何认定及其相应责任如何确定。

【法院裁判要旨】

湖北省当阳市人民法院经审理认为：根据《中华人民共和国民法典》第一千二百四十条“从事高空、高压、地下挖掘活动或者使用高速轨道运输工具造成他人损害的，经营者应当承担侵权责任；但是，能够证明损害是因受害人故意或者不可抗力造成的，不承担责任。被侵权人对损害的发生有重大过失的，可以减轻经营者的责任”的规定，鲍某、陈某为事故段高压线产权人且实际利用高压电力设施进行生产经营活动，符合法律关于“经营者”的界定，在不能举证证明朱某乙的死亡系因其故意或者不可抗力造成的情形下，鲍某、陈某应承担赔偿责任。朱某乙作为完全民事行为能力人，应当预见靠近高压线钓鱼存在高度风险，对于损害后果的发生，其自身存有重大过失，应依法减轻鲍某、陈某的责任。综上，受害人朱某乙自行承担 40%的责任，鲍某、陈某共同承担 60%的责任为宜。某供电公司、朱某甲与朱某乙的死亡无因果关系，不承担侵权责任。

湖北省当阳市人民法院依照《中华人民共和国民法典》第一千一百七十九条、第一千一百八十三条、第一千二百四十条，《最高人民法院关于审理人身损害赔偿案件适用法律若干问题的解释》第一条、第十四条、第十五条、第十七条之规定，判决如下：

一、鲍某、陈某赔偿杨某经济损失 526882. 35 元；

二、驳回杨某的其他诉讼请求。

鲍某、陈某不服一审判决，提起上诉。湖北省宜昌市中级人民法院经审查认为：朱某乙触电死亡发生在《中华人民共和国民法典》施行前的 2020 年 5 月 4 日，因此本案应适用《中华人民共和国侵权责任法》的规定。一审法院适用法律错误，二审予以纠正。《中华人民共和国侵权责任法》第七十三条规定的高压致人损害的“经营者”，并非仅指供电企业，也包括用电企业。原则上，电力进入谁的产权范围之内，就应该由谁负责管理，并承担造成损害的侵权责任，故鲍某、陈某的上诉理由不能成立。

湖北省宜昌市中级人民法院判决如下：

驳回上诉，维持原判。

鲍某、陈某不服二审判决，向湖北省宜昌市人民检察院申诉。湖北省宜昌市人民检察院提出再审检察建议：（1）某供电公司在涉案高压线路上从事高压电能输送，并获取经济利益，应认定为“经营者”；（2）《高压供用电合同》关于责任划分的约定不能对抗第三人；（3）某供电公司未尽到安全管理和警示义务。经湖北省宜昌市中级人民法院审判委员会讨论，决定再审本案。

湖北省宜昌市中级人民法院经审查认为：《最高人民法院关于适用〈中华人民共和国民法典〉时间效力的若干规定》第一条第二款规定：“民法典施行前的法律事实引起的民事纠纷案件，适用当时的法律、司法解释的规定，但是法律、司法解释另有规定的除外。”引起本案的法律事实发生在《中华人民共和国民法典》施行前，因此，本案应当适用当时有效的法律及司法解释的规定。

第一，民事案由是民事法律关系性质的体现，也是正确适用法律的前提。根据《最高人民法院关于印发修改后的〈民事案件案由规定〉的通知》，在确定侵权责任纠纷具体案由时，应优先适用《民事案件案由规定》第九部分“侵权责任纠纷”项下的具体案由。没有相应案由的，再适用“人格权纠纷”项下的案由。本案纠纷的发生系因朱某乙在钓鱼过程中触碰高压电线身亡所导致，属侵权责任纠纷，一、二审均以生命权、健康权、身体权纠纷确定本案案由，确有不当，再审予以纠正，并确定本案案由为触电人身损害责任纠纷。

第二，引起本案纠纷的法律事实发生在《中华人民共和国民法典》施行前，应当适用《中华人民共和国侵权责任法》的规定。《中华人民共和国侵权责任法》第七十三条规定，从事高空、高压、地下挖掘活动或者使用高速轨道运输工具造成他人损害的，经营者应当承担侵权责任，但能够证明损害是因受害人故意或者不可抗力造成的，不承担责任。被侵权人对损害的发生有过失的，可以减轻经营者的责任。据此，高度危险责任实行无过错责任原则，即无须考虑加害人的过错。高度危险责任中的“经营者”，是指能够支配高压、高空和地下挖掘等高度危险活动的运行并从中享受运行利益的主体。本案中，导致受害人朱某乙死亡的原因是持续运行的高压电流，某供电公司对高压线路的运行具有绝对支配地位并从中享受运行利益，应认定为“经营者”，依法承担赔偿责任。此外，本案纠纷系因侵权导致，《高压供用电合同》关于产权及责任划分的约定，不能排除某供电公司的赔偿责任。

第三，鲍某和陈某虽然自身无法对案涉事故段高压线路进行实际维护，但其作为引入高压电的用电人，对高压线路可能给周边人员带来的潜在危险理应有所预见。鲍某和陈某疏于履行自身义务，未及时督促提醒某供电公司积极履行管理职责，也没有在高压线路附近特别是鱼池处设置基本的提示性、警示性标识，是导致事故发生的部分原因，鲍某和陈某应承担相应的赔偿责任。

综上所述，鲍某、陈某的再审请求部分成立，应予支持；一、二审判决认定事实清楚，但适用法律错误，导致案件处理结果不当，应予纠正。

湖北省宜昌市中级人民法院依照《中华人民共和国民事诉讼法》第二百一十四条、第一百七十七条第一款第二项规定，判决如下：

一、撤销本院（2021）鄂 05 民终 3236 号民事判决及当阳市人民法院（2021）鄂 0582 民初 109 号民事判决；

二、某供电公司于本判决生效后十五日内赔偿杨某经济损失 482975.49 元；

三、鲍某、陈某于本判决生效后十五日内赔偿杨某经济损失 43906.86 元；

四、驳回杨某的其他诉讼请求。

【法官后语】

本案是一起高压触电人身损害责任纠纷的典型案件。下文将对本案审理过程中的要点展开分析。

一、关于案由的选择

法律关系分析的方法是确定案由的首要标准和原则。本案纠纷首先体现的是侵权法律关系，即侵权人对被侵权人人身、财产的侵害，因此案由应在“侵权责任纠纷”项下；在此之下，再根据案件事实确定具体权利义务内容，进一步寻找下一级案由。触电人身损害侵权纠纷的案由还应根据电压等级予以区分：高压触电人身损害侵权行为的归责原则为无过错责任，案由应为高度危险责任纠纷项下的“高度危险活动损害责任纠纷”，因为高压输电属于高度危险作业，高压电对周围环境与人类的生命、健康以及财产存在较大的危险，输电者应以超过一般意义的审慎态度进行经营管理，故而应当承担无过错责任；而低压触电侵权行为的归责原则为过错责任，因为低压触电尚有自救可能，可适用一般侵权责任的归责原则，案由应当为“触电人身损害责任纠纷”。

二、关于责任主体的认定及其相应责任的分配

1. 经营者责任。某供电公司应为本案中的“经营者”，具体分析如下：首先，从高压触电事故的性质来看，高压输电线路及高压设施致人损害具有特殊性，一方面，是因高压输电线路或高压设施放电产生的能量巨大的高压电流击中人体，将会造成重大残疾或是死亡的严重后果；另一方面，高压电流不同于普通的物，具有对人身和财产的巨大的潜在危险性，即便是其物的所有权人，如果缺少相应的技术和专业设备，也很难实现对高压电流的支配和控制。

其次，根据权利义务一致性的原则，作为输送高压电能的供电企业，不仅具有维护管理高压电能，尤其是高压输电线路的专业能力和相应的经验、技术、经济、设备优势，而且从电力运行中享有经济利益，理应积极主动担负起相应的管理维护经营职责，以消除高压供电这种危险活动对社会可能造成的潜在影响，且作为用电人的个体事实上往往既无维护高压电的资质，亦缺乏维护的能力。

再次，经营者在利用高压电能从事经营活动时，注重维护基本的交易安全，承担应有的社会责任，也是《中华人民共和国民法典》第八十六条规定的题中应有之义。因此，不能仅依据供电设施的产权归属“一刀切”式的认定供电设

施上事故发生后的赔偿责任主体。否则，不仅不利于实现对受害人的特别保护，亦不利于引导供电企业不断在改进技术、加强危险活动源头管控等方面履行应有的社会责任。

最后，对高压电等高度危险活动实行无过错责任的基点是利益平衡，即危险行为的责任承担者是因其经营给社会造成的潜在风险，以及由此对不幸造成的损害进行的合理分配。这种均衡分配更多体现地是实质公正而非形式公正，也体现了对社会整体利益的考量。通过这种制度设计促使危险作业者采取措施减少危险、防范事故发生。

2. 被侵权人责任。被侵权人对同一损害的发生或者扩大有过错的，可以减轻侵权人的责任，这实际上是一种过失相抵责任。实践中，常见的受害人转供电、私拉乱接、受电装置不合格等违法用电行为，这是判断被侵权人过错程度的依据。

3. 第三人的责任。存在第三人责任的情况下，通常依据案件中各当事人的身份、与被侵权人的关系、事故发生时的实际情况等确定第三人责任人，如在架空电力线路杆塔下钓鱼，鱼塘主未设立安全警示标志。高压触电案件中责任的划分需结合具体的损害后果，各个主体的权利义务、主观过错、因果关系等综合认定。高压触电事故大部分是多因一果的无意思联络的共同侵权，当高压触电事故中多个原因力出现竞合时，按照致害人的行为与损害结果之间的原因力确定各自的责任，根据各自的原因力大小划定各致害人间的责任比例。

编写人：湖北省宜昌市中级人民法院　车志平　皮慧

38

高压电致人损害的责任认定

——张某诉某供电局等触电人身损害责任案

【案件基本信息】

1. 裁判书字号

广东省广州市中级人民法院（2024）粤01民终984号民事判决书

2. 案由：触电人身损害责任纠纷

3. 当事人

原告（被上诉人）：张某

被告（上诉人）：某供电局、某物业管理公司、某经营管理公司

被告：某合作经济联合社

【基本案情】

T市场是某物业管理公司向某合作经济联合社承租事发地点的土地后，在未经报建的情况下建设的建筑物，由某经营管理公司经营。相关部门曾责令其拆除整改。

2021年1月8日，张某在T市场二楼安装冷库测量数据时，因该高压输电线路距离地面较低，在测量过程中突然起风将卷尺吹起搭落在高压输电线上，当场导致张某被高压电电伤，张某受伤后在医院接受住院治疗，病情稳定后，经某司法鉴定所鉴定为十级伤残。

案涉高压线路管理经营者为某供电局，T市场建于案涉高压线之后，与案涉高压线的导线水平距离约0.83米。

【案件焦点】

如何确定责任主体及各方责任主体的责任比例。

【法院裁判要旨】

广东省广州市荔湾区人民法院经审理认为：关于各方的过错及责任承担问题。关于某物业管理公司、某经营管理公司是否承责问题。根据相关协议、法律文书、企业信息结合当事人的陈述，可以证实某物业管理公司向某合作经济联合社承租事发地点的土地后，在未经报建的情况下在上址建设建筑物，由某经营管理公司在上址经营 T 市场的事实，某物业管理公司、某经营管理公司为关联公司，两公司在 T 市场的筹备、建设和经营上互相配合，应视为 T 市场的经营者和管理者，对事发的场所负有安全保障义务。根据《电力设施保护条例实施细则》第五条的规定，架空电力线路保护区，在计算导线最大风偏情况下，距建筑物的水平、安全距离如下，1 到 10 千伏的水平安全距离为 1.5 米。本案中，某物业管理公司、某经营管理公司经营管理的 T 大街 137 号楼显然建于案涉高压线之后，该建筑物与案涉高压线的导线水平距离约 0.83 米，该距离短于上述规定的安全距离，不符合规范，存在安全隐患，且上述建筑物没有经过合法报建，在相关部门责令拆除及整改后没有履行相关义务，某物业管理公司、某经营管理公司未尽到经营者和管理者的安全保障义务，是本次事故发生的重要原因，两公司存在较大过错，应承担主要责任。

关于张某是否承责问题。原告是完全民事行为能力人，对自身的行为及行为后果应有一定的预见和预判能力，在陌生的环境进行测量时，应注意观察周边的环境，特别是在距离高压线较近的时候，更需注意自身的行为可能带来的后果，在测量的时候应做好防护尽量避免触电事故的发生，张某未尽到谨慎注意义务，也存在一定的过错。

关于某合作经济联合社是否承责问题。某合作经济联合社仅是土地出租方，不参与事发场所的经营和管理，其出租土地的行为与张某触电受伤的损害后果不具有法律上的因果关系，故某合作经济联合社没有过错，不承担侵权赔偿责任。

关于某供电局是否承责问题。根据《中华人民共和国民法典》第一千二百四十条规定，从事高空、高压、地下挖掘活动或者使用高速轨道运输工具造成他人损害的，经营者应当承担侵权责任；但是，能够证明损害是因受害人故意或者不可抗力造成的，不承担责任。被侵权人对损害的发生有重大过失的，可以减轻经营者的责任。本案中，首先，本案存在高压线路致人损害的事实，该高压线路管理经营者为某供电局，因此某供电局应以经营者身份承担相应的侵权责任；其次，某供电局答辩不承担责任，应提供证据证明事故是由于张某故意或者不可抗力造成的，但某供电局未能提供该证据证明；最后，某供电局也存在过错，其主张案涉高压线塔上悬挂了安全标识/警示牌，但是对于在二楼的当事人并不能起到有效警示作用，且明知事发地点的建筑物不符合电力设施保护规范而发出了整改通知，在当事人没有完成有效整改的情况下，没有采取积极有效的防范设施，不足以防范损害的发生。故，某供电局应承担相应侵权责任。考虑本案存在其他侵权人及张某存在一定过失的情况下，可以适当减轻某供电局的责任。

二人以上分别实施侵权行为造成同一损害，能够确定责任大小的，各自承担相应的责任；被侵权人对同一损害的发生或者扩大有过错的，可以减轻侵权人的责任。综合以上分析，根据当事人的过错情况，本院认定该事件由张某自行承担10%的责任，某供电局承担30%的责任，某物业管理公司、某经营管理公司共同承担60%的责任。

根据查明的事实，张某的损失为医疗费38447.4元、住院伙食补助费2600元、护理费3900元、误工费9028.48元、交通费800元、残疾赔偿金146176.41元、鉴定费2000元，以上合计202952.3元。另，本次事故造成张某十级伤残，确实造成精神痛苦，根据当事人的过错情况、造成的损害后果等因素，本院确认精神损害抚慰金为9000元，由某物业管理公司、某经营管理公司共同赔偿6000元，某供电局赔偿3000元。综上，某供电局承担30%的责任，应向张某赔付63885.69元；某物业管理公司、某经营管理公司共同承担60%的责任，应向张某赔付127771.38元，其余损失由张某自行承担。

广东省广州市荔湾区人民法院依照《中华人民共和国民法典》第一千一百七十二条、第一千一百七十三条、第一千一百七十九条、第一千一百八十三条、第一千一百九十八条、第一千二百四十条，《中华人民共和国民事诉讼法》第六十七条之规定，判决如下：

一、被告某供电局在本判决发生法律效力之日起十日内向原告张某赔偿63885.69元；

二、被告某物业管理公司、某经营管理公司在本判决发生法律效力之日起十日内向原告张某赔偿127771.38元；

三、驳回原告张某的其他诉讼请求。

某物业管理公司、某经营管理公司、某供电局不服一审判决，提起上诉。广东省广州市中级人民法院经审理同意一审法院裁判意见，依照《中华人民共和国民事诉讼法》第一百七十七条第一款第一项之规定，判决如下：

驳回上诉，维持原判。

【法官后语】

根据《中华人民共和国民法典》第一千二百四十条的规定，在高压线路经营者无过错的情况下，高压线路经营者需要承担无过错责任；能够证明损害是因受害人故意或者不可抗力造成的，不承担责任；证明被侵权人对损害的发生有重大过失的，可以减轻经营者的责任。在司法实践中，此类案件大多数判决是由供电公司承担无过错责任。但是无过错责任不等于全部责任，即在因触电引起的人身损害是由多个原因造成的情况下，应按照致害人的行为对损害结果之间的作用力确定各自的责任。

一、触电人身损害赔偿责任主体的认定

1. 高压线路经营者。根据《中华人民共和国民法典》第一千二百四十条的规定，在高压线路经营者只有在证明损害是因受害人故意或者不可抗力造成的情况下，不承担责任，在能够证明被侵权人对损害的发生有重大过失的，可以减轻责任，否则需要承担无过错责任。

2. 涉案场所经营者。在本案中，由于涉案市场是在供电局的高压线路架设完成后，未按照相关规定，在未经报建的情况下违规修建建筑物，未与涉案高压线路保持安全距离，从而导致此次安全事故的发生。并且作为涉案场所的经营者和管理者，其没有对涉案地点即靠近高压线路的阳台设置警示标志，其未尽到安全保障义务，存在相应的过错，应对本次事故承担责任。

3. 被侵权人。对被侵权人而言，若被侵权人为完全民事行为能力人，考虑到其应当对自身的行为及行为后果有一定的预见和预判能力，尽到谨慎注意义务。若被侵权人在案件中未能举证证明其在实施行为前已经采取合理的措施防止触电行为的发生，则可据此认定被侵权人未尽到谨慎注意义务，本身亦存在过错。如果被侵权人为无民事行为能力人或限制民事行为能力人，其监护人、法定代理人在案件中疏于管教、照看等从而存在过错的，也将减轻高压线路经营者的责任。

二、触电人身损害赔偿责任划分

1. 高压线路经营者的无过错责任。在司法实践中，高压线路经营者往往是供电公司，供电公司对被侵权人存在故意的举证难度较大，故其往往承担无过错责任。但由于此类案件中责任主体往往并非只有供电公司，故在结合责任大小划分责任比例时，亦应考虑其是否存在过错，即其是否有设置警示标志、对高压线有无做绝缘措施、高压线路架设是否符合国家标准等，来综合确定其最终承担的责任比例。

2. 涉案场所经营者的过错责任。在本案中，其一，涉案市场的违建时间是在该高压线路架设完成后；其二，在相关部门对其责令拆除及整改后该市场并没有履行；其三，作为涉案场所的经营者和管理者，其并没有对涉案地点即靠近高压线路的阳台设置警示标志，其未尽到安全保障义务。结合上述观点，其过错对损害结果发生的作用力较大，故本案中涉案市场的经营者承担的是主要责任。

3. 被侵权人的过错责任。对被侵权人而言，本案原告是完全民事行为能力人，对自身的行为及行为后果应有一定的预见和预判能力，在陌生的环境进行测量时，应注意观察周边的环境，特别是在距离高压线较近的时候，更需注意自身的行为可能带来的后果，在测量的时候应做好防护尽量避免触电事故的发生，但张某未尽到谨慎注意义务，也存在一定的过错。但在这种情况下，进行责任比例的划分时，会适当体现向弱势群体利益倾斜的原则，以达到法律秩序和社会效益的有机统一。

编写人：广东省广州市荔湾区人民法院　张智荣　何涵晗

39

未成年人触电身亡侵权责任的认定

——韦某、岑某诉某车辆检测公司、某水电开发中心高度危险责任案

【案件基本信息】

1. 裁判书字号

广西壮族自治区河池市中级人民法院（2024）桂12民终344号民事判决书

2. 案由：高度危险责任纠纷

3. 当事人

原告（上诉人）：韦某、岑某

被告（上诉人）：某车辆检测公司

被告（被上诉人）：某水电开发中心

【基本案情】

韦某与岑某系韦小某的父母，一家人住在某车辆检测公司对面。2023年4月29日16时，韦小某与几个小孩在某车辆检测公司内玩耍时，韦小某进入变压器房内，被高压电击触电。韦小某被送往卫生院抢救时，其左手拇指根部内侧及头顶有被电击特征，后韦小某经抢救无效死亡。案涉变压器房为露天的四面水泥围墙构造，事发时，变压器房的房门未锁，变压器房内的电线杆上大约

离地面 2 米处张贴了一张“高压危险　请勿靠近”字样的白色纸张，除此之外变压器房周围未见其他危险警示标识。本案事故发生之后，某车辆检测公司将该变压器房门锁上并在其外墙及房门上张贴“止步　高压危险”字样的明显警示标识。韦小某出生于 2015 年 12 月 31 日，事发时年满 7 周岁，系某小学一年级学生。

【案件焦点】

事故的责任主体及责任比例如何界定。

【法院裁判要旨】

广西壮族自治区环江毛南族自治县人民法院经审理认为：案涉变压器放置于某车辆检测公司院子内由四面水泥墙围成的变压器房里，某车辆检测公司作为该高度危险物存放区域的管理人，未将变压器房的房门上锁，仅在露天变压器房内的电线杆上大约离地面 2 米处标示“高压危险　请勿靠近”字样，除此之外，变压器房周围未见设置其他明显警示标识及安全措施，某车辆检测公司未能证明其已采取足够安全措施且尽到充分警示义务以消除危险隐患，对韦小某的死亡后果存在过错，应承担相应责任。此外，韦小某在事故发生时年仅 7 周岁是在校一年级学生，属于无民事行为的未成年人，对危险认知能力较弱，其未经许可擅自进入某车辆检测公司内的变压器房玩耍导致触电死亡，尽管并非其主观故意，但确实存在一定过失。原告韦某、岑某作为韦小某的法定监护人对其监护不力，对事故的发生亦存在一定过错，故可减轻某车辆检测公司的责任。某车辆检测公司未能提供证据予以证明，韦小某系接触了接近变压器之前某水电开发中心的三根高压线导致触电死亡。某水电开发中心不是案涉高度危险物存放区域的管理人，对该变压器房没有管理责任，不承担本案侵权责任。根据韦某、岑某与某车辆检测公司在事故中的过错程度，酌定某车辆检测公司承担 80%的责任，韦某、岑某自负 20%的责任。

广西壮族自治区环江毛南族自治县人民法院依照《中华人民共和国民法典》第一千一百七十九条、第一千一百八十三条、第一千二百四十三条之规定，判决如下：

一、某车辆检测公司于本判决生效之日起十日内支付韦某、岑某各项财产损失共计 384099.2 元；

二、驳回韦某、岑某的其他诉讼请求。

韦某、岑某与某车辆检测公司均不服一审判决，提起上诉。广西壮族自治区河池市中级人民法院经审理认为：韦小某在变压器房内因高压电触电身亡，本案案由应为高度危险责任纠纷，一审概括为生命权纠纷不准确，本院予以纠正。对于高度危险责任，《中华人民共和国民法典》对不同类型的高度危险活动根据其危险程度作了不同的规定。《中华人民共和国民法典》第一千二百四十条规定，从事高空、高压、地下挖掘活动或者使用高速轨道运输工具造成他人损害的，经营者应当承担侵权责任；但是，能够证明损害是因受害人故意或者不可抗力造成的，不承担责任。被侵权人对损害的发生有重大过失的，可以减轻经营者的责任。该法第一千二百四十三条规定，未经许可进入高度危险活动区域或者高度危险物存放区域受到损害，管理人能够证明已经采取足够安全措施并尽到充分警示义务的，可以减轻或者不承担责任。根据前述规定，一般来说，高度危险责任纠纷的类型主要有动态的高度危险作业活动致人损害及静态的高度危险管理。本案中，韦小某并非在一般的场所被高压电击中身亡，而是在变压器房内被高压电击中身亡，变压器被水泥砖墙隔离并在电线杆上标有高压危险的警示标志，该场所系特定的、与一般活动区域隔离开来的高度危险活动场所，非经许可不得入内，因此，就法律适用而言，《中华人民共和国民法典》第一千二百四十三条的规定更符合本案的案情特征，应当适用该条规定而不适用《中华人民共和国民法典》第一千二百四十条规定。某车辆检测公司、韦某、岑某上诉时均称应依据《中华人民共和国民法典》第一千二百四十条规定来处理本案，本院不予支持。根据某水电开发中心一审提交的委托书、收款收据等证据，案涉变压器的产权人原为案外人詹某，并为其管理使用，几经转手后，现为某车辆检测公司所有并管理使用，某车辆检测公司为变压器的所有者、管理者。某车辆检测公司主张某水电开发中心为管理者，本院不予采信。根据一审查明的事实，变压器房在某车辆检测公司院内，变压器房门未锁，砖墙上也未有警示标志，不能认定某车辆检测公司已经采取足够安全措施并尽到充分警示义务，其应当承担本案的赔偿责任。与此同时，《中华人民共和国民法典》第一千一百七十三条规定，被侵权人对同一损害的发生或者扩大有过错的，可以减轻侵权人的责任。过失相抵原则在本案中同样适用。本案中，变压器房外面虽然没有警示标志，但韦某、岑某住在某车辆检测公司对面，通过日常生活及电杆电线架设的不同，应当知道公司院内存在变压器，但其未能教育孩子远离危险源，导致韦小某进入变压器房，在监护上是存在一定过失的。一审认定韦某、岑某自己承担20%的责任，总体公平，本院予以维持。综上所述，某车辆检测公司、韦某、岑某的上诉请求不能成立，应予驳回；一审判决认定事实清楚，适用法律正确，应予维持。

广西壮族自治区河池市中级人民法院依照《中华人民共和国民事诉讼法》第一百七十七条第一款第一项规定，判决如下：

驳回上诉，维持原判。

【法官后语】

在触电损害赔偿责任案件中，应根据案件的具体情况采取不同的归责原则，触电损害赔偿责任应当区分为低压电和高压电，低压电损害赔偿责任按照一般的侵权责任原则，适用过错责任原则确定各方责任分担。而高压电应当使用《中华人民共和国民法典》侵权责任编第八章高度危险责任，适用无过错责任原则确定各方责任分担。本案系在变压器房内玩耍触电，系高压电触电。本案涉及高压电损害赔偿责任主体如何认定及过错程度认定问题。

一、关于高压电管理人的确定

一般情况下，高压电分布区域不同，有在空旷的野外，或者在某封闭的环境或工厂内，根据不同情况确定其所有者、管理者。本案系在变压器房内发生触电，该变压器就在某车辆检测公司大院内，该变压器几经转手后，现为某车辆检测公司用于生产作业，为其所有并管理使用，故某车辆检测公司为变压器的所有者、管理者。某车辆检测公司作为变压器的管理人，成为本案的赔偿主体。

二、关于过错的认定

首先，确定高压电管理人是否已经采取足够安全措施并尽到充分警示义务。根据《中华人民共和国民法典》第一千二百四十三条的规定，未经许可进入高度危险活动区域或者高度危险物存放区域受到损害，管理人能够证明已经采取足够安全措施并尽到充分警示义务的，可以减轻或者不承担责任。该条款说明管理人承担无过错责任，管理人是否存在过错不影响其是否承担责任，但对其承担责任的大小起着至关重要的作用，若管理人已经采取足够安全措施并尽到充分警示义务，则可以减轻或者不承担责任，但若存在重大过错，则应承担更大的赔偿责任。故，管理人应当对高压电是否符合国家标准、附近周围是否采取安全绝缘措施、是否设置警示性标志、警示性标志是否显眼、是否达到警示效果等进行举证。本案中，某车辆检测公司虽然将变压器设置在变压器房内，但仅在露天变压器房内的电线杆上大约离地面 2 米处标示“高压危险　请勿靠近”字样，变压器房外墙砖上并未设置警示标志，变压器房也未上锁，达不到警示的效果。其次，确定受害方是否存在过错。重大过失是指受害人以不合理的方式没有尽到对自身利益应有的最基本的发生或最基本的注意而与加害人共同导致自己损害的发生或损害结果的扩大；一般过失是指受害人没有尽到作为一个合理人而应有的对自身利益的注意程度，从而使自己发生损失或造成损害结果的扩大。某车辆检测公司的变压器房外面虽然没有警示标志，但韦某、岑某作为韦小某的监护人，其一家住在某车辆检测公司对面，通过日常生活及电杆电线架设的不同，应当知道该公司院内存在变压器，且知晓变压器的危险程度，但其未能教育孩子远离危险源，导致韦小某进入变压器房触电身亡，在监护上是存在一定过失的。该过失是一般的过失责任，故法院酌定由韦某、岑某自担 20%的责任。

编写人：广西壮族自治区环江毛南族自治县人民法院　袁励

十一、义务帮工人受害责任纠纷

40

义务帮工损害的责任划分应紧扣案件关键事实认定

——侯某诉某工业公司义务帮工人受害责任案

【案件基本信息】

1. 裁判书字号

辽宁省大连市中级人民法院（2023）辽02民终6369号民事判决书

2. 案由：义务帮工人受害责任纠纷

3. 当事人

原告（被上诉人）：侯某

被告（上诉人）：某工业公司

第三人（被上诉人）：朱某

【基本案情】

2021年10月11日，第三人朱某负责将某设备公司的货物运至被告某工业公司处（不负责卸货），朱某的司机唐某开车送货，原告侯某随车同往。原告侯某和朱某均称双方是朋友关系，当日原告随车送货是因为帮助朱某与司机唐某一起找寻掉落在路上的货物。货物送至某工业公司后，原告侯某和司机唐某上车挂钩卸货，在卸货过程中原告从车上坠落，造成左侧根骨骨折。

原告受伤后，到医院进行住院治疗，住院天数为 2 天，其间共花费医疗费用 1609.6 元。2022 年 11 月 14 日，某司法鉴定中心出具司法鉴定意见书：被鉴定人侯某外伤致左根骨粉碎性骨折，构成十级伤残；建议误工时限为 180 日、护理时限为 75 日、营养时限为 105 日。原告花费鉴定费 1720 元。

【案件焦点】

1. 被告是否应当对原告受到的损害承担赔偿责任；2. 原告对自己受到的损害是否有过错。

【法院裁判要旨】

辽宁省大连长兴岛经济技术开发区人民法院经审理认为：关于第一个争议焦点。首先，本案事故发生地点位于某工业公司厂内，卸货的义务也是某工业公司自己承担，原告随车与司机唐某一同送货后，在两人并无卸货义务的前提下，客观上从事了卸货的工作，卸货行为的实际受益人是被告某工业公司。其次，虽然被告辩称因原告着急回去寻找丢失的货物，才自己上车主动卸货，最终目的是尽快为朱某寻找货物，而不是帮助被告。但在义务帮工法律关系的认定中，对帮工人当时的主观意识不能作严格限制，只要帮工人客观上提供了劳务，且未收取任何报酬，至于主观上是为了被帮工人利益的增加还是为了他人的利益，对义务帮工的认定并无影响。再次，被告辩称已经明确拒绝帮工，并提供证人证言证明当时向原告和唐某喊话，叫其下来。本院认为，如被告真的想“明确拒绝帮工”，则也应该通过其行为表明，但当时由被告控制的吊车并没有因为原告和唐某在车上卸货而拒绝起吊，而是在二人挂钩后，吊车正常起吊货物，该起吊的行为实际与“被告拒绝帮工”的意思相违背，故本院对该抗辩意见不予采纳。最后，被告辩称是因为唐某推踹货物一端，致使货物另一端将原告撞落地面。通过双方提供的现场 39 秒的视频可见，在原告和唐某挂钩后，吊车开始起吊，此时原告向车尾走去，唐某向车头走去，32 秒时货物发生明显倾斜，33 秒时碰到原告导致其站立不稳并手扶货物边缘，原告于视频 34 秒时跳落车下，而货物出现明显倾斜的 32 秒前，唐某并没有推踹货物的行为，反而在33秒原告站不稳时，唐某正跳上车头栅栏处以自保，根据视频内容，本院对被告称是唐某推踹货物致使原告掉落的抗辩意见不予采纳。综上，被告作为被帮工人，由其工作人员控制的吊车未在原告挂钩并避到安全位置后再起吊，其对损害的发生具有过错，应承担相应的赔偿责任。

关于第二个争议焦点。本案中的货物为大型工件，卸货时还需要吊车予以配合，本身具有较高的危险性。原告并非专业从事搬运、卸载作业的人员，没有相关工作的经验和能力，也没有提前与被告做好足够的沟通，并采取相应的防护措施。原告出于过于自信或疏忽大意，其对于损害结果的发生也具有过错，应当减轻被告的责任，本院依据案件事实酌定由原告自行承担30%的责任。

辽宁省大连长兴岛经济技术开发区人民法院依照《中华人民共和国民法典》第一千一百六十五条、第一千一百七十九条，《最高人民法院关于审理人身损害赔偿案件适用法律若干问题的解释》第五条、第六条、第七条、第八条、第十条、第十一条、第十二条、第二十二条，《最高人民法院关于适用〈中华人民共和国民事诉讼法〉的解释》第九十条之规定，判决如下：

一、被告某工业公司于本判决生效后十五日内赔偿原告侯某各项费用共计101002.72元；

二、驳回原告侯某的其他诉讼请求。

被告某工业公司不服一审判决，提起上诉。辽宁省大连市中级人民法院经审理认为：在义务帮工关系中，帮工人主观上系自愿，客观上实施了帮工行为且被帮工人实际上获得了利益，即可认定帮工关系成立。本案中，被上诉人侯某与上诉人某工业公司之间不存在雇佣关系，侯某及唐某到上诉人处送货并无卸货的义务，侯某出于自愿帮助上诉人卸货，客观上减轻了上诉人的卸货负担，二者之间成立帮工法律关系。即使侯某及唐某帮助卸货有为了及时折返寻回掉落的货物的目的，也不妨碍其与上诉人之间成立帮工关系。朱某对侯某及唐某帮助卸货并不知情，也未实际受益，故一审认定上诉人为被帮工人并判决上诉人承担责任无不当。《最高人民法院关于审理人身损害赔偿案件适用法律若干问题的解释》第五条第一款规定："无偿提供劳务的帮工人因帮工活动遭受人身损害的，根据帮工人和被帮工人各自的过错承担相应的责任；被帮工人明确拒绝帮工的，被帮工人不承担赔偿责任，但可以在受益范围内予以适当补偿。”根据该规定，被帮工人如果有明确的拒绝帮工的意思表示，可以不承担赔偿责任。根据“谁主张，谁举证”的原则，被帮工人主张其明确拒绝帮工而不应当承担赔偿责任，应由其承担举证责任。本案上诉人以证人证言证明其已经表达了拒绝帮工的意思表示，对此被上诉人不予认可。证人系上诉人单位的厂长及临时工，与本案存在一定的利害关系，在无其他证据佐证的情况下，不足以认定上诉人明确拒绝帮工。

辽宁省大连市中级人民法院依照《中华人民共和国民事诉讼法》第一百七十七条第一款第一项之规定，判决如下：

驳回上诉，维持原判。

【法官后语】

在常见的卸货工作情境中，运输方参与卸货行为性质与责任如何界定成为审判实务中难以准确认定的难点。

一、是否成立帮工要从主客观层面予以认定

从已经查明的事实来看，并无证据显示侯某与某工业公司间不存在雇佣关系或临时雇佣关系。亦无证据显示朱某是为某设备公司送货后仍负有为某工业公司装卸货物的义务。一审庭审及二审中，原、被告均表述了原告参与到在某工业公司厂区内卸载货物的动机，即因 2021 年 10 月 11 日，朱某雇用唐某运输工件至被告某工业公司处，在运输途中掉落货物。唐某联系朱某寻求帮助，案外人朱某随即打电话给原告侯某，让其帮助唐某尽快送货，并尽快返回将掉落的工件找到并送至被告某工业公司处。原告侯某随车与唐某将货物运输至被告某工业公司处，当时两人急于回去装载掉落的货物，于是爬上运输车辆，参与卸货。在义务帮工关系中，帮工人主观上系自愿，客观上实施了帮工行为且被帮工人实际上获得了利益，即可认定帮工关系成立。主观上，虽然并无证据显示具有以付出劳动的方式积极帮助某工业公司的主观意愿，但原告作为完全民事行为能力人，具有一定的社会经验，且曾参与到案外人朱某的运输工作中，因此原告对其帮工结果为某工业公司卸载货物应属明知。且侯某着急装货物与帮助从某工业公司卸货的动机不仅不存在矛盾，而且彼此形成了动机-行为关系，是侯某作出帮工卸货行为的重要原因。因此，原告侯某以主观上明知的方式为某工业公司帮工应无争议。客观上，卸载案外人朱某运输至厂区的货物为某工业公司的固有作业流程，若卸载货物的环节未完成，侯某返回装载货物的目的将因其车辆被占用而不能轻易实现。因此，侯某的行为客观上完成了某工业公司的固有工作流程，减轻了上诉人的卸货负担，其为义务帮工人的客观方面满足。因此，侯某与某工业公司在本案中应形成义务帮工人关系。

二、从帮工关系界定责任出发界定各方承担责任比例

本案中，被告提交了证人证言两份，以证明被告不同意原告装卸，且因原告自身原因导致损害发生。本案一、二审均未采纳上述证据。根据《最高人民法院关于审理人身损害赔偿案件适用法律若干问题的解释》第五条第一款规定，被帮工人若有明确的拒绝帮工的意思表示，可以不承担赔偿责任。根据原告举证的录像光盘中可以看到，侯某在参与卸货过程中，上方塔吊牵引钢索起吊了下方货物并产生移动。既然侯某身处某工业公司厂区内，某工业公司应对塔吊的装卸动作负责。该塔吊的移动，应认定为被告以行为表示的方式默认原告参与到卸货的过程中。若某工业公司确属明确拒绝，应停止包括塔吊在内的一切机械操作，完全杜绝侯某参与到卸货流程的可能性，而不是仍允许塔吊移动并吊离货物。本案案发后现场难以恢复，且被告证人与被告存在一定利益关系。因此该份视频成为判断各方过错的关键性证据。综合塔吊活动情节及视频中原告掉落的情节，某工业公司表示其拒绝侯某的帮工行为的抗辩不能成立。

编写人：辽宁省大连市长兴岛经济技术开发区人民法院　沈徐

十二、防卫过当损害责任纠纷

41

民事侵权责任中正当防卫是否超过必要限度的认定

——冯某诉沈某生命权、健康权、身体权案

【案件基本信息】

1. 裁判书字号

重庆市第五中级人民法院（2023）渝 05 民终 10308 号民事判决书

2. 案由：生命权、健康权、身体权纠纷

3. 当事人

原告（上诉人）：冯某

被告（被上诉人）：沈某

【基本案情】

被告沈某系 S 街道某村村干部，原告冯某从 2018 年起，因征地拆迁款事项未满足为由妨碍社区公职人员办公、毁坏公私财物、殴打社区干部多次被江津区公安局行政拘留。2022 年 1 月 19 日上午 9 时左右，在 S 街道某村新办公室 1 楼的楼梯门口，原告冯某直接冲向被告沈某，用右手臂击打被告沈某头颈部，被告沈某抓住原告冯某双手制止其侵害行为，原告冯某用右腿踢被告沈某的裆部（未中），再用左膝盖顶被告沈某的裆部，在此过程中，被告沈某将原告冯某摺倒在地，原告冯某倒地后马上爬起来又用手臂攻击被告沈某头部和下腹部位。后被民警制止控制，在民警控制过程中又用脚踢被告沈某。同日，原告冯某到某医院住院治疗19日，于2022年2月7日出院。出院诊断：（1）左侧多发肋骨骨折（9-12肋骨）；（2）慢性乙肝。花去医疗费11376.52元。2022年6月1日，重庆市江津区公安局物证鉴定所出具鉴定书，鉴定意见：原告冯某的损伤程度属轻伤二级。2023年8月2日，经重庆市江津区人民法院委托，某司法鉴定所出具司法鉴定意见书，对原告冯某进行伤情评定，鉴定意见：（1）被鉴定人冯某目前左侧9-12肋骨折，其中左侧第10-12肋畸形愈合伤残程度属十级。（2）被鉴定人冯某后续诊疗项目：需行活血化瘀、消肿止痛、促进骨折愈合等康复治疗。（3）被鉴定人冯某护理时限为受伤后60日。

【案件焦点】

1. 沈某的行为是否构成正当防卫；2. 防卫是否超过必要限度。

【法院裁判要旨】

重庆市江津区人民法院经审理认为：关于争议焦点一，构成正当防卫须满足必须有正在进行的侵害事实、不法侵害须正在进行且具有现实紧迫性、须以合法防卫为目的、防卫须针对加害人、防卫不能超过必要限度。本案中，原告冯某首先对被告沈某人身安全实施暴力侵害，在被告沈某抓住原告冯某双手制止其不法侵害行为过程中，被告沈某将原告冯某摺倒在地，致其受伤的行为，系以合法防卫为目的，针对加害人原告冯某的正当防卫行为。关于争议焦点二，首先，被告沈某面临的侵害行为具有突然性、暴力性和现实紧迫性，以较缓和的手段难以制止该侵害行为。被告沈某采取防卫的时间上处于原告冯某侵害行为开始后和终止前，采取的手段为抓住原告冯某双手制止其侵害行为将原告冯某摺倒在地，致其受伤，原告冯某倒地后马上爬起来又用手臂攻击被告沈某头部和下腹部位，在被民警控制过程中又用脚踢被告沈某。被告沈某防卫行为适当，实施行为在手段和强度上均未超出必要限度。本案被告沈某在遭受不法侵害过程中，为使本人的人身权利免受正在进行的不法侵害而采取的行为，系正当防卫，防卫行为未超过必要限度。因正当防卫造成损害的，不承担民事责任。

重庆市江津区人民法院依照《中华人民共和国民法典》第一百八十一条规定，判决如下：

驳回原告冯某的诉讼请求。

冯某不服一审判决，提出上诉。重庆市第五中级人民法院经审理，确认一审法院认定的事实和证据，同意一审法院裁判意见。

重庆市第五中级人民法院依照《中华人民共和国民事诉讼法》第一百七十七条第一款第一项规定，判决如下：

驳回上诉，维持原判。

【法官后语】

我国的民事正当防卫制度移植于刑事诉讼制度，根据《中华人民共和国民法典》第一百八十一条第二款的规定，正当防卫行为超过必要的限度，造成对方不应有的损害的，正当防卫人应当承担适当的民事责任。在民事侵权案件中，正当防卫案情纷繁复杂，需要综合考虑的因素众多，往往“细节决定性质”，一个变量的不同就足以影响行为整体的合法性。关于防卫限度的把握，司法实践中需要重点注意以下三点。

一、坚持“法不能向不法让步”思想理念

关于民事正当防卫“超过必要限度”的论争。是否优先适用不作为的防卫方式？即遭遇现实紧迫的不法侵害时，如果有躲避被侵害的可能性，防卫人是否有躲避的义务，在躲避不能的情况下才允许防卫人实施积极的还击呢？从法律规定来看，防卫人没有躲避的义务；从社会整体法益的角度来讲，躲避很可能使侵害人和防卫人的法益被侵害的可能性降到最低，理论上也许具有一定合理性。这种似是而非的认识，不利于正确认定正当防卫案件。“法不能向不法让步”，一项权利没有必要向侵害这一权利的行为屈服，任何一项权利的背后都自然而然地包含着一项防御性的反制权，包含着对侵犯该权利的行为进行反抗和驱逐的权利。作为权利，它可以被主动放弃，但不可以被任意剥夺。公民在面对正在进行的不法侵害时，可以选择逃避，更可以选择适度自卫反击。本案沈某在面对冯某当天一系列的不法侵害过程中，从消极躲避到积极防卫，并无任何过错。要求沈某躲避，这无疑是强行要求“正屈服于不正”。

二、摈弃“还手即互殴”“唯结果论”的认定惯性

实践中，有观点未区分不法侵害行为与正当防卫行为的性质，认为只要双方均动手，便直接认定为打架斗殴，双方均需担责，或者将上述两项标准予以混淆，即只要造成了损害，尤其对方轻伤以上损害，便判定为超过必要限度，从而形成根深蒂固的“唯结果论”。这种观点是对正当防卫的错误认识。

对于正当防卫和互殴进行综合判断的要点，包括但不限于以下五个方面：(1) 查明纠纷开启的过错方；(2) 引发冲突升级的先动手方；(3) 是否采用不相当的暴力进行还击；(4) 是否使用管制刀具或者其他足以致人死亡的凶器；(5) 是否纠集或邀约他人参与打斗等。通过对前述各种因素的综合判断，从而认定行为人在主观上是否具有泄愤、耍威、报复等意图或者其他非法目的。如果有则应当认为具有互殴、故意伤害性质；反之，则认定行为人是为了防止自身或者他人受到侵害的自卫型防卫行为。本案纠纷起因系冯某因个人要求未得到满足妨碍社区办公，率先主动对沈某实施人身攻击，沈某抓住冯某双手并将其摺倒的行为，虽然造成冯某损伤程度轻伤二级、伤残程度十级的后果，但仍属于行使法律所赋予的自卫权利，并未超过必要限度。

三、查明事实注意点面结合、主客观一致

法院在办理人身伤害类案件中需查清案件发生的背景和起因等要素。不仅要查清案件发生时某个“点”的事实，更要查清该事实的前因后果，查清整个线、整个面的事实。只有建立案件事实强制性查清机制，才能把客观公正真正落实落细到案件办理中。对于较大损害必须进行动态考虑，需要根据不法侵害的缓急、强度及其类型、防卫手段与强度的必要性，以及所防卫的利益等方面，进行综合判断得出妥当结论。正当防卫规定本来具有源于人的自我防卫、自我保护本能的一面，本案沈某在遭受突然不法侵害的紧急状态下，身体和精神都会陷入一种紧张、僵硬的状态，可能因为吃惊、恐惧、紧张而陷入无意识状态，

不自主地对加害行为进行了反击，绝不能苛求对限度的拿捏具有冷静的思考，这种反击行为不一定都是基于冷静的判断而实施的具有防卫意图的行为。易言之，在对防卫限度进行认定的时候，不能假设沈某是一个理性人，“事后诸葛亮”的判断是典型的事后“应然”判断立场。

编写人：重庆市江津区人民法院　曹鹃

十三、因申请财产保全损害责任纠纷

42

保险公司对错误保全造成的损失应先行赔付

——史某诉甲幼儿园、某保险公司因申请财产保全损害责任案

【案件基本信息】

1. 裁判书字号

新疆维吾尔自治区乌鲁木齐市中级人民法院（2024）新01民终996号民事判决书

2. 案由：因申请财产保全损害责任纠纷

3. 当事人

原告（上诉人）：史某

被告（被上诉人）：甲幼儿园（曾用名：乙幼儿园）、某保险公司

第三人：杨某

【基本案情】

2021年，史某因与乙幼儿园发生劳动争议请求乌鲁木齐市新市区劳动人事仲裁委员会仲裁，该委员会裁决：乙幼儿园支付史某工资等费用合计18701.08元。2021年9月3日，因乙幼儿园申请诉前保全，法院裁定，查封、冻结史某价值10265元的财产。某保险公司对乙幼儿园的保全出具保函提供担保。2021

年 9 月 4 日，史某的 N 银行卡被控制 10265 元，控制结束时间为 2022 年 9 月 4 日；冻结时卡内余额 396.7 元，2021 年 9 月 5 日存入 7 元；2021 年 9 月 6 日存入 18701.08 元（前述仲裁裁决执行案款）。后，乙幼儿园未起诉。史某以乙幼儿园给其造成损失为由诉至法院，请求判令：解除对史某的财产保全；乙幼儿园、某保险公司赔偿因申请财产保全而造成的各项损失及补偿 6500 元。

【案件焦点】

某保险公司的责任形态如何界定。

【法院裁判要旨】

新疆维吾尔自治区乌鲁木齐市新市区人民法院经审理认为：乙幼儿园对未解除保全给史某造成的直接损失 388.22 元负有责任。乙幼儿园申请保全后未起诉，应当赔偿史某由此造成的损失。损失赔偿的范围应包括直接损失和间接损失。本案中，史某要求乙幼儿园赔偿的损失为，因 N 银行卡被保全致无法偿还 X 网贷的借款，由此产生高额的逾期利息损失，系间接损失。但史某提供的 X 平台截图（与 J 银行卡绑定）、催收短信等证据，显示 X 网贷绑定还款卡系未被保全的 J 银行卡。此难以证明，逾期还款与案涉保全存在因果关系，不予采信。故，本院对史某的损失按直接产生的损失予以支持，即：分批分段按照全国银行间同业拆借中心公布的贷款市场报价利率计算的利息 388.22 元。

某保险公司应对上述损失先行承担赔偿责任。依据某保险公司提供的保单，双方对于史某未在保全后依法起诉产生的损失并没有免责条款的约定，该公司应就上述损失承担保险责任。根据《中华人民共和国保险法》第六十五条第一款和第二款“保险人对责任保险的被保险人给第三者造成的损害，可以依照法律的规定或者合同的约定，直接向该第三者赔偿保险金。责任保险的被保险人给第三者造成损害，被保险人对第三者应负的赔偿责任确定的，根据被保险人的请求，保险人应当直接向该第三者赔偿保险金。被保险人怠于请求的，第三者有权就其应获赔偿部分直接向保险人请求赔偿保险金”的规定，史某诉请某保险公司承担责任，法院予以支持。需要说明的是，史某对于某保险公司、乙幼儿园同时具有请求权，但参照《中华人民共和国民法典》第一千二百一十三条的规定，某保险公司负有先行赔付义务，故法院对史某向乙幼儿园的诉请不予支持。

新疆维吾尔自治区乌鲁木齐市新市区人民法院依照《中华人民共和国保险法》第六十五条第一款和第二款、《最高人民法院关于人民法院办理财产保全案件若干问题的规定》第二十三条之规定，判决如下：

一、被告某保险公司于本判决生效之日起十日内赔偿原告史某388.22元；

二、驳回原告史某的其他诉讼请求。

史某不服一审判决，提出上诉。新疆维吾尔自治区乌鲁木齐市中级人民法院经审理认为：原审判决认定事实清楚，适用法律正确，应予维持。

新疆维吾尔自治区乌鲁木齐市中级人民法院依照《中华人民共和国民事诉讼法》第一百七十七条第一款第一项、《最高人民法院关于适用〈中华人民共和国民事诉讼法〉的解释》第三百三十四条规定，判决如下：

驳回上诉，维持原判。

【法官后语】

审判实务中对于因申请财产保全损害责任纠纷案件中保险公司的责任形态存在分歧。有观点认为，被保全人对出具保函的保险公司和错误保全的申请人同时具有请求权，保险公司应在保险范围内与错误申请人承担不真正连带责任；也有观点认为，诉讼财产保全责任保险具有旨在分散申请保全人错误保全的损害赔偿责任，保险公司应当在保险范围内承担先行赔付责任，超出保险责任范围的损害才应由错误申请人承担责任。笔者认为应采后者。

1. 不真正连带责任说——秉持形式逻辑。保险公司在保险范围与错误申请人成立不真正连带责任。通说认为，不真正连带责任是指多数债务人基于不同发生原因而偶然产生的同一内容的给付，各负全部履行之义务，因债务人之一的履行而使全体债务均消灭的债务。具体到本文讨论的问题，首先，被保全人和保险公司各自债务产生的原因不同。根据《中华人民共和国保险法》第六十五条第二款的规定，被保全人可以直接请求保险人承担责任；而被保全人请求错误申请人承担责任的依据是侵权法。其次，债务的给付内容相同。错误申请人和保险公司在保险范围内均具有清偿全部债务的义务，并不区分清偿比例和份额。最后，债务存在终局债务人。一般而言，错误申请人承担责任后可依保险合同请求保险公司承担责任，保险公司为终局的责任承担方。

2. 保险公司先行赔付说——偏重后果考量。首先，保险公司承担先行赔付责任不损害错误申请人、被保全人、保险公司任何一方的利益。这是因为，保险公司通常不存在执行困难，令其先行赔付不损害被保全人的利益，确定先行赔付的规则，同时能够避免保险公司因为观望、侥幸心态拒绝理赔，为尽可能通过非诉方式化解纠纷提供制度基础。且一般而言，保险公司本就是承担终局责任的一方，令保险公司先行赔付不损害其利益。其次，保险公司先行承担赔付责任，也避免了产生错误申请人承担责任后再请求承担保险公司的诉累，对错误申请人亦属有利。最后，保险公司承担先行赔付责任有利于一次性解决纠纷，节省诉讼成本。虽然保险公司在保险范围与错误申请人成立不真正连带责任，但裁判规则的确立还应进行后果考量，避免形式上符合逻辑、实质上不正义的裁判出现。根据前述分析，保险公司承担先行赔付责任不损害错误申请人、被保全人、保险公司任何一方的利益。基于此，若判决保险公司与错误申请人承担不真正连带责任，最终又执行了错误申请人的财产，错误申请人还需向保险公司再行起诉，由此产生程序空转，对当事人毫无实益。

笔者认为，根据《最高人民法院关于加强和规范裁判文书释法说理的指导意见》第七条中"民事案件没有明确的法律规定作为裁判直接依据的，法官应当首先寻找最相类似的法律规定作出裁判"的规定，应从法律漏洞填补的路径切入，类推适用《中华人民共和国民法典》第一千二百一十三条的规定，令承保诉讼责任保险的公司先行赔付。

编写人：新疆维吾尔自治区乌鲁木齐市新市区人民法院 李庄博

43

财产保全错误损害赔偿额的认定

——某科技开发公司诉黄某、某融资担保公司因申请财产保全损害责任案

【案件基本信息】

1. 裁判书字号

新疆维吾尔自治区高级人民法院（2023）新民终206号民事判决书

2. 案由：因申请财产保全损害责任纠纷

3. 当事人

原告（被上诉人）：某科技开发公司

被告（上诉人）：黄某、某融资担保公司

【基本案情】

2016年11月24日，黄某向法院提起基础案件诉讼，要求某科技开发公司偿付土地投资、收益款及利息58397000元，并申请保全某科技开发公司价值58397000元的财产，某融资担保公司向法院出具《诉讼财产保全担保书》提供担保。新疆维吾尔自治区巴音郭楞蒙古自治州中级人民法院（以下简称巴州中院）经审查并于2016年11月29日作出（2016）新28民初83号民事裁定，查封、扣押、冻结某科技开发公司价值58397000元的财产。同日，巴州中院向新疆维吾尔自治区库尔勒市国土资源局送达协助执行通知书，查封某科技开发公司土地使用权四宗。2016年12月1日，巴州中院发出协助冻结存款通知书冻结某科技开发公司4个银行账号，2017年1月13日将两个账号中的资金转入尾号为5733的银行账号内。2017年3月28日，新疆维吾尔自治区库尔勒市国土

资源局将应向某科技开发公司支付的土地征收补偿款 25884275 元打入法院指定账户。2017 年 7 月 5 日，巴州中院以黄某的诉讼涉嫌虚假诉讼犯罪，作出（2016）新 28 民初 83 号民事裁定，驳回黄某对某科技开发公司的起诉。黄某不服，提起上诉，新疆维吾尔自治区高级人民法院于 2017 年 10 月 3 日驳回了黄某的上诉，维持原裁定。2017 年 11 月 7 日，巴州中院解除对某科技开发公司土地的查封，11 月 9 日解除对某科技开发公司资金的冻结。

另查明，2018 年 1 月 9 日，新疆维吾尔自治区库尔勒市人民法院以黄某犯虚假诉讼罪判处其有期徒刑五年，并处罚金 50 万元。巴州中院经审理后裁定驳回上诉，维持原判。

再查明，某科技开发公司在起诉状中漏记尾号 1607 账户中的冻结资金，其主张的三个账户被冻结资金合计为 944790.88 元。经释明和询问，某科技开发公司不变更起诉内容，就其漏记的账户冻结资金损失不再主张，故巴州中院以其主张的三个账户被冻结资金为基础计算损失额。

【案件焦点】

1. 某科技开发公司因被申请财产保全错误造成损失的数额如何确定；2. 某融资担保公司是否应当承担连带赔偿责任。

【法院裁判要旨】

新疆维吾尔自治区巴音郭楞蒙古自治州中级人民法院经审理认为：黄某在基础案件中以捏造的事实提起民事诉讼，存在虚假诉讼的事实，侵害了某科技开发公司的合法权益，已经法院生效判决认定；黄某因虚假诉讼而提起财产保全申请，申请显然错误，且因此造成某科技开发公司财产损失，应当赔偿。本案中因申请财产保全错误造成的损失分为两部分。

第一部分，关于冻结资金造成的损失。以资金被冻结期间使用等额资金的费用即中国人民银行公布的同期同类贷款利息，作为被保全资金在保全期间的损失金额。因资金冻结期间未停止存款计息，实际获得的存款利息应从损失额中减除。

1. 与被冻结资金等额贷款计算的利息额。中国人民银行公布一年期同期贷款利率为4.35%，被冻结资金等额贷款利息为：（1）土地补偿款打入前2016年12月1日至2017年3月28日（117天）：944790.88元×4.35%×（117天/365天）=13174.01元。（2）土地赔偿款打入账户后2017年3月28日（3月29日到账）至2017年11月9日（共226天）：（944790.88元+25884275元）×4.35%×（226天/365天）=722620.68元。以上两项合计：735794.69元。

2. 被冻结资金实际获得的活期存款利息额。被冻结后，账户资金不停止计息，且在此期间除结算计息外没有其他收入。2017年11月9日，解除冻结时，尾号5733账号资金为26872004.85元。冻结期间实际获得利息额为：26872004.85元-26829065.88元=42938.97元。

3. 以被冻结资金同期等额贷款利息额与实际获得存款利息之间的差额为损失额：735794.69元-42938.97元=692855.72元。

第二部分，因黄某虚假诉讼产生的律师代理费是否计入损失数额。从收费标准分析，某科技开发公司支付了律师代理费24万元，法院予以支持。

以上两部分合计932855.72元。

关于某融资担保公司是否应当承担连带赔偿责任问题。为诉讼财产保全提供的担保系向人民法院出具的司法担保，而非平等民事主体之间的担保。财产保全措施系因申请而采取，财产保全错误的，申请保全人是侵权行为人。第三人提供担保的，对被申请人的损失，应当按照承诺承担相应的担保责任。某融资担保公司虽采取了止损措施，但其主体及事由不符合民事诉讼法规定的解除冻结条件，未能因此解除冻结，并不因此免除保证责任，应当按照承诺承担相应的担保责任。

关于诉讼时效的问题。财产保全保证担保不同于民事主体之间的担保，并没有关于保证期间确定的相关规定。但是，财产保全保证担保的是申请人因保全错误给被申请人造成的侵权损害赔偿之债，其是否发生并不确定，因而若存在保证期间，其起算点上应以生效裁判文书确定的侵权损害赔偿之债履行期限届满为准。

新疆维吾尔自治区巴音郭楞蒙古自治州中级人民法院判决如下：

一、黄某于判决生效之日起十日内赔偿某科技开发公司因申请财产保全错误造成的资金冻结的经济损失 692855.72 元；

二、黄某于该判决生效之日起十日内赔偿某科技开发公司因申请财产保全错误造成的律师代理费经济损失 24 万元；

三、某融资担保公司对该判决第一项承担连带赔偿责任；

四、驳回某科技开发公司的其他诉讼请求。

被告黄某、某融资担保公司不服一审判决，提起上诉。新疆维吾尔自治区高级人民法院依照《中华人民共和国民事诉讼法》第一百七十七条第一款第一项规定，判决如下：

驳回上诉，维持原判。

【法官后语】

无损害无救济，有损害才赔偿，是我国民事责任制度普遍适用的原则，损害的实际发生是被保全人要求申请人承担损害赔偿责任的前提条件。关于如何认定财产保全侵权责任，值得进一步探讨。本案审理中，按照申请人的错误财产保全行为构成侵权的思路，按照民事责任的四个构成要件进行分析：（1）损害事实的客观存在；（2）侵权行为与损害事实有因果关系；（3）行为的违法性；（4）行为人存在过错。根据以上思路，本案需要解决两个方面的问题。

一、保全申请人的责任认定

按照民事责任的构成要件分析，有观点认为，财产保全保证是依照民事诉讼法规定，由法院主导的民事诉讼行为。申请人的错误财产保全行为构成侵权，申请人应承担赔偿责任。但也有观点认为，申请财产保全错误的认定，属于公法领域诉讼行为，不应用私法原理解释。

本案中的保全错误与普通保全错误的不同在于，本案财产保全行为已认定为虚假诉讼，保全申请人具有严重主观恶意，保全目的是获得非法利益而不是保证自身的诉讼权利，损失的认定并不应仅认定为受害人财产的减损，也应包括受害人本应享有或得到的利益因保全而未能获得、或因此而可能增加的成本。

一般而言，民事行为承担赔偿责任主要看行为人的行为是否在客观上造成一定的损害后果，行为人的主观过错程度相对次要；而在违法犯罪及关联行为中承担赔偿责任，主要看行为人希望发生损害后果还是预见可能发生损害后果而未予避免，赔偿责任的范围不限于受害人财产的实际减损。

本案中，因为被冻结财产作为存款未停止计息而认为被保全人没有损失而不予赔偿，相当于财产保全申请人因主观故意实施违法行为而没有任何风险，将会形成不良的示范效应。因此，对主观恶意甚至滥用诉讼权利的行为应从法律上、在审判中予以负面评价，以此来防止怀有侥幸心理的当事人以较低成本损害其他市场主体的合法权益。

关于律师费是否计入损失额，本案中，标的额巨大、涉及专业知识、较为疑难复杂，某科技开发公司聘请专业律师维护自身合法权益具有合理性、正当性和必要性。从收费标准分析，某科技开发公司可以证明支付了律师代理费24万元，律师参与了基础案件的诉讼过程，律师事务所在该案中的收费不足诉讼标的额的0.5%，符合相关标准。该笔律师代理费用系某科技开发公司在无过错情况下，因黄某提起虚假诉讼而产生、数额合理，属于黄某造成的某科技开发公司的经济损失，为引导当事人诚信理性诉讼，法院予以支持。

二、财产保全保证责任应如何认定

财产保全保证责任的认定主要涉及以下几个方面：(1) 财产保全担保的法律性质与民事担保法律性质不同，《中华人民共和国民法典》能否调整在保全错误时担保人的责任承担；(2) 担保人的担保行为是否构成共同侵权；(3) 财产保全担保行为的性质是构成一般保证还是连带保证。

一种观点认为，原《最高人民法院关于适用〈中华人民共和国担保法〉若干问题的解释》第二十四条规定："一般保证的保证人在主债权履行期间届满后，向债权人提供了债务人可供执行财产的真实情况的，债权人放弃或者怠于行使权利致使该财产不能被执行，保证人可以请求人民法院在其提供可供执行财产的实际价值范围内免除保证责任。"参照该条规定，可以得出这样的结论：债权人放弃或者怠于行使权利致使保全财产未被执行，保证人请求人民法院在该财产的实际价值范围内免除保证责任，说明财产保全保证有补充性，保证人享有先诉抗辩权。

另一种观点认为，财产保全保证责任按连带保证认定。原《中华人民共和国担保法》及《最高人民法院关于适用〈中华人民共和国担保法〉若干问题的解释》相关规定的立法本意在于侧重保护债权人，当事人在保证合同中对保证方式没有约定或者约定不明确的，按照连带保证责任承担保证责任。后，《中华人民共和国民法典》作了调整，明确按照一般保证承担保证责任。

笔者认为，本案事实财产保全保证是向法院作出的具有公法性质的保证，不同于一般民事主体之间的债务保证，且发生在《中华人民共和国民法典》实施前，应参照连带保证责任认定为宜。某融资担保公司关于不应承担责任的理由并不成立。首先，某融资担保公司作为专业融资担保公司，对于为诉讼财产保全提供担保存在的法律风险是明知的，其为黄某提供58397000元担保时，仅审查欠条，并未审查黄某与某科技开发公司相关投资协议等能够证明欠款关系是否真实存在的证据，未尽到必要的审查义务。某融资担保公司向法院出具《诉讼财产保全担保书》系真实意思表示，应当依约承担担保责任。其次，黄某因涉嫌虚假诉讼罪被逮捕后，某融资担保公司虽向一审法院申请终止担保及申请解除财产保全措施，但因某融资担保公司提供担保系在某科技开发公司申请财产保全错误时向某科技开发公司承担担保责任，某融资担保公司申请终止担保并不能免除其应承担的担保责任。同时，黄某是否构成虚假诉讼罪须经人民法院依法审判，某融资担保公司申请解除财产保全措施后，法院未解除财产保全措施并无不当。再次，本案中，保证期间应自本案生效判决确定的侵权赔偿之债履行期限届满之日起算，某科技开发公司提起本案诉讼并未超过保证期间。最后，黄某因犯虚假诉讼罪被判处罚金50万元，不影响其向某科技开发公司承担因申请财产保全错误损害赔偿责任。

编写人：新疆维吾尔自治区巴音郭楞蒙古自治州中级人民法院　普新

44

主观过错系判定申请错误重要参考基数

——某保险公司诉黄某甲等申请财产保全损害责任案

【案件基本信息】

1. 裁判书字号

北京市第三中级人民法院（2023）京03民终9638号民事判决书

2. 案由：申请财产保全损害责任纠纷

3. 当事人

原告（上诉人）：某保险公司

被告（被上诉人）：黄某甲、阮某

被告：王某、黄某乙

【基本案情】

黄某甲与某房地产公司签订《商品房预售合同》，约定黄某甲购买B号房屋。黄某甲、阮某作为委托人、黄某乙作为受托人办理了委托公证：黄某甲、阮某夫妇准备以按揭贷款方式购买B号房屋，现委托受托人全权办理该房屋所有权的一切事宜。2017年7月，王某作为原告，以物权保护纠纷为案由，将黄某甲诉至本院，要求确认B号房屋归王某、黄某乙所有。在该案件审理过程中，王某申请对涉案B号房屋进行查封，本院作出民事裁定书，对黄某甲名下的涉案B号房屋予以查封。担保形式为本案被告保险公司提供的保单保函，责任限额为400万元，保单保函承诺“如因申请人财产保全错误致使被申请人遭受直接经济损失，经法院判决、裁定或仲裁机构裁决由申请人承担的赔偿责任，保险人按照《某保险公司诉讼保全责任保险条款》及本保单保函承担赔偿责任”。

被告提交2016年2月3日的《协议书》一份，协议甲方为黄某甲、阮某，乙方为王某、黄某乙。(1) 甲方承诺于签收本协议快递当日支付人民币现金20万元给乙方。(2) 于2016年4月30日前支付人民币现金10万元给乙方。(3) 乙方承诺在足额收到甲方汇款后自愿放弃诉讼关于北京和厦门两处房产产权归属的权利，明确北京和厦门两处房产产权归属于甲方。

2016年2月10日，黄某甲向黄某乙的账户转款20万元。2016年4月29日，黄某甲向黄某乙的账户转款10万元。

原告申请对上述协议书上的王某的签名、指纹进行笔迹鉴定，被告申请对协议书上王某的身份证号进行笔迹鉴定，鉴定结论为该协议书上王某的签名与鉴定样本上的王某的签名字迹不是同一人所书写；王某的指印与鉴定样本上的王某指印并非同一人捺印形成；王某的身份证号系王某本人书写。

曾某乙作为证人到庭作证，曾某乙表示经其本人居间协调，由被告支付原告30万元，房屋就与王某和黄某乙无关了，双方均同意了。

2017年7月17日，黄某甲（出卖人，甲方）与李某（买受人，乙方）签订买卖合同，约定黄某甲将其所有的B号房屋出售给李某，因B号房屋被保全查封，无法办理过户手续。黄某甲退还李某B号房屋首付款137万元并支付其违约金50万元。

本案中，原告黄某甲、阮某主张被告王某、黄某乙保全错误，要求二被告予以赔偿，并要求保险公司承担连带赔偿责任。

【案件焦点】

1. 如何结合证据对当事人所述内容的真伪进行甄别；2. 申请保全是否错误；3. 法庭主持下达成的赔偿金额可否作为赔偿标准；4. 保险公司可否以被告故意为由拒绝赔偿。

【法院裁判要旨】

北京市通州区人民法院经审理认为：行为人因过错侵害他人民事权益，应当承担侵权责任。申请保全错误赔偿责任属于一般侵权责任，须以申请人主观存在过错为要件，具体审查时要判断申请人是否尽到了合理注意义务。如果申请人在申请保全时未尽到合理注意义务，且其诉讼请求与法院最终的生效判决产生了不合理的偏差，该差额诉讼请求范围内的保全申请属于存在错误。

北京市通州区人民法院判决如下：

驳回王某、黄某乙的诉讼请求。

某保险公司不服一审判决，提起上诉。北京市第三中级人民法院经审理认为：王某申请对B号房屋进行查封，并以保险公司提供保单保函的形式提供了担保，法院根据王某的申请对黄某甲名下的B号房屋予以查封。当事人之间已经签订了协议书，明确载明B号房屋归黄某甲所有，关于房屋的归属问题已经处理完毕，并认定王某参与了协议书的商谈、起草及对协议书内容知情。上述认定系法院综合案件证据审查认定的事实，该事实足以表明王某在提起案件时知晓B号房屋的归属已经予以明确，可见王某在以存在借名买房关系为由提起该诉讼并要求确认享有B号房屋所有权时，其应当知晓该诉讼请求明显缺乏事实和法律依据，王某在此情况下仍提起诉讼并申请对B号房屋进行保全，违反了普通人应尽的合理注意义务。黄某甲在其与案外人的诉讼中承担的财产保全费、评估费、案件受理费，属于其因王某保全错误产生的直接经济损失，王某应予赔偿。关于黄某甲支付的50万元违约金。结合黄某甲与案外人房屋买卖合同纠纷案件审理查明的事实以及案件审理的实际情况，黄某甲作为违约一方，其与案外人最终协商不再继续履行合同并赔偿50万元违约金并无明显不合理之处，且并无充分证据表明黄某甲与案外人存在恶意串通的情形，而黄某甲违约系因B号房屋被申请保全所致。

北京市第三中级人民法院依照《中华人民共和国民事诉讼法》第一百七十七条第一款第一项规定，判决如下：

驳回上诉，维持原判。

【法官后语】

根据对案件分析确定了以下法律事实：黄某甲、阮某确实因为黄某乙、王某的保全产生了实际损失。黄某乙、王某在提起保全所依据的案件中败诉。B

号房屋自始至终登记在原告名下，原告对房屋进行了装修和出租。原告按照协议约定按时向被告支付30万元款项。

一、如何结合证据对当事人所述内容的真伪进行甄别

首先厘清案情的时间脉络：（1）2010年3月黄某甲与某房地产公司签订《商品房预售合同》；（2）2010年4月28日，黄某甲、阮某作为委托人，黄某乙作为受托人在公证处办理了委托公证，黄某甲、阮某委托黄某乙全权办理与B房屋相关的一切事宜；（3）2015年2月，黄某甲办理了B号房屋收房手续并于同年8月办理产权证，另外，黄某甲在收房后将房屋进行装修并对外出租；（4）当庭曾某乙表示2015年下半年，经其本人调解，由黄某甲、阮某支付黄某乙、王某30万元，B号房屋权属与黄某乙、王某无关；（5）原告提供2016年2月3日的《协议书》一份，协议甲方为黄某甲、阮某，乙方为王某、黄某乙，该协议中明确B号房屋归黄某甲、阮某，黄某甲、阮某合计给付黄某乙、王某30万元；（6）2016年2月10日，黄某甲向黄某乙转账20万元；（7）2016年4月29日，黄某甲向黄某乙转账10万元。

诉讼过程中，黄某甲、阮某申请对上述协议书中王某的签名和指纹进行笔迹鉴定，黄某乙、王某申请对该协议中王某的身份证号进行笔迹鉴定。鉴定结论为该协议书上王某的签名与鉴定样本上王某的签名字迹不是同一人所书写，该协议书上的王某的身份证号系王某本人书写。

至此，笔者认为，需要对案件的真实情况分类讨论：第一类情况，如黄某乙所述，协议书是其隐瞒王某的情况下代签，这种情况下协议书对王某不发生法律效力。王某对于B号房屋的最终处理方案不知情，故提起诉讼要求确认物权归属，同时担心原告出售房屋故申请财产保全。第二类情况，协议书虽然不是王某签订，但是如曾某乙所述，王某是知道协议的存在的，并且王某还参与了协议的最终商讨。在黄某甲已经按照协议书履行完毕付款义务的情况下，黄某乙、王某内心是明知B号房屋权属归原告的，因此二被告在申请保全时未尽到合理注意义务，故而构成保全错误。

笔者认为，第二类情况更符合逻辑。理由如下，B号房屋购买—付款—装

修—出租—出售流程形成了一套符合常理的证据链。起初二原告以自己名义购房，后续办理手续过程也是通过公证委托被告办理手续。收房乃至办理产权证是黄某甲经手，并且这个过程还经历了房屋装修乃至出租，如果真如二被告所述房屋产权有争议，在房屋装修乃至出租整个漫长过程二被告都在北京居住的前提下都没有出面制止不符合常理。另外，证人曾某乙称因原告与被告合作生意，后来在曾某乙的中间调和下原告与被告达成协议书，就B号房屋权属也进行了明确。协议签订后二原告按照规定的时间节点履行协议书约定的付款义务。如果仅仅因为协议书中王某的名字不是本人书写就否定了B号房屋的权属以及原告已经支付30万元的事实，这显然有失公平也违背证据链的逻辑构成，由此推定王某参与了协议书的拟定，至此进入保全错误与否的探讨。

二、申请保全是否错误

根据《中华人民共和国民事诉讼法》第一百零八条的规定，申请有错误的，申请人应当赔偿被申请人因保全所遭受的损失。因此，本案黄某乙、王某提起保全错误与否直接关系其应否向原告赔偿问题。申请保全错误赔偿责任属于一般侵权责任，须以申请人主观存在过错为要件，具体审查时要判断申请人是否尽到了合理注意义务。如果申请人在申请保全时未尽到合理注意义务，且其诉讼请求与法院最终的生效判决产生了不合理的偏差，该差额诉讼请求范围内的保全申请属于存在错误。经过上面的论述，被告在知道B号房屋权属已经明确的情况下仍就上述房屋提起诉讼并保全上述房屋。因此，被告申请财产保全未尽到合理的注意义务，构成申请错误。

三、法庭主持下达成的赔偿金额可否作为赔偿标准

原告与案外人李某的另案诉讼，一审法院判决原告支付李某违约金20万元。李某不服，提起上诉，二审法院就此案对双方进行调解，最终原告与李某达成调解书：原告支付李某违约金50万元。虽然二审调解达成结果加重原告的责任承担，但是这里需要注意一个问题，原告与李某的一审判决从未生效，并且最终调解的金额50万元不高于合同约定的违约金标准。此外，法院的生效调解书具有司法公信力，这是在不违反法律法规的前提下，案件双方当事人达成

的真实意思表示，应属合法有效。保险公司不能简单地以二审调解书所确定的调解金额高于一审判决金额为由拒绝承担担保责任。

四、保险公司可否以被告故意为由拒绝赔偿

在二审审理过程中，某保险公司上诉称，如王某存在故意，则属于投保人故意制造保险事故，保险公司有权不赔偿。那么该观点是否合理？被告在保全案件中提供的保单保函中保险公司承诺“如因申请人财产保全错误致使被申请人遭受直接经济损失，经法院判决、裁定或仲裁机构裁决由申请人承担的赔偿责任，保险人按照《中国人民财产保险股份有限公司诉讼保全责任保险条款》及本保单保函承担赔偿责任”。保全案件当事人投保的一个重要目的就是防止保全错误承担赔偿责任，如果在保全错误情况下，保险公司逃避赔偿责任，无疑不利于社会的诚信也不利于后续受损当事人的足额赔偿，甚至引发显失公平局面的发生，这也有违保险设立的目的。笔者认为保险公司在本案情形下不应拒绝赔偿。

编写人：北京市通州区人民法院　柳爱花

45

因申请财产保全损害责任中归责原则的司法认定

——何某诉李某因申请财产保全损害责任案

【案件基本信息】

1. 裁判书字号

重庆市第三中级人民法院（2023）渝 03 民终 1071 号民事判决书

2. 案由：因申请财产保全损害责任纠纷

3. 当事人

原告（上诉人）：何某

被告（被上诉人）：李某

【基本案情】

2013 年 5 月，李某向某区法院起诉离婚，请求判令李某与何某离婚及何某一次性支付李某现金 1 亿元等诉请。2013 年 6 月，李某向法院提交财产保全申请书，申请法院对何某用夫妻共同财产出借给某资产经营公司的 7600 万元财产及收益进行保全，并以其名下房屋及车辆作为财产保全提供担保。后，某区法院裁定对何某出借给某资产经营公司的 7600 万元债权及收益予以冻结。

在李某与何某离婚纠纷案件审理过程中，该案于 2014 年两次进行不公开开庭审理。后，李某与何某分别申请对案涉相关财产价值进行评估无果，又因该案需以其他法院正在审理的案件结果为依据，某区法院于 2017 年 5 月中止审理。中止原因消除后，某区法院于 2018 年 8 月决定恢复审理，并依法传唤双方当事人开庭审理。因李某未到庭参加诉讼，故某区法院于 2018 年 8 月裁定按李某撤诉处理。后，何某向某区法院申请解除财产保全，某区法院于 2018 年 8 月裁定解除对何某银行存款 8295 万元及其收益的冻结。

在何某出借给某资产经营公司的财产及收益被冻结过程期间，2013 年 12 月，何某之母许某以及何某之兄妹何某甲、何某乙向某中级法院提起民间委托理财合同纠纷，认为何某出借给某资产经营公司的 7600 万元系上述三人委托理财。后，许某、何某甲、何某乙与何某达成调解，由何某支付许某、何某甲、何某乙本金 7930 万元及利息。李某不服，经上诉、再审之后，由某高级法院于 2017 年 12 月判决，何某应当返还许某、何某甲、何某乙股份转让款 7930 万元。2018 年 2 月某区法院受理许某、何某甲、何某乙与李某、何某案外人执行异议之诉，该院于 2018 年 6 月判决何某出借给某资产经营公司 7600 万元及收益属许某、何某甲、何某乙所有；解除对何某名下账户内的 7600 万元本金以及收益的冻结；等等。李某不服，在上诉过程中，因李某与何某离婚纠纷案件裁定按撤诉处理，何某申请解除财产保全，法院于 2018 年 8 月已经解除保全措施，故某中级法院于 2018 年 11 月裁定终结诉讼。

【案件焦点】

本案在离婚案件中以分割夫妻共同财产为由，申请冻结何某出借给某资产经营公司的 7600 万元的保全行为是否存在过错，是否对何某合法权益造成损害以及应否因此承担损害赔偿责任。

【法院裁判要旨】

重庆市涪陵区人民法院经审理认为：因申请财产保全错误而应承担损害赔偿责任的案件，系一般侵权案件，应当适用过错归责原则。若该请求权成立，应当具备以下条件：申请人在主观上有故意或者重大过失的过错；保全行为在客观上造成了被申请人合法权益的损失。本案案涉款项系何某在婚姻存续期间以自己名义向某资产经营公司出借的款项，从双方签订的协议来看，何某系债权人，在何某未出示合法、有效的证据证明该款系他人所有前，李某认为该款项属夫妻共同财产有一定的事实依据及法律依据。事实上，在该款项被冻结后，双方就该笔款项的实际权利人在何某与许某、何某甲、何某乙民间委托理财案件的一审、再审案件中多次诉讼，某高级法院才于 2017 年 12 月 19 日作出的（2015）渝高法民终字第 00289 号民事判决书中确认许某、何某甲、何某乙与何某之间的委托理财合同关系成立，何某应当返还许某、何某甲、何某乙股份转让款 7930 万元。许某、何某甲、何某乙依据前述生效裁判，向某区法院提起案外人执行异议之诉，该院于 2018 年 6 月 27 日判决何某出借给某资产经营公司 7600 万元及收益属许某、何某甲、何某乙所有；解除对何某案涉账户的保全措施；等等。在该判决上诉期间，因李某与何某离婚案被裁定按撤诉处理，李某申请的财产保全丧失合法依据，该院才于 2018 年 8 月 21 日解除保全措施。从李某以上申请保全措施的期间来看，并无生效裁判确认案涉款项属其他人所有，故李某申请对案涉款项的保全尽到了一般注意义务，其不存在错误保全的过错。且在上述保全长达 5 年的时间里，何某、许某、何某甲、何某乙等作为利害关系人也未提出异议，能够印证双方对案涉款项的权属存在争议，李某申请保全夫妻共同财产不具有故意或具有重大过失的过错。

重庆市涪陵区人民法院依照《中华人民共和国民法典》第一千一百六十五

条第一款的规定，判决如下：

驳回原告何某的诉讼请求。

何某不服一审判决，提起上诉。重庆市第三中级人民法院依照《中华人民共和国民事诉讼法》第一百七十七条第一款第一项的规定，判决如下：

驳回上诉，维持原判。

【法官后语】

因申请财产保全损害责任纠纷应当适用过错责任原则。若其请求权成立，则应当具备以下条件：申请人在主观上有故意或者重大过失的过错；财产保全行为是否给被申请人造成损失；财产保全行为与被申请人损失之间是否存在因果关系。

一、申请人主观过错的司法认定

认定申请保全人是否存在故意或者重大过失，要根据其诉讼请求、所依据的事实理由，以及提起的诉讼是否合理，结合申请保全的标的额、对象及方式等内容进行综合衡量，审查其申请财产保全是否适当。

在财产保全过程的司法实践中，因案情不同、当事人认知不同，以致认定申请人主观上是否存在过错，没有统一的衡量标准，应结合具体案件事实及证据情况进行判断：第一，申请人诉讼请求基础法律关系具有真实性，证据合法真实的一般不认为具有主观过错；第二，申请人诉讼请求未获法院支持，并非当然认定申请人具有主观过错；第三，申请人申请财产保全目的是认定是否具有主观过错的重要考量因素。申请人是出于真实的诉讼请求，以期达到顺利执行的保全目的，一般不应认定为具有主观过错，但当事人出于拖延给付等其他与诉讼请求无关以及不合法的保全目的，应当认定申请人具有主观过错。

二、财产保全行为给被申请人造成损失的司法认定

认定财产保全行为是否给被申请人造成损失，不仅需要认定其直接损失，对于存在间接损失也应当考虑。间接损失应当根据案件事实进行具体判定，结合因果关系及可预见性原则等进行综合考量。

一般情况下，因财产保全的冻结查封措施，会产生一定利息，如错误保全

他人资产导致被申请人不能及时归还他人，导致支付他人的违约金等属于财产保全造成的直接损失，应当予以认定。对于具体案件中，因被申请人出于经营需要与他人磋商成功，但因错误保全导致受到损害，当事人主张的应当进行考量。此外，损失认定的期间应以保全错误期间为限。

三、财产保全行为与被申请人损失之间因果关系的司法认定

申请人的保全行为与被申请人损失之间存在因果关系的应当承担损害赔偿责任，对于没有因果关系的损害，申请人无须承担责任。

对于因申请人的错误保全行为导致被申请人造成损失的，一般认定具有因果关系损害，对于即使申请人保全错误，但因其他原因，如案涉财产已被冻结、查封、抵押等情况的，不应认定为具有因果关系的损害。同时，对于被申请人不及时止损，未积极履行法律规定的救济途径的，也不应认定损失和保全行为之间具有直接的因果关系。

本案中，申请人的保全行为基于真实的法律关系及保全目的行使财产保全，不具有主观过错，虽其保全财产后被法院认定为他人委托理财的资金，不属于夫妻共同财产，以致何某因保全行为承担违约责任，但在诉讼过程中，何某也并未对财产保全裁定提出任何异议，其未积极履行法律规定的救济途径，不应认定为其损失与保全行为具有因果关系的损害。基于此，本案法院裁判驳回何某的诉请。

诉讼财产保全制度是我国民事诉讼法规定的一项基本制度，目的在于保障人民法院作出的生效判决能够得到有效执行，当事人的合法诉讼权益能够得到切实维护。任何权利的行使都应当有边界，申请财产保全是当事人重要的诉讼权利，行使得当，能够起到顺利执行裁判的作用，行使不当，造成对方当事人损失的，申请人对此确有过错的，也应当承担相应赔偿责任。

编写人：重庆市涪陵区人民法院　郭秋彤

46

应以过错责任为原则审慎认定损失与保全行为之间的因果关系

——王某诉叶某因申请财产保全损害责任案

【案件基本信息】

1. 裁判书字号

北京市第三中级人民法院（2023）京 03 民终 17678 号民事裁定书

2. 案由：因申请财产保全损害责任纠纷

3. 当事人

原告（上诉人）：王某

被告（被上诉人）：叶某

【基本案情】

王某要求叶某赔偿其利息损失 597343 元并负担诉讼费。王某主张：2016 年 1 月 28 日，双方签订了《房屋租赁合同》（以下简称合同），叶某承租其房屋用于宾馆经营。2020 年 7 月 20 日，因叶某严重违约未按照合同约定交付租金，双方租赁合同关系已经依法解除。2020 年 9 月 18 日，叶某在自知合同被解除后自身与涉案房屋没有任何关系的情况下，为了达到获得拆迁款之目的，遂以要求王某支付停止营业损失、搬家损失、拆迁补助及装修损失等款项为由，向北京市顺义区人民法院申请诉前财产保全，要求对原告应收拆迁补偿款人民币 827 万元予以查封。北京市顺义区人民法院针对叶某的诉讼保全申请作出了民事裁定书，查封了王某上述拆迁款。2021 年 8 月 2 日，北京市顺义区人民法院作出了（2020）京 0113 民初 18703 号民事判决，判决认定叶某属于违约一方，双方之间的租赁合同已经解除。通过对比叶某申请财产保全金额（827 万元）与人民法院最终判决认定金额（183.40万元），可见二者相差巨大。叶某提起的诉前财产保全是滥用诉前保全的行为，构成恶意保全。被告叶某不同意王某的全部诉求。

（2020）京0113民初18703号民事判决本院认为部分写明：叶某未按合同约定日期给付相应的租金，但双方对给付租金的方式或期限并没有以书面的形式予以变更，故叶某未按合同约定给付租金，应认定为存在违约行为。王某未支付拆迁款是否违约，因双方合同解除时间在先，王某签署拆迁协议的日期在后，叶某以此主张王某承担违约责任没有事实依据，法院不予支持。判决如下：一、王某给付叶某停产停业损失187万元……二、王某与叶某所签《房屋租赁合同》于2020年7月20日解除等。王某为证实偿还贷款的利息损失，提交了交易明细和贷款还款流水。王某提交的个人业务账务回单显示，2020年11月7日，付款人王某向收款人王某支付1409万元。王某表示法院通知其账户金额可以使用的时间是2022年3月1日，就此提交账务明细。对此叶某表示二审判决后其申请了强制执行，执行部门向其发放案款时间是2022年7月。

【案件焦点】

1. 王某是否因财产保全行为受有损失；2. 如何审查、认定申请保全错误赔偿责任的成立。

【法院裁判要旨】

北京市顺义区人民法院经审理认为：申请有错误的，申请人应当赔偿被申请人因保全所遭受的损失。申请保全错误赔偿责任的确立，需要满足以下四个条件：（1）人民法院依据申请保全人申请对被申请人的财产进行保全；（2）被申请人遭受了损失；（3）损失与保全行为具有因果关系；（4）申请保全人存在过错，即对财产保全具有主观上的故意或重大过失。主张申请保全有错误的当事人应当就上述四个条件的成就负举证责任。

本案中，法院依据叶某申请对王某名下价值827万元的财产进行了保全。王某所称无法使用拆迁款提前偿还贷款造成多付利息损失26.9万元与保全行为之间存在因果关系的意见不能成立。首先，王某向案外人张某某每月转账与张某某每月还贷之间的关联性无法确认，不能证实贷款利息系王某本人损失范畴；其次，2020 年 11 月 7 日王某账户信息显示入拆迁款 1409 万元，除去冻结的 827 万元，还有 582 万元与保全行为无关，王某如需提前偿还贷款完全可以使用未冻结的钱款；最后，王某自述在 2022 年 3 月 1 日即可以使用账户内资金，但从还贷流水可知，张某某账户并未立即一次性偿还贷款，且原告资金如何使用支配与保全行为无必然直接关系。财产保全的错误申请会因被保全财产的查封、冻结而对被保全人正常生产经营产生影响，从而造成损失。申请保全人是否有过错，不仅要看该案件诉讼请求最终是否得到支持，更要看其错误申请保全行为是否存在故意或重大过失。因当事人的法律知识、举证能力、对法律关系的分析判断能力各不相同，对诉争事实和权利义务的认识与人民法院经审理后确认的判断存在差距则较为常见，故不能仅凭叶某的部分诉讼请求被法院驳回而当然证明其滥用诉权或恶意诉讼。叶某申请保全的金额并未超过诉讼请求的范围，且按照法律规定提供了相应担保，申请保全的具体标的额、对象及方式并无明显不当。

北京市顺义区人民法院依照《中华人民共和国民法典》第一千一百六十五条，《中华人民共和国民事诉讼法》第一百零八条、第一百二十七条第五项之规定，判决如下：

驳回原告王某的全部诉讼请求。

原告王某不服一审判决，提出上诉。北京市第三中级人民法院审理过程中，上诉人王某收到催缴案件受理费的通知后仍不予缴纳二审案件受理费。依照《中华人民共和国民事诉讼法》第一百五十七条第一款第十一项，《最高人民法院关于适用〈中华人民共和国民事诉讼法〉的解释》第三百一十八条之规定，裁定如下：

本案按上诉人王某自动撤回上诉处理。

【法官后语】

诉讼财产保全是人民法院为了防止因各种主客观原因可能使人民法院将作

出的判决难以或不能实现的情况，保证生效判决的顺利执行，经利害关系人申请或人民法院决定对有关财产采取临时保护措施的制度。赋予申请人该项权利的同时，同样应注重对被申请人合法权益的保护。申请人应在法律规定的框架内向人民法院申请保全，如其超越权利的合理边界，滥用此项权利给被申请人造成损害的，也应承担相应的法律责任。

关于《中华人民共和国民事诉讼法》第一百零八条规定的“申请有错误”应作何理解，实践中有不同观点。一种观点认为，申请人在申请保全的过程中存在过错，包括主观故意和过失，如申请人在可以保全其他相应价值财产的情况下，申请保全价值明显超过诉讼标的额的财产。另一种观点认为，只要申请人的保全申请不当给被申请人造成损失，申请人就应承担赔偿责任，如申请人败诉或申请人虽未败诉，但判决确定的权利小于请求范围，以致保全范围过大给被申请人造成损失。上述意见均具有一定的合理性，但并不全面、完整，具有一定局限性。

申请诉讼财产保全损害责任在性质上属于侵权损害赔偿责任，虽然法律没有明确规定，一般情况下应适用过错责任原则。需要从以下四个方面考虑：(1)保全行为的合法性审查；(2)保全损失的客观存在；(3)关联性的判断；(4)申请人的主观因素。主张申请保全有错误的当事人应当就上述四个条件的成立负有充分的举证责任。下面分别分析。

1. 人民法院应对保全申请进行审查后才能作出裁定并实施保全。如果在保全程序中出现被申请人权利受损的事实，人民法院有必要区分被申请人遭受损失的原因是申请人申请有误，还是法院对保全申请的审查和实施存在错误。

2. 申请人申请保全有错误，不一定会给被申请人带来损失，有些情况下，申请人申请保全错误损害的是案外人的利益，被申请人可能并未因此遭受损失。《中华人民共和国民事诉讼法》第一百零八条规定的是申请人和被申请人之间因申请有错误而产生的权利义务关系。财产保全的错误申请会因被保全财产的查封、冻结而对被保全人正常生产经营产生影响，从而造成损失。被申请人需要就其损失进行充分、全面的举证，以证实其损失范围、数额等内容。

3. 被申请人的损失需因申请人错误申请保全造成，这里的因果关系可以参照侵权责任法律中的因果关系理论进行解释。实践中，部分案件被申请人的财产损失并非因申请人向人民法院申请保全造成，而是由于被申请人自身对相关财产保管不善，或者故意虚构事实、隐瞒真相，制造财产损失的假象，以及其他与保全申请无关等原因造成损失。部分案件被申请人的财产损失与被保全财产无关，尤其是在保全标的为金钱这种非特定物的情况下，被申请人被保全、查封或冻结的金钱是否与其主张的损失存在必然因果关系，需要审慎进行确定。

4. 申请保全人是否有过错，不仅要看该案件诉讼请求最终是否得到支持，更要看其错误申请保全行为是否存在故意或重大过失。因当事人的法律知识、举证能力、对法律关系的分析判断能力各不相同，对诉争事实和权利义务的认识与人民法院经审理后确认的判断存在差距则较为常见，故不能仅凭当事人的部分诉讼请求被法院驳回而当然证明其滥用诉权或恶意诉讼。

编写人：北京市顺义区人民法院　张蕾

47

申请财产保全错误的认定

——孙某诉某棉花交易市场、某保险公司申请财产保全损害责任案

【案件基本信息】

1. 裁判书字号

北京市第二中级人民法院（2023）京02民终9624号民事判决书

2. 案由：申请财产保全损害责任纠纷

3. 当事人

原告（被上诉人）：孙某

被告（上诉人）：某保险公司

被告：某棉花交易市场

【基本案情】

（2017）鲁0829刑初217号生效刑事判决认定，2016年11月24日，被告人孙某使用由某棉业公司提供的加盖合同专用章的合同文本，并利用某棉业公司的银行账户以及某棉业公司的棉花交易市场交易商资格，与某棉花交易市场签订合同进行交易合作。其间，孙某在未变更棉花货权、未经某棉花交易市场同意的情况下，私自以多家公司名义出售棉花，造成某棉花交易市场损失3000余万元。后，孙某因犯合同诈骗罪，被判处有期徒刑并处罚金，生效刑事判决同时判令孙某退赔某棉花交易市场经济损失3000余万元。

2019年9月29日，北京市西城区人民法院依据某棉花交易市场的申请，作出（2019）京0102财保730号民事裁定书，对被申请人某棉业公司、孙某银行账户采取了保全措施。实际冻结孙某名下N银行尾号111账户存款200万元、G银行尾号352账户存款166.33元、N银行尾号375账户735.05元，冻结实际可用金额2000901.38元。冻结期限为2019年10月10日至2020年10月9日。某保险公司为某棉花交易市场出具保单，承诺如因申请人诉讼保全申请错误致使被申请人遭受损失，被保险人在赔偿限额内不可抗辩地进行赔偿。

2019年10月11日，某棉花交易市场以合同纠纷案由起诉某棉业公司、杜某、孙某，请求法院判令某棉业公司赔偿其合同款331万元及利息损失，主张杜某系某棉业公司股东、孙某系某棉业公司实际控制人，故请求杜某、孙某承担连带责任。案件审理过程中，北京市西城区人民法院于2020年9月30日作出（2019）京0102民初41910号民事裁定书，裁定继续查封、冻结某棉业公司、孙某名下财产。北京市西城区人民法院经审理于2020年12月8日作出（2019）京0102民初41910号民事判决书，驳回某棉花交易市场的诉讼请求。某棉花交易市场不服提出上诉，北京市第二中级人民法院于2021年5月31日作出（2021）京02民终7452号民事判决书，终审判决驳回上诉，维持原判。

2021年6月10日，某棉业公司、孙某向北京市西城区人民法院申请解除上述保全措施。2021 年 7 月 29 日，北京市西城区人民法院作出（2019）京0102 民初 41910 号民事裁定书：解除对某棉业公司、孙某名下价值 377.599743 万元财产的冻结、查封。2021 年 9 月 7 日，孙某的案涉账户解除冻结。

现孙某主张某棉花交易市场存在滥诉、盲目扩大起诉范围及故意采取错误诉前保全行为的过错，给孙某造成损失，故提起本案诉讼，主张某棉花交易市场、某保险公司赔偿孙某因申请诉前财产保全错误造成的损失 56.7406 万元。某棉花交易市场、某保险公司抗辩某棉花交易市场对孙某采取的财产保全措施符合法律规定，不存在故意或者重大过失，孙某主张的损失与保全行为之间不存在因果关系等，均不同意承担损害赔偿责任。

【案件焦点】

1. 案涉保全是否存在错误，相关主体应否承担赔偿责任；2. 案涉损失应如何认定。

【法院裁判要旨】

北京市西城区人民法院经审理认为：本案的争议焦点在以下三个方面：一是某棉花交易市场是否应该承担赔偿责任；二是如果应承担赔偿责任，赔偿数额如何确定；三是某保险公司应否承担赔偿责任。

关于某棉花交易市场申请保全孙某的财产是否存在错误，是否应该承担赔偿责任的问题。根据相关法律规定，人民法院对于可能因当事人一方的行为或者其他原因，使判决难以执行或者造成当事人其他损害的案件，根据对方当事人的申请，可以裁定对其财产进行保全、责令其作出一定行为或者禁止其作出一定行为；申请有错误的，申请人应当赔偿被申请人因保全所遭受的损失。财产保全制度的设立目的是保护当事人的合法权益和保证将来人民法院生效判决的裁判文书得到执行。从财产保全损害赔偿的性质来看，该类损害赔偿属于侵权损害赔偿。财产保全的申请人基于过错原则承担保全错误的赔偿责任。因财产保全引起的损害赔偿案件，应当适用过错责任归责原则，在申请人对财产保全错误存在故意或重大过失的情况下，应当认定属于申请有错误。

某棉花交易市场起诉某棉业公司为合同纠纷之诉，是基于其与某棉业公司之间签订的合同，但该合同已经刑事判决书认定为孙某借用某棉业公司名义签订，某棉花交易市场的交易损失已经被生效刑事判决确认，由孙某退赔。某棉花交易市场再次在民事案件中以合同纠纷之诉起诉某棉业公司，依据不充分，无合理的法律基础。在此情况下，其在该案件中将孙某列为被告，要求其以实际控制人身份与某棉业公司承担连带还款责任，更无充分的依据，其对孙某提起的诉讼请求不具有合理性。故法院认为，在上述案件中，财产保全申请人某棉花交易市场申请保全孙某的财产存在主观过错，构成申请错误。综上，某棉花交易市场因主观过错申请的财产保全，导致孙某账户中的款项冻结近两年时间，必然给孙某造成损害，应予以赔偿。

关于赔偿数额如何确定的问题。孙某向法院提交其与赵某某签订的借条以及转账记录，证明案涉冻结的款项为其向孙某的借款。法院认为，孙某提交的证据已证明其与赵某某之间借款的盖然性，符合正常借款还款的情形。该段期间内的利息损失为实际损失，应由保全申请人某棉花交易市场承担。本案实际保全的金额2000901.38元，冻结期限为2019年10月10日至2021年9月7日。孙某名下的该账户涉及两个案件的保全款项，孙某将借款金额中的200万元纳入本案项下，剩余901.38元为孙某账户中原有资金。结合借款以及原有资金的冻结情形，法院酌定实际利息损失应按以下方式计算：属于借款200万元的利息损失按实际约定的月息1%计算，原有资金的利息损失按同期贷款市场的报价利率年利率4.2%计算，再减去上述资金在冻结期限内产生的活期存款基准利息按照年息0.35%计算。综上，法院核算金额为445638.57元。故，某棉花交易市场应向孙某支付实际利息损失金额为445638.57元。超出部分，法院予以驳回。

关于某保险公司应否承担赔偿责任的问题。责任保险是以被保险人对第三者依法应负的赔偿责任为保险标的的保险。保险人对责任保险的被保险人给第三者造成的损害，可以依照法律的规定或者合同的约定，直接向该第三者赔偿保险金。某保险公司于2019年9月4日向一审法院出具保函，应视为保险公司对法院作出的关于承担赔偿责任的允诺。根据某保险公司出具的保函及诉讼财产保全责任保险条款的内容，某保险公司承诺在申请错误致使被申请人因保全遭受损失的情况下，在申请人应当承担的赔偿责任范围内承担连带赔偿责任。现某棉花交易市场的财产保全行为已构成保全错误，故某保险公司应就某棉花交易市场因保全错误产生的损失承担赔偿责任。

北京市西城区人民法院依照《中华人民共和国民法典》第一千一百六十五条，《中华人民共和国民事诉讼法》第六十七条、第一百零三条、第一百零八条之规定，判决如下：

一、某棉花交易市场、某保险公司于判决生效之日起十日内向孙某赔偿损失 445638.57 元；

二、驳回孙某的其他诉讼请求。

某保险公司不服一审判决，提出上诉。北京市第二中级人民法院经审理认为：本案上诉争议焦点有二：一是某棉花交易市场申请对案涉账户进行诉前保全是否存在错误、应否承担相应赔偿责任；二是一审法院认定损失范围及金额是否适当。

关于争议焦点一，具体到本案中，本院认为某棉花交易市场在对孙某名下账户资金申请财产保全中存在以下过错：第一，从诉的利益看，根据生效刑事判决认定，被告人孙某在签订、履行合同过程中，采取隐瞒交易关联关系、私自出库销售、以空心码垛应对查验等欺骗手段，取得某棉花交易市场等被害公司财物，并非法予以处置，造成某棉花交易市场等公司相关损失，人民法院据此认定孙某犯合同诈骗罪等，判处有期徒刑并处罚金，生效刑事判决同时判令孙某退赔某棉花交易市场等受害公司相关经济损失。在生效刑事判决对相关事实已做出认定，并判令被告人退赔某棉花交易市场相关损失的情况下，某棉花交易市场就相同损失，再行以某棉业公司、杜某、孙某作为被告提起买卖合同纠纷诉讼，请求相关被告予以赔偿依据不足，且存在同一损失获得重复赔偿的可能性。

第二，从申请财产保全的必要性看，诉讼保全的立法目的，是在出现“可能因当事人一方的行为或者其他原因，使判决难以执行或者造成当事人其他损害”或“情况紧急，不立即申请保全将会使其合法权益受到难以弥补的损害”的情形时，赋予当事人、利害关系人的一项特殊司法救济权利，以保障将来之判决得以实现。在某棉花交易市场相关损失已经生效刑事判决确认由被告人孙某予以退赔的情况下，并无证据证明某棉花交易市场申请本案所涉财产保全时，上述生效判决确定的退赔权利已无实现可能，或者存在因当事人一方行为或者其他原因，致使将来判决难以执行或当事人权益受到难以弥补损害的情形。故此，本院依据现有证据，难以认定某棉花交易市场在前诉中申请财产保全存在现实紧迫性。

第三，从是否存在不当扩大起诉和申请保全对象看，在前案合同纠纷之诉中，某棉花交易市场以某棉业公司、杜某、孙某作为共同被告提起诉讼，其主张孙某承担连带责任的理由为孙某系某棉业公司实际出资人、与某棉业公司存在人格及财务混同、孙某及某棉业公司与孙某存在恶意串通行为等。但从生效刑事判决所做认定看，造成某棉花交易市场损失的直接原因是被告人孙某的合同诈骗行为，孙某使用某棉业公司名义与某棉花交易市场进行相关交易行为，仅系其实施犯罪的手段之一。在无充分证据证明存在某棉业公司对于损害发生存在过错、孙某系某棉业公司实际出资人及存在人格混同的情况下，某棉花交易市场以孙某作为共同被告提起诉讼，并申请对孙某名下银行账户采取保全措施有欠妥当。

第四，从是否存在怠于申请解除保全看，在案证据显示，一审法院于2020年12月8日作出（2019）京0102民初41910号民事判决书，驳回某棉花交易市场的诉讼请求。某棉花交易市场不服该判决，提出上诉，本院于2021年5月31日作出（2021）京02民终7452号民事判决书，终审判决驳回上诉，维持原判。某棉业公司、孙某于2021年6月10日向法院申请解除案涉保全措施。2021年7月29日，法院作出（2019）京0102民初41910号民事裁定书，裁定解除对某棉业公司、孙某名下价值3775997.43元财产的冻结、查封。2021年9月7日，孙某的案涉账户解除冻结。现无证据证明，某棉花交易市场在终审判决作出后，按照《最高人民法院关于人民法院办理财产保全案件若干问题的规定》第二十三条的相关规定，及时向人民法院申请解除案涉保全措施。

第五，从申请人在诉讼中所提诉讼请求是否得到判决支持看，前案合同纠纷诉讼中，一、二审人民法院均未支持某棉花交易市场所提主张孙某承担连带责任的诉讼请求。如前所述，虽然申请人的诉讼请求是否得到支持并非评判申请人主观过错的唯一充分条件，但相关案件诉讼结果，亦能从另一方面说明某棉花交易市场错误发起了针对孙某的诉讼、错误启动了针对孙某名下财产的保全。

综上，一审法院认定某棉花交易市场在前案诉讼前申请保全孙某的财产存在主观过错，构成申请错误并无不当。

根据查明的事实，某保险公司在某棉花交易市场申请案涉保全过程中，于2019年9月4日向法院出具保函，根据某保险公司出具的保函及诉讼财产保全责任保险条款的内容，某保险公司承诺在申请错误致使被申请人因保全遭受损失的情况下，在申请人应当承担的赔偿责任范围内承担连带赔偿责任。在某棉花交易市场对案涉保全存在申请错误的情况下，一审法院认定某保险公司应就某棉花交易市场因保全错误导致孙某的损失承担赔偿责任，具有相应事实及法律依据。

关于争议焦点二，根据《中华人民共和国民法典》第一千一百八十四条规定，侵害他人财产的，财产损失按照损失发生时的市场价格或者其他合理方式计算。本案中，孙某主张其因保全被冻结的资金系用于生意周转，且绝大部分来源于其向他人的有息借款，故此在本案中主张某棉花交易市场、某保险公司赔偿因资金冻结造成的损失。

首先，就涉及借款部分的资金来源及利息损失问题，孙某提交了其与案外人赵某某所签订的借款合同、被冻结名下N银行尾号2111账户交易明细等，上述证据可以印证孙某所主张其向案外人赵某某有息借款、其在案涉账户解冻后连本带息向赵某某还款的事实。此外，从该账户交易明细记载信息看，赵某某2019年10月8日向孙某名下上述尾号2111账户转入306万元后，该账户在

2021年9月7日解冻之前即未再发生大额资金支出，据此可以认定赵某某主张其名下账户中，来源于赵某某的借款资金因保全被冻结的事实成立。孙某与赵某某所签订的借款合同显示，孙某以月利率1%的标准向赵某某借款，双方约定的借款利率并未超过相关司法解释规定的利率保护上限。一审法院结合款项来源情况，就冻结资金中来源于借款部分，按照借贷双方约定的利率标准计算冻结期间相应利息损失并无不当。

其次，根据在案财产保全裁定书、财产保全相关事项告知函，除上述借款资金外，孙某名下账户内亦有其他资金因保全被冻结。因该部分资金系孙某账户内原有存款，一审法院按同期贷款市场的报价利率年利率4.2%计算，减去相应自有资金在冻结期限内按照年息0.35%产生的活期存款基准利息，核算该部分资金因保全造成的损失亦属适当。

最后，根据生效文书查明的事实及各方当事人在本案中的陈述，孙某相关账户内的资金主要用途系为经营使用，因某棉花交易市场错误申请，导致账户内相应资金长期无法动用，一方面导致孙某丧失了使用案涉资金开展相关经营活动赚取利润的机会，另一方面导致孙某无法按照其与赵某某约定的期限，使用账户内资金及时偿还相应借款，且还需就被冻结的借款资金，向出借人支付资金闲置期间的借款利息。

某保险公司不认可孙某在本案中所主张的借款及利息损失，亦不认可相关损失与申请保全行为之间的因果关系，就此节所提上诉主张，本院不予采纳。

综上所述，某保险公司的上诉请求不能成立，应予驳回；一审判决认定事实清楚，适用法律正确，应予维持。

北京市第二中级人民法院依照《中华人民共和国民事诉讼法》第一百七十七条第一款第一项规定，判决如下：

驳回上诉，维持原判。

【法官后语】

根据《中华人民共和国民事诉讼法》第一百零四条第一款、第一百零八条的规定，利害关系人因情况紧急，不立即申请保全将会使其合法权益受到难以弥补的损害的，可以在提起诉讼或者申请仲裁前向被保全财产所在地、被申请人住所地或者对案件有管辖权的人民法院申请采取保全措施。申请人应当提供担保，不提供担保的，裁定驳回申请。申请有错误的，申请人应当赔偿被申请人因保全所遭受的损失。

在诉前或者诉讼中申请财产保全，是民事诉讼法赋予利害关系人或者当事人的诉讼权利，目的在于在诉讼过程中防止将来判决不能执行或者难以执行；但同时，如果该项权利被滥用或者权利行使超越了合理边界，极可能对被申请人造成损害，因此民事诉讼法在赋予利害关系人或者当事人申请诉前或者诉讼中财产保全程序权利的同时，也规定了申请人因申请有错误的，应当赔偿被申请人因保全所遭受的损失。财产保全申请错误赔偿责任，本质上系申请人因错误申请保全而应向被申请人承担的赔偿责任，属于侵权责任范畴，在法律无其他特殊规定的情况下，应满足一般侵权的构成要件并适用一般侵权的归责原则，即满足侵权行为、主观过错、损害后果及因果关系四个要件。

申请诉讼保全是当事人的一项诉讼权利，因当事人受限于自身法律知识、举证能力及对事实的认知等，其对自身权利的衡量往往与人民法院的裁判结果存在差异，如果仅以申请人的诉讼请求未能得到全部支持作为申请保全是否错误的充分条件，势必会妨碍善意当事人通过诉讼保全行使自身正当权利，不利于诉讼保全制度的功能发挥，故不能仅以当事人保全的数额与裁判结果存在差异，认定保全申请人具有过错，只有在申请人存在滥用权利的情形或对错误保全存在故意或重大过失的情况下，才可以认定申请保全人存在主观过错。但同时我们也应当看到，诉讼保全是在诉讼系属之前或者诉讼过程中，为保护申请人权益而对被申请人的财产所采取的一种相对严厉的司法措施，一定程度上限制了被申请人对相关财产的使用和处分权利，因此在对申请人主观过错进行评价时，还应当兼顾申请人权利救济与被申请人权利保护的衡平。

笔者认为，评价申请人是否存在主观过错，可以综合考虑以下因素：(1) 申请人提起诉讼、申请财产保全的行为，是否符合《中华人民共和国民事诉讼法》第十三条所规定的民事诉讼诚信原则。如申请人存在民事诉讼法及相关司法解释规定的恶意、虚假诉讼行为的，即应认定其存在主观过错。(2) 申请人的起诉是否明显不存在诉之利益，即当事人实体权利主张有无司法救济之必要，是否存在滥用诉权的行为。需要指出的是，根据《中华人民共和国民事诉讼法》第一百零四条第三款规定，申请人在人民法院采取保全措施后三十日内不依法提起诉讼或者申请仲裁的，人民法院应当解除保全。申请人申请财产保全被准许后，未在法律规定的期限内行使诉权或者申请仲裁权，如果保全行为给被申请人造成损失，也应认定申请人存在主观过错。(3) 申请人在诉讼中所提诉讼请求是否明显缺乏相应事实及法律依据，其实体请求是否得到判决支持。此虽非唯一充分判断标准，但也是评价申请人是否存在过错的重要考量因素。(4) 是否存在以不正当方法或者手段骗取有利于己方的诉讼状态，以不正当手段或者不正当理由获得财产保全。(5) 申请人申请财产保全是否存在必要性，即是否存在“可能因当事人一方的行为或者其他原因，使判决难以执行或者造成当事人其他损害”或“情况紧急，不立即申请保全将会使其合法权益受到难以弥补的损害”的情形。(6) 是否不当扩大申请保全对象范围，将与纠纷诉讼无实质性关联的主体作为被申请人，对其财产实施保全措施，致使与案件无关的第三人遭受损失。(7) 是否不当扩大申请保全的财产范围，申请对明显超过诉讼标的价值的财产采取保全措施，即是否存在“少诉多保”的情形。(8) 对被保全财产申请采取的保全措施是否适当，是否有违《中华人民共和国民法典》规定的节约资源等原则。(9) 申请人是否存在怠于履行申请解除保全义务之行为。《最高人民法院关于人民法院办理财产保全案件若干问题的规定》第二十三条规定：“人民法院采取财产保全措施后，有下列情形之一的，申请保全人应当及时申请解除保全：（一）采取诉前财产保全措施后三十日内不依法提起诉讼或者申请仲裁的；（二）仲裁机构不予受理仲裁申请、准许撤回仲裁申请或者按撤回仲裁申请处理的；（三）仲裁申请或者请求被仲裁裁决驳回的；（四）其他人民法院对起诉不予受理、准许撤诉或者按撤诉处理的；（五）起诉或者诉讼请求被其他人民法院生效裁判驳回的；（六）申请保全人应当申请解除保全的其他情形……申请保全人未及时申请人民法院解除保全，应当赔偿被保全人因财产保全所遭受的损失……”

编写人：北京市第二中级人民法院　施忆

48

申请财产保全是否错误不能仅以裁判结果的胜负为判断依据

——李某 1 诉某家居公司、李某 2 因申请财产保全损害责任案

【案件基本信息】

1. 裁判书字号

北京市第三中级人民法院（2023）京 03 民终 2831 号民事判决书

2. 案由：因申请财产保全损害责任纠纷

3. 当事人

原告（上诉人）：李某 1

被告（上诉人）：某家居公司、李某 2

【基本案情】

2018 年 7 月 20 日，北京市密云区人民法院（以下简称密云法院）受理某家居公司诉李某 1 房屋租赁合同纠纷一案，某家居公司要求李某 1 支付摊位费 1520766.1 元、广告费 68000 元、取暖费 55063.68 元、电费 27314 元。诉讼过程中，某家居公司申请财产保全，请求查封李某 1 名下案涉房屋。李某 2 提供房产一套为某家居公司提供担保。法院裁定查封案涉房产。经审理后，法院认为根据双方提交的证据，未能达到使法院确信某家居公司主张的租赁事实存在具有高度可能性的程度，故驳回某家居公司所有诉求。某家居公司上诉，北京市第三中级人民法院判决：驳回上诉，维持原判。

2019年7月4日，密云法院受理许某诉李某1房屋买卖合同纠纷一案，许某要求李某1支付违约金84万元。经审理后，法院认为许某与李某1签订《房屋买卖合同》合法有效，因案涉房屋被查封导致许某购房的合同目的从根本上不能实现，李某1不能按期过户构成违约。李某1认为违约金过高，法院予以调整后判决李某1给付许某违约金17万元，驳回许某的其他诉求。该判决已生效。

2021年12月29日，密云法院受理李某1诉某家居公司、李某2因申请财产保全损害责任纠纷一案。李某1提出诉讼请求，要求某家居公司、李某2赔偿李某1171850元及利息、房屋未出售的损失费216100元等。

【案件焦点】

某家居公司申请财产保全是否构成申请错误。

【法院裁判要旨】

北京市密云区人民法院经审理认为：关于某家居公司是否申请保全错误，此案的争议焦点为某家居公司与李某1之间是否存在真实房屋租赁关系。经审理认为，尽管某家居公司提交了有李某1签字的房屋租赁合同等证据，拟证明双方存在房屋租赁关系，但根据双方提交的证据，未能达到使法院确信某家居公司主张的租赁事实存在具有高度可能性的程度，进而对某家居公司依据租赁合同的所有诉求，不予支持。依据上述，某家居公司与李某1之间是否存在真实的房屋租赁关系，是客观存在的事实，某家居公司应是明知的。该案法院经过细致调查，全面分析判断证据，最终判决驳回某家居公司的诉讼请求，实际上是对某家居公司主张的否定。基于此，某家居公司在该案中双方权利义务关系并不明晰，甚至双方并不存在真实房屋租赁关系的情况下，申请保全存在过错，属于申请错误。关于李某1是否因保全错误而遭受财产损失。案涉房屋在未被保全查封前，李某1与许某签订《房屋买卖合同》，因房产被查封无法过户，另案中法院判决李某1给付许某违约金。显然，李某1客观上遭受损失，而李某2为某家居公司申请保全提供担保，应承担连带责任。

北京市密云区人民法院依据《中华人民共和国侵权责任法》第六条、第八条、第十五条第一款第六项,《中华人民共和国民事诉讼法》第一百零三条、第一百零八条,《最高人民法院关于适用〈中华人民共和国民法典〉时间效力的若干规定》第一条第二款之规定,判决如下:

一、被告某家居公司于本判决生效之日起七日内,给付因其申请保全错误给原告李某 1 造成的经济损失人民币 171850 元,被告李某 2 承担连带责任;

二、驳回原告李某 1 的其他诉讼请求。

原告李某 1、被告某家居公司、李某 2 均不服一审判决,提起上诉。北京市第三中级人民法院经审理认为:申请有错误的,申请人应当赔偿被申请人因保全所遭受的损失。本案二审的争议焦点为:在某家居公司诉李某 1 房屋租赁合同纠纷案件中,某家居公司申请财产保全是否构成申请错误。对于财产保全申请人过错的认定,不能单单以裁判结果的胜负作为判断依据,而是要在司法实践中综合考虑全案整体因素予以确定,从主观因素和客观标准两个方面进行综合评判。根据已生效判决载明的内容,某家居公司持载有李某 1 签名的多份租赁合同起诉至法院并申请保全,诉讼中某家居公司与李某 1 就双方之间法律关系系房屋租赁关系抑或合伙关系产生巨大争议。后,法院根据当事人陈述及举证情况,虽认为根据双方提交的证据未能达到使法院确信租赁事实存在具有高度可能性的程度,并最终判决驳回某家居公司的诉求,但可以看出该判决系法院根据在案证据对双方法律关系作出的法律判断。再结合李某 1 曾签署过多份租赁合同,对厘清双方法律关系造成困扰,李某 1 的行为具有过错等因素,故无法认定某家居公司在持有租赁合同的情况下提起诉讼并申请保全系出于主观恶意或存在重大过失,现李某 1 以某家居公司保全错误为由要求某家居公司及提供担保物的李某 2 进行赔偿,其诉求不应予以支持。

北京市第三中级人民法院依照《中华人民共和国民事诉讼法》(2021 年修正)第一百七十七条第一款第二项规定,判决如下:

一、撤销北京市密云区人民法院(2021)京 0118 民初 9817 号民事判决;

二、驳回李某 1 的诉讼请求。

【法官后语】

因申请人保全申请错误给被申请人造成损失的情况时有发生，被申请人同样需要救济。因此，《中华人民共和国民事诉讼法》第一百零八条规定了申请人错误申请保全的赔偿责任。本案的争议焦点为某家居公司在申请财产保全时是否存在过错。笔者认为，对于判决结果的影响因素众多，除原告起诉的事实、理由、证据，还要受到被告抗辩意见、证据等影响。同时法官对证据的审核与认定、争议焦点的总结、法官会上各法官的意见，都可能影响案件的最终裁判。具体分析如下：

一方面，从申请财产保全损害责任的性质上分析。从性质上看，其属于侵权损害赔偿，应适用侵权责任法律的规定，《中华人民共和国民法典》规定一般侵权行为适用过错责任原则，只有在法律有特别规定时才适用无过错责任。故，其属于一般侵权范畴，应当适用过错责任原则。

另一方面，从民事诉讼财产保全制度的功能上分析。由于当事人的法律知识、举证能力、对法律关系的分析判断能力差异较大，对裁判结果的预判能力各不相同，当事人对诉争事实和法律关系的判断与法官的认定可能大相径庭，因此，对于当事人应尽到的注意义务不能过于苛责。如果仅以其诉求是否得到支持作为申请保全是否错误的依据，必然对善意当事人依法行使诉讼权利造成妨碍，甚至影响保全制度功能发挥。

综上，对于“申请有错误”的认定，应当从保全申请人的主观过错、行为客观不法性等因素，结合案情予以综合分析评判。从主观要件上看，保全申请人未尽到合理、审慎的注意义务，对保全错误存在明显的主观恶意（故意或者重大过失）；从客观要件上看，申请人的财产保全缺乏基本事实根据和法律依据，不存在“情况紧急”的诉前保全或者“使判决难以执行”的适用条件，具有明显的不当性。司法实务中，关于申请保全人主观过错的具体裁量标准和审查要件，笔者认为除诉讼请求没有被支持这一重要因素，还要审查申请人是否具有民事诉讼的合理性，保全内容是否具有适当性，保全目的是否具有正当性。

1. 民事诉讼的合理性。如果基本事实和基础证据均缺乏，其保全行为不可避免地受到质疑。值得注意的是，在法院没有对争议案件做出最终判断之前，当事人基于自己对案件事实的理解，提出具有事实基础的诉讼请求，属于正当行使诉讼权利的行为。本案中，某家居公司与李某1之间曾存在多份租赁合同，某家居公司以房屋租赁关系为由起诉并申请保全，相对于某家居公司的理解和认知来看还是具有一定合理性的。

2. 保全内容的适当性。申请保全金额不得超出诉讼请求范围，且申请保全金额与双方争议金额之间的偏差应在合理范围内。本案诉讼标的额虽为167万元左右，但房产作为一个整体具有不可分割性，因此对其保全查封亦无可厚非。

3. 保全目的的正当性。保全需要达到"不立即申请保全将会使其合法权益遭受难以弥补的损害"或者"使判决难以执行或者造成当事人其他损害"的客观实情。如果申请人明知被申请人有房产数套及其他浮财，而案涉标的仅为数万元货款，为阻止其正常出售房屋而执意申请查封，则保全目的明显欠缺正当性。本案某家居公司恰恰是为了防止李某1将房产出售并转移财产之目的，假如在某家居公司胜诉而未保全的情况下，李某1已将案涉房产出售，则某家居公司的诉讼目的极有可能落空。

编写人：北京市密云区人民法院　崔道远　贾贝贝

49

因故意和重大过失导致保全错误的应承担侵权责任

——某建筑公司诉陈某、某保险公司因申请财产保全损害责任案

【案件基本信息】

1. 裁判书字号

新疆维吾尔自治区高级人民法院（2023）新民终68号民事判决书

2. 案由：因申请财产保全损害责任纠纷

3. 当事人

原告（被上诉人）：某建筑公司

被告（上诉人）：陈某、某保险公司

【基本案情】

2021 年 5 月 18 日，陈某以建设工程施工合同纠纷提起基础案件，主张发包人、总承包人、转包人支付工程款及利息，某建筑公司系总承包人。并于诉前申请了财产保全，某建筑公司名下银行账户存款 640 万元被冻结。基础案件中，法院生效裁判查明某建筑公司系工程总承包单位，案外人某公司借用某建筑公司资质将案涉工程转包给陈某施工，陈某系实际施工人，因陈某与某建筑公司不具有直接的合同关系，认定某建筑公司不承担责任。2022 年 7 月 30 日，经某建筑公司申请，法院裁定解除对某建筑公司银行账户存款 640 万元的冻结。本案某建筑公司以陈某保全错误为由，主张陈某支付资金占用利息损失，并要求某保险公司承担保险责任。

【案件焦点】

1. 陈某提起基础案件诉讼并申请财产保全是否存在过错；2. 陈某应否向某建筑公司赔偿因申请财产保全造成的损失及数额。

【法院裁判要旨】

新疆维吾尔自治区喀什地区中级人民法院经审理认为：《中华人民共和国民法典》第一千一百六十五条第一款规定："行为人因过错侵害他人民事权益造成损害的，应当承担侵权责任。"因申请人申请财产保全造成被申请人财产损失，本质上属于一般侵权行为，过错是申请人承担侵权赔偿责任的前提条件。基础案件中，陈某主张工程款包括：（1）无争议部分；（2）合同内增加部分；（3）合同外停车场区路面工程造价；（4）合同外便道改造施工的造价；（5）材料调差问题。其中第 1 项、第 4 项内容提供了相关证据，能够证实基本事实，不存在过错问题。关于合同内增加部分、合同外停车场区路面工程造价，因陈某未尽到合理注意义务，存在重复计算，认为陈某存在主观过错；关于材料调差部分，认为陈某主观上存在过错。陈某应在其具有过错的请求范围内承担责任。某保险公司为财产保全提供的担保属于司法担保，应在承诺的保险责任范围内按照约定的担保方式承担连带赔偿责任。

新疆维吾尔自治区喀什地区中级人民法院根据《中华人民共和国民法典》第一百七十九条第一款第八项、第一千一百六十五条第一款，《中华人民共和国保险法》第六十五条，《中华人民共和国民事诉讼法》第一百零三条、第一百零八条之规定，判决如下：

一、被告陈某于本判决生效之日起十日内向原告某建筑公司赔偿利息损失157497.93元；

二、被告某保险公司在其保险限额2000万元内对本判决第一项内容承担连带责任；

三、被告陈某于本判决生效之日起十日内向原告某建筑公司赔偿保全费2000元；

四、驳回原告某建筑公司的其他诉讼请求。

陈某、某保险公司不服一审判决，提起上诉。新疆维吾尔自治区高级人民法院经审理认为：关于材料调差部分，虽然陈某该部分诉讼请求未得到一、二审判决支持，但由于当事人对法律法规的认知理解水平、对案件事实的举证证明能力、对法律关系的分析判断能力各不相同，通常达不到司法裁判要求的专业水平，且在卷证据不足以证明陈某存在主观故意或重大过失，故陈某在基础案件中主张材料调差价款不存在主观过错。针对材料调差部分作出改判。其他部分，二审法院同意一审法院裁判意见。

新疆维吾尔自治区高级人民法院依照《中华人民共和国民事诉讼法》第一百七十七条第一款第二项规定，判决如下：

一、维持新疆维吾尔自治区喀什地区中级人民法院（2022）新31民初65号民事判决第三项，即：被告陈某于本判决生效之日起十日内向原告某建筑公司赔偿保全费2000元；

二、撤销新疆维吾尔自治区喀什地区中级人民法院（2022）新31民初65号民事判决第四项；

三、变更新疆维吾尔自治区喀什地区中级人民法院（2022）新31民初65号民事判决第一项为：陈某于本判决生效后十日内向某建筑公司赔偿因申请财产保全造成的损失129198.55元；

四、变更新疆维吾尔自治区喀什地区中级人民法院（2022）新31民初65号民事判决第二项为：某保险公司在其保险限额2000万元范围内对上述第三项内容承担连带责任；

五、驳回某建筑公司的其他诉讼请求。

【法官后语】

保全制度的设立目的是保证人民法院生效判决得以执行和免予当事人受到其他不必要的损害。申请人应当合理运用该救济措施，如果申请人在保全过程中存在过错损害被申请人利益的，应承担侵权赔偿责任。如何把握保全错误的认定标准，既充分保护当事人的诉讼权利，又能够避免被申请人遭受不必要的损失，分析申请财产保全错误的认定标准，对上述问题的解决具有重要意义。

保全错误造成他人损失的行为，属于因过错侵害他人的民事权益并造成损害的行为，以过错为构成要件。如果申请人存在故意和重大过失导致权利人财产损失的，应承担侵权责任，不宜将申请人的一般过失认定为保全行为过错。判断保全行为有无过错，本应从主观上加以认定，但申请人的主观状态受申请人思想控制，除其本人之外，他人事实上难以掌握，且法律不能调整和规范人的思想，只能规范人的行为。正是由于申请人主观上的过错，才导致了损害结果的发生。而申请人的过错既然是通过违法行为表现出来的，判断其是否具有过错就有了客观标准。

保全错误的客观化判断应结合案件基本事实，通过审查申请人起诉是否合理、申请保全行为是否适当、申请保全是否为了保证判决执行、诉讼中是否尽到了合理的注意义务等因素综合认定。

1. 审查起诉是否合理，通过审查申请人提起诉讼是否具有一定的客观事实，是否存在滥用诉权、虚假诉讼等情形进行判断，本案中，实际施工人陈某根据施工事实提起基础案件，属于行使正当的诉讼权利，不违反法律规定，应认定无过错。

2. 审查申请保全行为是否适当以及申请保全是否为了保证判决执行，通过审查申请程序是否合法、申请保全数额与所提诉讼请求数额是否相当、是否提供担保，判断申请人申请保全的主观目的是否正当，本案陈某提出20698346.3元的诉讼请求并申请财产保全，陈某申请保全数额与所提诉讼请求数额相当且提供了某保险公司的相应担保，该申请程序合法，反映了其申请保全防止判决难以执行的正当主观目的。

3. 审查是否尽到合理注意义务，申请财产保全时未尽到谨慎合理的注意义务应认定构成过错，在保全制度的设置构架下，考虑到便于判决的执行相较于避免财产权利人利益受到侵害属于更为紧迫的司法实践需求，不宜将过错的程度定得过低，财产保全申请人的过失标准应采用普通人的注意义务，即只要申请人尽到了一般人在通常情况下的注意义务，即使其诉讼请求与法院判决结果存在差异，也不应认定存在过错。本案陈某主张的合同内增加部分、合同外停车场区路面工程款，因计算重复造成非必要的财产保全，明显未尽到合理的注意义务，应认定存在过错；关于材料调差部分，二审认为不应苛责陈某过高的注意义务，未认定陈某存在主观故意或重大过失；陈某同时保全了与其不具有合同关系的总承包人和发包人的财产，法院判决总承包人某建筑公司不承担责任，属于法院对法律关系的认定问题，不应因陈某保全了某建筑公司财产就认定其存在过错。

编写人：新疆维吾尔自治区喀什地区中级人民法院　孟艳霞

50

因申请财产保全损害责任申请人主观过错的认定标准

——林某诉丁某因申请财产保全损害责任案

【案件基本信息】

1. 裁判书字号

浙江省丽水市中级人民法院（2023）浙11民终45号民事判决书

2. 案由：因申请财产保全损害责任纠纷

3. 当事人

原告（上诉人）：林某

被告（被上诉人）：丁某

第三人：某保险公司

【基本案情】

2018年12月20日，案外人何某与被告丁某签订了一份《借款协议》，约定丁某因证券投资需要向何某借款，合同对借款期限、利息及支付方式、保证金担保范围、提取盈利、还款和结算、权利、义务及违约责任、风险条款等内容作了约定。为保证何某的资金安全，丁某以自有资金作为借款风险保证金，2018年12月20日，丁某按照合同约定将250万元保证金打入何某指定的林某银行账户，备注交易账号信息为G证券。2019年1月16日，丁某与何某协商一致终止上述《借款协议》，但何某未将保证金悉数返还。后，丁某以合同纠纷起诉何某、林某，要求何某、林某退还保证金185万元。浙江省龙泉市人民法院（以下简称龙泉法院）于2020年11月2日立案，丁某于2020年11月11日申请对何某、林某名下价值185万元的财产予以保全，并提供担保，保险人为第三人某保险公司。次日，龙泉法院裁定冻结（查封、扣押）何某、林某名下价值185万元的财产，2020年11月15日，林某银行卡内185万元被冻结。

2021年1月29日，龙泉法院判决：驳回丁某对林某提起的诉讼请求。丁某因不服一审判决，向浙江省丽水市中级人民法院（以下简称丽水中院）提起上诉，丽水中院于2021年6月9日判决：驳回上诉，维持原判。2021年6月10日，龙泉法院裁定解除对林某的保全措施，并于2021年6月16日解除冻结。

2022年12月19日，林某以丁某恶意起诉并保全林某财产导致林某遭受高额利息损失为由，向龙泉法院提起诉讼，要求丁某承担因申请财产保全错误的赔偿责任，赔偿原告利息损失132503元、律师费损失5000元。

【案件焦点】

丁某申请诉讼保全是否存在过错。

【法院裁判要旨】

浙江省龙泉市人民法院经审理认为：申请人申请诉讼财产保全错误，造成被申请人财产损失，属于以过错责任为归责原则的一般侵权行为，申请人主观存在过错系其承担侵权责任的前提条件。财产保全系诉讼当事人可依法行使的一项重要权利，因此财产保全损害赔偿责任的过错程度应达到故意或重大过失才更符合立法本意。本案中，丁某并不存在故意或重大过失，理由如下：首先，丁某的诉讼请求具有法律依据，丁某对林某提起合同纠纷之诉，是基于其与何某签订的《借款协议》，丁某据此认为借款协议的相对一方何某和账号出借人林某均应承担相应的民事责任，故其有权对二人提起诉讼；其次，对当事人申请财产保全所应尽到的注意义务不应过于苛责，不能仅以其诉讼请求是否得到支持作为判断申请保全是否错误的依据，丁某与何某从事的是场外配资业务，现有证据无法证明丁某在起诉前明知林某与案涉场外配资业务无关，前案虽历经一审、二审，但双方在诉争事实的理解上仍存在较大分歧；最后，财产保全是当事人向法院提起诉讼时依法享有的一项基本诉讼权利，目的在于确保生效判决能够得到有效执行，在诉讼过程中，丁某申请财产保全的财产数额与其主张的诉讼请求相当，并已提供相应担保。综上，丁某对林某提起诉讼并申请财产保全并不存在故意或重大过失。

浙江省龙泉市人民法院依照《中华人民共和国民法典》第一千一百六十五条、《中华人民共和国民事诉讼法》第一百零八条、《最高人民法院关于适用〈中华人民共和国民事诉讼法〉的解释》第九十条的规定，判决如下：

驳回林某的全部诉讼请求。

林某不服一审判决，提出上诉。浙江省丽水市中级人民法院经审理认为：申请诉讼保全是否存在过错，故应当结合具体案情，根据申请人的诉讼请求、所依据的事实理由以及申请保全的金额等，综合审查其申请财产保全是否适当。当事人对诉争事实和法律关系的判断未必与法院审查认定的一致，不能仅以诉讼结果作为评价保全申请是否存在过错的依据。丁某为保障其权益的实现，在提供相应担保后，申请诉讼保全符合法律规定，不存在过错。

浙江省丽水市中级人民法院依照《中华人民共和国民事诉讼法》第一百七十七条第一款第一项之规定，判决如下：

驳回上诉，维持原判。

【法官后语】

《中华人民共和国民事诉讼法》第一百零三条第一款规定，人民法院对于可能因当事人一方的行为或者其他原因，使判决难以执行或者造成当事人其他损害的案件，根据对方当事人的申请，可以裁定对其财产进行保全、责令其作出一定行为或者禁止其作出一定行为；当事人没有提出申请的，人民法院在必要时也可以裁定采取保全措施。第一百零八条规定，申请有错误的，申请人应当赔偿被申请人因保全所遭受的损失。由此可知，申请人的保全申请权与被申请人的财产权均属民事主体正当权利。当诉讼中二者发生冲突时，它需要在双方当事人权益之间实现一种平衡，如何平衡，需要考虑以下三点。

第一，被申请人的容忍义务。财产保全制度作为一项重要的民事诉讼制度，旨在保护当事人的利益，保障生效判决的顺利执行，基于立法者的目的性、司法救济的权威性、保全的紧迫性、错误保全的概率较低等因素考量，申请人的保全申请权被赋予优先性，因此被申请人负有一定的容忍义务。当然，这并不意味着被申请人财产权消灭，当申请人申请错误，造成被申请人损失，则被申请人的容忍义务失去了存在基础。

第二，申请人的侵权责任。申请人申请错误，造成被申请人损失，申请财产保全错误而承担的民事赔偿责任属于侵权责任，适用一般侵权责任的过错责任归责原则，以申请人主观上存在故意或重大过失为损害赔偿的构成要件。当然，如申请人能证明其已尽到合理谨慎的注意义务，对其诉讼请求有基本的证据予以支持，能够证明自己保全不存在故意或过失，即可达到合理注意标准，对当事人申请保全所应尽到的注意义务不应过于苛责，不能以客观的败诉结果为侵权的唯一标准。

第三，申请人主观上存在故意或重大过失的认定。根据主客观相一致原则，申请保全损害侵权既要存在客观的侵权结果，又要主观上具有过错，因当事人的法律知识、对案件事实的举证证明能力、对法律关系的分析判断能力各不相同，通常达不到司法裁判所要求的专业水平，所以该处的过错需申请人故意或者重大过失。具体而言，需根据其诉讼请求及所依据的事实理由等审查其提起的诉讼是否合理，是否存在恶意，或者结合申请保全的标的额、对象及方式等审查其申请财产保全是否适当、诉讼中是否尽到了合理的注意义务等。

综上，虽然财产保全损害赔偿责任主观过错认定对法官的审判技能、证据认定、自由心证形成提出了更高的要求，但与财产保全制度的设定初衷和诉讼规律更为契合，能够较好平衡申请人和被申请人之间的诉权。

编写人：浙江省龙泉市人民法院　张青燕

十四、其他

51

体育竞技运动中故意犯规致人损害排除自甘风险规则适用的认定因素

——陈某诉妥某生命权、身体权、健康权案

【案件基本信息】

1. 裁判书字号

北京市第二中级人民法院（2024）京 02 民终 615 号民事判决书

2. 案由：生命权、身体权、健康权纠纷

3. 当事人

原告（上诉人）：陈某

被告（被上诉人）：妥某

【基本案情】

陈某与妥某于 2023 年 3 月 5 日下午参加足球比赛，该足球比赛规程规定禁止包括铲球在内的任何危险冲撞行为。比赛中，妥某作出铲球动作将球从陈某脚下铲出，陈某越过足球坐倒在地后，无法站立。妥某被红牌罚下，陈某被送至医院就诊。经诊断，陈某右膝关节损伤严重。因此，陈某诉至法院，主张妥某应当承担侵权责任，赔偿其医疗费、护理费等。

【案件焦点】

体育竞技活动中，运动员实施犯规行为主观上是否有侵害他人身体的故意或者重大过失，是否对损害结果承担侵权责任。

【法院裁判要旨】

北京市丰台区人民法院经审理认为：自愿参加具有一定风险的文体活动，因其他参加者的行为受到损害的，受害人不得请求其他参加者承担侵权责任；但是，其他参加者对损害的发生有故意或者重大过失的除外。

案涉比赛竞赛规程第十五条比赛规则第三款规定："本次比赛对犯规判罚尺度十分严格，禁止任何危险冲撞，严禁铲球。"陈某主张妥某违反上述规则导致其受伤。从比赛现场的视频可见，比赛中，陈某带球进攻，妥某确实实施了铲球动作将球从陈某脚下铲出，陈某越过足球后坐倒在地。但视频中清晰显示，妥某在铲球过程中未与陈某发生身体接触。法院认为，首先，上述比赛规则中规定了严禁铲球，仅是对比赛行为的限制，但不足以作为民事侵权行为的评判标准，而妥某在比赛中已经因此受到了黄牌处罚。其次，根据日常生活经验法则，足球运动具有群体性、对抗性及人身危险性，出现人身伤害事件属于正常现象，应在意料之中，参与者无一例外地处于潜在危险之中。足球运动中出现的正当危险后果是被允许的，参与者不应为正当危险付出代价。最后，从比赛现场视频看，妥某的行为不存在侵害他人身体的故意或者重大过失，不属于侵权行为。

基于上述理由，现即使陈某受到了侵害，其要求妥某承担侵权责任的诉讼请求亦缺乏事实及法律依据，法院不予支持。

北京市丰台区人民法院依照《中华人民共和国民法典》第一千一百七十六条、《最高人民法院关于适用〈中华人民共和国民事诉讼法〉的解释》第九十条的规定，判决如下：

驳回陈某的全部诉讼请求。

陈某不服一审判决，提起上诉。北京市第二中级人民法院经审理认为：《中华人民共和国民法典》第一千一百七十六条第一款规定："自愿参加具有一定风险的文体活动，因其他参加者的行为受到损害的，受害人不得请求其他参加者承担侵权责任；但是，其他参加者对损害的发生有故意或者重大过失的除外。”上述规定即自甘风险规则，该规则是指受害人自愿承担可能性的损害而将自己置于特定的危险环境或者场合，造成损害的行为人不承担责任。足球比赛是具有高度对抗性的群体性体育竞技活动，客观上存在一定的发生人身损害的风险。本案中，陈某作为完全民事行为能力人自愿参加足球比赛，其亦曾有过参加足球比赛的经历，理应知道足球比赛具有一定的风险，故其参加案涉比赛系自愿将自己置于可能的危险状况之下。根据比赛录像视频可以看出，陈某在参加涉案足球比赛时摔倒受伤，与妥某实施了铲球动作有关；妥某的铲球行为虽然违反了足球比赛规则，但不能简单地将体育竞技运动中参赛者犯规时的主观心理状态等同于一般侵权行为构成要件中作为主观要件的故意或者重大过失。足球比赛是一个攻守对抗不断发生变化的动态过程，每位参赛者需要快速反应并思考决定采取何种动作，在高度激烈和紧张的比赛氛围中，难以苛求参赛者每次动作都经过慎重考虑，应当将此种情况下参赛者的注意义务限定在较一般注意义务更为宽松的范围内，否则有违竞技体育的基本精神。具体到本案中，陈某并未提供充分证据证明妥某对导致其受伤存在故意或重大过失，故其要求妥某承担侵权责任缺乏充分的事实及法律依据，一审法院未予支持并无不当。

综上所述，陈某的上诉请求不能成立，本院予以驳回；一审判决正确，应予维持。

北京市第二中级人民法院依照《中华人民共和国民事诉讼法》第一百七十七条第一款第一项规定，判决如下：

驳回上诉，维持原判。

【法官后语】

《中华人民共和国民法典》第一千一百七十六条规定了自甘风险规则，确认“自甘风险”为侵权行为的违法阻却事由，其构成要件包括四个方面：一是受害人是自愿参加；二是适用范围仅限于具有一定风险的文体活动；三是造成损害的原因仅限于其他参加者的行为；四是其他参加者对损害的发生不得在主观上有故意或者重大过失。运动员对损害结果的发生主观上是否有故意或者重大过失，并不能直接等同于其实施犯规行为时的主观心理状态。体育竞技运动中，运动员因故意犯规致人损害是否排除自甘风险规则的适用，应当结合犯规时是否尽到必要的注意义务、犯规动作意图是否追求伤害结果的发生、犯规动作是否存在技术性难度三个因素综合判断。

1. 犯规时是否尽到必要的注意义务。体育竞技项目具有高强度对抗性的特征，对于如足球、篮球等群体对抗性比赛，人身接触率高，极易产生人身危险，故而正当危险后果是被允许的。因此类比赛项目具有紧迫性，赛场上瞬息万变，很难要求运动员每次动作都经过慎重考虑，犯规行为也难以杜绝。对于人身危险性高的运动项目，不应苛责参与者承担较高的注意义务。如果运动员的行为并未严重违背运动规则，双方虽然在高强度对抗运动中因对抗发生损害，但损害结果未超出正常参加者所能合理预见的范围，可认为运动员已尽到必要的注意义务，应当适用自甘风险规则。

2. 犯规动作意图是否追求伤害结果的发生。在体育竞技活动中，运动员常常会采取技术性犯规来阻止对方的有效进攻。有些手段虽然不为规则所允许，但是为了比赛目的，具有社会相当性。若运动员实施犯规行为的目的系积极追求伤害结果的产生，其不仅具有主观伤害受害人的意思，客观上也实施了严重违背运动规则，置他人人身安全于不顾的行为。对于这种情况，行为人应当对受害人的损害承担侵权责任。

3. 犯规动作是否存在技术性难度。在如足球、篮球等高强度对抗比赛中，通过铲球、抢篮板等抢夺球控制权的动作具有一定难度，运动员在实施类似行为的过程中可能出现技术动作不规范，或者为了实施上述动作故意拉、推、撞其他运动员，其犯规虽有主观上的故意，但该犯规行为符合该项体育竞技活动的一般规律，甚至在当时竞争激烈的情况下是难以避免的，故此时运动员犯规时的故意并不应当等同于其造成损害结果时主观上的故意，仍应当适用自甘风险原则。

编写人：北京市丰台区人民法院　杨薇　赵冰洁　沈才翘

52

未成年人参加文体活动“自甘风险”的认定

——裴某诉某学校、祁某生命权、身体权、健康权案

【案件基本信息】

1. 裁判书字号

河南省洛阳市中级人民法院（2023）豫 03 民终 1503 号民事判决书

2. 案由：生命权、身体权、健康权纠纷

3. 当事人

原告（被上诉人）：裴某

被告（被上诉人）：某学校、祁某

第三人（上诉人）：某保险公司

【基本案情】

原告裴某、被告祁某原均为被告某学校的学生。2019 年 12 月 3 日约 17 点 30 分，在某学校操场上，原告裴某（当时系五年级四班学生）在足球课上正常训练时被祁某（当时系六年级三班学生）踢的足球击中，造成左眼受伤。随后，裴某立即被送往医院治疗。2019 年 12 月 5 日，原告裴某被送到 A 医院进行治疗，入院诊断为：（1）左眼钝挫伤；（2）外伤性玻璃体积血；（3）视网膜裂孔。2020 年 3 月 11 日，裴某到 B 医院住院治疗，入院诊断为：（1）视网膜脱落（左）；（2）玻璃体积血（左）；（3）眼钝挫伤（左）。并于 2020 年 3 月 13 日出院，共住院 2 天。出院医嘱为：转上级医院继续治疗。2020 年 3 月 15 日，原告裴某转到 C 医院继续治疗，入院诊断为：（1）左眼视网膜脱落；（2）增生性玻璃体视网膜病变（PVR）。2020 年 6 月 29 日，原告裴某又转入 D

医院继续治疗，入院诊断为：（1）左眼硅油注入术后；（2）左眼孔源性视网膜脱落；（3）左眼增生性玻璃体视网膜病变；（4）左眼并发性白内障；（5）左眼视网膜疾患（外伤网脱复位注油术后）。2020年12月2日，原告裴某又到D医院进行第二次治疗，入院诊断为：（1）左眼无晶状体（白内障摘除术后）；（2）左眼黄斑裂孔；（3）左眼视网膜疾患（玻切网复注油取油术后）；（4）左眼眼球钝挫伤。原告裴某受伤后，被告某学校先后垫付45000元。某学校在某保险公司投保“地方性校（园）方责任保险”。原告认为孩子在学校受伤，侵权人跟学校应承担相应责任，请求法院判令被告赔偿原告裴某医疗费、营养费、住院生活补助费、护理费、交通费、教育费等共计253570.65元。

【案件焦点】

原告裴某参加文体活动的行为是否属于“自甘风险”，应如何承担责任。

【法院裁判要旨】

河南省宜阳县人民法院经审理认为：首先，案涉事故发生在2019年12月3日，当时《中华人民共和国民法典》还没有实施，当时有效的《中华人民共和国侵权责任法》中没有“自甘风险”的规定，但因本案出现了是否适用“自甘风险”的争议，依据《最高人民法院关于适用〈中华人民共和国民法典〉时间效力的若干规定》第三条中“民法典施行前的法律事实引起的民事纠纷案件，当时的法律、司法解释没有规定而民法典有规定的，可以适用民法典的规定”之规定，本案可以适用《中华人民共和国民法典》。其次，案涉事故发生时，裴某、祁某均为限制民事行为能力人，二人受某学校的管理，在某学校安排下参与正常的足球训练课，不属于“自甘风险”的行为。故，本案不适用“自甘风险”。

关于某学校的责任。裴某和祁某在某学校学习期间，受某学校的管理。某学校同时安排不同年级的学生在同一操场上课，进行足球训练，某学校对于足球具有危险性应当预见并进行有效预防，本案某学校并未提交证据证明其对学生进行了安全教育，并采取了有效措施，导致裴某在上课时被祁某所踢足球击中受伤，某学校未尽到教育、管理职责，其应对裴某的受伤承担赔偿责任。

关于祁某是否应承担赔偿责任。本案裴某、某学校、第三人某保险公司均未提交证据证明祁某存在故意或重大过失，祁某系正常参加学校组织的体育课程，其行为不违反运动规则，不属于侵权行为，故祁某对此次事故不承担赔偿责任。

关于第三人某保险公司的责任。被告某学校在第三人某保险公司投保有校方责任险，本案被告某学校要求第三人承担保险责任，原告亦要求第三人承担责任，案涉事故发生在保险责任期间内，故第三人应当在校方责任险限额范围内对原告裴某承担赔偿责任。

河南省宜阳县人民法院依照《中华人民共和国民法典》第一千一百六十五条、第一千一百七十六条、第一千一百七十九条、第一千一百八十三条、第一千二百条，《中华人民共和国保险法》第六十五条，《最高人民法院关于适用〈中华人民共和国民法典〉时间效力的若干规定》第三条之规定，判决如下：

一、限第三人某保险公司于本判决生效之日起二十日内支付原告裴某赔偿款182424.15元；

二、驳回原告裴某的其他诉讼请求。

第三人某保险公司不服一审判决，提出上诉。河南省洛阳市中级人民法院经审理认为：关于各方责任承担问题。某学校作为全封闭的寄宿制学校，其在教育、管理学生方面比普通学校承担着更高的注意义务，本案中裴某、祈某在某学校安排组织的足球课上进行训练，属于学校正常的教学课堂，裴某在训练过程中受伤，学校作为教育管理机构，应当承担赔偿责任。结合现有证据，无法证明裴某、祈某对损害的发生存在故意或者过失，故一审认定某学校承担全部责任，并无不当。因某学校在某保险公司投有校方责任险，且在保险期间，某学校承担的责任由保险公司代为履行。关于裴某的损失费用问题。一审结合裴某提供的票据、住院结算单、医嘱、伤残鉴定意见等，认定裴某的各项损失共计227424.15元，并在扣除某学校垫付的45000元后，判决某保险公司向裴某赔偿182424.15元，适当。某保险公司上诉主张一审认定的交通费过高、间接损失不在保险赔偿范围内，本院不予采纳。综上，某保险公司的上诉请求理由不足，不能成立；一审判决认定事实清楚，适用法律正确，应予维持。

河南省洛阳市中级人民法院依照《中华人民共和国民事诉讼法》第一百七十七条第一款第一项规定，判决如下：

驳回上诉，维持原判。

【法官后语】

本案审理的重点为裴某参加学校安排组织的足球课，是否构成“自甘风险”。自甘风险规则，是指受害人自愿承担可能性的损害而将自己置于危险环境或场合，造成损害的行为人不承担责任。我国首次于法律层面正式确立自甘风险规则，是《中华人民共和国民法典》第一千一百七十六条第一款的规定：“自愿参加具有一定风险的文体活动，因其他参加者的行为受到损害的，受害人不得请求其他参加者承担侵权责任；但是，其他参加者对损害的发生有故意或者重大过失的除外。”

完全民事行为能力人身体、心智等发展较为成熟，对于成年人的自甘风险认定，实践中一般没有太大的争议。但司法实践中与文体活动相关的纠纷往往发生在中小学学生之间以及学生与学校之间，因此对未成年人是否适用“自甘风险”原则，可以从以下几个方面考虑：

第一，要依照法律法规严格适用。未成年人包括限制民事行为能力人和无民事行为能力人，在参加文体活动的认知判断上，应当分情况探讨：限制民事行为能力人可以实施与其年龄、智力、精神状况相适应的民事法律行为，并且这种行为有效。即文体活动存在的潜在风险达到限制民事行为能力人的认知程度，且限制民事行为能力人又自愿参加的，应当适用自甘风险规则。无民事行为能力人认知程度与预防能力较限制民事行为能力人更弱，不能独自实施任何法律行为。此时不能适用自甘风险规则。但同时，《中华人民共和国民法典》对限制民事行为能力人的民事行为能力提供了两种补充方式，“代理”与“追认”。即限制民事行为能力人对于某种问题活动的潜在危险无法预知，但当其法定代理人做出同意决定或事后追认的，同样适用自甘风险规则。

第二，要结合个案案情具体分析。在认定未成年人参加文体活动“自甘风险”时，应考虑个案中所涉活动种类、受害人自身经验、活动在学校开展的传统、活动普及程度等具体案件情况具体分析。如该项文体活动在当地的中小学校中已广泛开展、受害人过往的参与经验有利于显著提升其认知活动风险的能力、学校有开展特色体育运动的传统习惯、该项文体活动在该地区的普及程度较高等情况，均应作为个案裁量时重要依据，在具体适用中仍需要结合具体案情进行分析判断。

第三，要根据客观因素综合考虑。实践中，未成年人在文体活动中受到人身损害并非只有单一的伤害来源，一些情况下是安全保障义务缺失与其他参加者行为共同叠加所致。义务人可能会因为没有尽到安全保障义务且第三人（侵害行为人）免责，承担相应的补充责任。因此，在涉及未成年人的案件中是否适用自甘风险规则，往往还涉及监护人是否尽到监护职责、安全保障义务人是否尽到安全保障义务、学校和其他教育机构是否尽到教育管理职责等因素综合考虑。

综上所述，未成年人相对于成年人而言，对于危险的认知、判断和躲避的能力从理论上讲都是弱于成年人的，并且不同年龄段的孩子也是存在区别的。可能造成实质上的不公平。因此，在涉及未成年人受伤害的案件中，需要根据法律规定，结合具体案情以及法官日常生活经验，综合考虑客观因素，对于未成年人是否适用“自甘风险”进行合理的判断。

编写人：河南省宜阳县人民法院　杜旭燕

53

出租房屋发生火灾事故的责任分担

——薛某诉某公司侵权责任案

【案件基本信息】

1. 裁判书字号

北京市第三中级人民法院（2023）京03民终7627号民事判决书

2. 案由：侵权责任纠纷

3. 当事人

原告（上诉人）：薛某

被告（上诉人）：某公司

【基本案情】

薛某取得某三层商业用房所有权后，未经建设工程规划许可、未办理其他审批手续即加建了四层和五层。2020年，薛某将该五层商用房出租给某公司作为个人工作室。2021年，该商用房内发生火灾，造成四层、五层主体建筑、内部装修物品等不同程度受损。根据火灾现场勘验笔录和火灾事故认定书，起火点系四层东侧沙发位置处，该处位置附近有电视机、音箱等电器；四层东侧墙壁中部电视机烧损较重，东墙北侧亦存在烧毁严重仅剩内部电器残骸的金属框架，火灾原因可排除外来火源、用火不慎和遗留火种引发火灾的因素，不排除电气线路故障引发火灾的因素。

后薛某诉至法院，就火灾造成的屋内物品损失、房屋空置损失主张某公司赔偿。一审期间，经薛某申请，一审法院委托评估公司对涉案整栋房屋的受损装饰装修及家具家电损失进行评估作价。

【案件焦点】

火灾事故的责任主体及责任承担如何认定。

【法院裁判要旨】

北京市朝阳区人民法院经审理认为：本案争议的第一个焦点是火灾事故责任的认定。关于起火原因及责任。火灾事故认定书已明确排除外来火源、用火不慎和遗留火种引发火灾的可能，法院对此予以确认。审理中双方均确认某公司未进行二次装修，故火灾事故认定书中“不排除电气线路故障引发火灾”只可能存在三种情形：一是薛某原有装修中电路设计、铺设存在隐患引发；二是作为承租人的某公司使用的用电器自带线路故障引发；三是原有电气线路与承租人用电器接触处故障引发。对此，根据消防部门现场勘验笔录，第三种情形的可能性不大，因为如果系原有电气线路与用电器接触处故障，现场勘验时应当能够发现并记录在案；根据火灾发生时间及起火位置，第二种情形发生的可能性也不大：火灾发生于凌晨4点多，结合现场监控录像等判断，此时不存在某公司使用大功率用电器的可能；起火部位位于电视机附近，也排除了某公司搬入的展示柜短路起火的可能。因此，第一种情形引发的可能性最大。薛某作为出租人，自建的四层、五层未经规划许可、消防审批，也未提交自建部分及装修通过消防审核的证据，因此不排除其自建房及装修存在不符合消防要求的情形的可能。综合以上分析，薛某对火灾的发生存在主要责任和过错。

关于承租人是否尽到充分、合理的管理责任问题。根据双方合同判断，作为承租人的某公司对薛某出租的标的物存在自建部分是明知的，对此，作为承租人的某公司应当提高警惕，更加关注房屋自身及消防安全。双方合同也明确约定了承租人的防火责任。然承租人在入住后，未对标的物配备必要的消防预警设施及灭火设施，存在不合理使用和未善良管理的过错；根据消防部门询问笔录，某公司工作人员在火灾发生后还存在未及时救火灭火等情形，故某公司对于火灾的发展、损失的扩大有一定过错。

综合以上情况，法院酌情确定薛某对本案火灾引发的损失承担70%的责任，某公司承担30%的责任。

本案的第二个争议焦点在于薛某合理损失的确定。薛某对其主张的装修相关损失，提交了鉴定报告，考虑到火灾事故的特殊性，对相关损失的认定不应设定过高的证明标准，本案鉴定报告关于装修相关内容，与薛某提交的照片、双方合同部分内容等能够印证，法院确认鉴定报告中关于装修的部分均存在且在火灾中受损，对该部分损失，结合鉴定意见予以确认。某公司虽对该报告不予认可，但未提交反证，法院对某公司的相关意见不予采纳。

关于动产及家具设备部分，薛某现有证据难以证明其主张的、列入鉴定报告的家具家电均存在于案涉房屋中且因火灾受损，薛某自己在消防部门陈述称“起火楼层里面的物品和电器都是租户摆放使用”。法院根据某公司陈述，对某公司认可的部分相关损失数额结合鉴定报告予以确认。

薛某的房屋因火灾导致无法使用、收益，因此产生空置损失。法院参照双方租赁合同约定的租金标准，对火灾发生后的合理期间空置损失予以确认。

薛某的上述损失，由法院根据前述责任比例，确定某公司应承担的部分。

北京市朝阳区人民法院依据《最高人民法院关于适用〈中华人民共和国民法典〉时间效力的若干规定》第一条，《中华人民共和国侵权责任法》第六条、第十二条、第十九条、第四十一条之规定，判决如下：

一、某公司于判决生效后十日内赔偿薛某损失 546276 元；

二、驳回薛某的其他诉讼请求。

薛某、某公司均不服一审判决，提出上诉。北京市第三中级人民法院经审理认为：结合各方当事人二审期间诉辩意见，本案二审期间争议焦点为一审关于涉案火灾事故责任认定及损失数额确定是否适当的问题。

关于涉案火灾事故责任的认定问题。根据本案已经查明的情况，涉案火灾事故发生后，消防部门作出火灾事故认定书，认定起火部位位于起火建筑四层东侧沙发位置处，火灾原因可排除外来火源、用火不慎和遗留火种引发火灾的因素，不排除电气线路故障引发火灾的因素。根据消防部门的火灾现场勘验笔录显示内容，四层东墙北部墙面凹槽内未穿金属管电线的线芯、东墙北部墙壁插座内金属部件均未发现熔融痕迹，故依据本案现有证据可以进一步排除火灾事故系房屋四层东墙北部墙面及北部墙壁插座内原有装修电路所引发的情形。根据消防部门火灾现场勘验笔录及现场平面图，起火点系四层东侧沙发位置处，该处位置附近有电视机、音箱等电器，且根据火灾现场勘验笔录记载，东侧墙壁中部电视机烧损较重，东墙北侧亦存在烧毁严重仅剩内部电器残骸的金属框架，故结合以上内容，本案现有情形不能排除现场使用电器引发火灾的情形，且起火点附近放置电器双方均有，本案现有条件无法认定具体引发火灾的电器系何种电器及属于哪一方所有。在此情形下本院认为，本案起火点附近放置有某公司的电器设备，不能排除其所有的电器设备引发火灾的情形，且某公司作为事发前涉案房屋及房屋内电器设备的实际使用人及现场控制人，对于火灾隐患的消除更具备现实条件及较高义务，故其对于本案火灾的发生应承担一定过错。薛某作为出租人，本案亦不能排除其自行提供的电器设备引发火灾的可能性，且涉案房屋四层未经消防审批，薛某亦未举证证明其自建部分通过消防验收及审核，故客观上亦不能排除由此导致火灾损失进一步扩大的情形，故薛某一方对于火灾所引发的损失应自行承担一部分责任。结合前述理由，在本案现有证据不足以进一步明确引发火灾的具体原因的情形下，本院确定双方就火灾引发的损失各自承担50%的责任，并据此对一审判决确定责任比例予以调整。

关于损失数额的确定问题。薛某提交的房屋交接清单及现场照片未经某公司确认，但考虑到火灾事故的特殊性，薛某所有的房屋固定部分在火灾中受损系确定因素，在此情形下，本院依据鉴定报告中关于装修部分的相关意见结合薛某的其他举证情况予以酌定。关于薛某主张的动产及家庭设备损失部分，基于前述理由及薛某在消防部门的陈述意见、双方意见，本院对于某公司认可的部分予以酌定。薛某的房屋因火灾发生需要进行修复，必然产生空置损失，本院参照双方约定租金标准、房屋受损具体情形对合理期间空置损失一并予以酌定。

经本院酌定后，结合前述责任比例，本院确定某公司应赔偿薛某损失910460元，并据此对一审判决确定损失数额予以调整。

综上所述，本院对一审判决予以改判。薛某的上诉请求部分成立，本院对成立部分予以支持，其他部分予以驳回。

北京市第三中级人民法院依据《中华人民共和国民事诉讼法》第一百七十七条第一款第二项之规定，判决如下：

一、撤销北京市朝阳区人民法院（2021）京0105民初53440号民事判决；

二、某公司于判决生效后十日内赔偿薛某损失910460元；

三、驳回薛某、某公司的其他诉讼请求。

【法官后语】

在火灾引发的侵权类案件中，如何认定事故责任通常是双方当事人争议焦点及案件审理的关键所在。本案在确定火灾事故的责任分担时从以下三个方面进行了考虑：

一、火灾事故认定书对起火原因的记载

在火灾引发的侵权类案件中，法院通常以消防机构出具的火灾事故认定报告作为划分各方责任的重要参考。根据公安部《火灾事故调查规定》第三十条的规定，火灾事故认定书中应记载起火时间、起火点或起火部位以及起火原因。据此，人民法院以起火原因为切入点，考虑事发时起火点附近人员及物品情况、涉案起火建筑或物品的归属及消防管理情况以及日常生活经验法则，确定此类案件的责任分担。然而，水火无情，火灾后事故现场常遭受毁灭性破坏，消防机构在火灾事故认定中也存在无法查清起火原因的情形，《火灾事故调查规定》第三十条中对起火原因无法查清时火灾事故认定报告的记载情况作出了规定，即应当认定起火时间、起火点和起火部位以及有证据能够排除和不能排除的起火原因。本案中，火灾事故认定书即因无法查清起火原因而记载为“火灾原因可排除外来火源、用火不慎和遗留火种引发火灾的因素，不排除电气线路故障引发火灾的因素”。而无法查明的起火原因无疑对法院划分事故责任分担造成一定困难。

具体到本案中，由于引发火灾原因系“不排除电气线路故障”，根据常识，建筑物内的电气线路既包括楼体装修时埋设于墙体内或地下的暗敷线路，也包括外接于暗敷线路上的电器设施设备等元件内部的电力走线。如果火灾系因前者即暗敷线路导致，则房屋出租方作为房屋装修行为的实施主体无疑将对外承担火灾事故的责任；而若火灾系因后者导致，则在承租房屋内放置并使用特定电器元件的主体将对火灾事故承担相应责任。经消防部门对火灾现场进行勘验，发现起火点附近墙面内金属管线及部件未有熔融痕迹，然该处附近存在一个过火金属框架，框架内烧损严重，据此，法院认定火灾原因可以排除楼体内原有装修电路所致、不能排除现场使用电器所致，而后根据起火点附近所放置电器的归属，确定火灾事故责任。

二、房屋所有权人未经施工许可私自加建房屋

根据《中华人民共和国消防法》第十一条第二款、第十二条、第十三条第二款的规定，建设工程开工前，建设单位申请领取施工许可证或者申请批准开工报告时应当提供满足施工需要的消防设计图纸及技术资料，未提供的，有关部门不得发放施工许可证或者批准开工报告；建设工程竣工后，建设单位在验收后应当报住房和城乡建设主管部门消防备案，住房和城乡建设主管部门应当进行抽查。本案薛某加建的涉案房屋四层、五层虽不属于《中华人民共和国消防法》《建设工程消防设计审查验收管理暂行规定》规定的需要进行消防验收的建筑工程，然其于工程开工前申领施工许可证时应当提供消防设计图纸等资料以证明满足消防要求。由于该加建行为未取得施工许可，可以当然推定其未就施工行为向有关部门提交消防设计图纸，因此，在薛某未能进一步举证证明其自建部分满足消防安全审批条件的情况下，本案现有证据不足以证明薛某加建房屋经过消防设计、取得消防验收、备案或审核，法院认定其应对火灾事故的发生及损失的扩大承担相应责任。

三、房屋承租人对房屋的管理维护义务

除房屋所有权人外，租赁他人房屋使用的承租人也应当对房屋消防安全负有相当程度的注意义务。依据《中华人民共和国消防法》第五条的规定，任何单位和个人都有维护消防安全、保护消防设施、预防火灾、报告火警的义务。该条规定要求房屋承租人应切实提高防火意识、排除火灾隐患。不仅如此，房屋承租人作为火灾发生时房屋的使用人和控制人，对房屋内电器设备及电气线路负有更实际的管理维护职责、对火灾的预防和扑灭具有更现实的可能。故，

在此情况下，法院对房屋承租人课以一定的消防义务、让其承担相应的火灾事故责任具有合理性和必要性。这也相应成为认定本案火灾事故责任分配的又一因素。

房屋对外出租后产生所有权和使用权分离，导致发生事故后的责任主体认定及责任划分存在一定难度。本案在现有证据基础上，从实际案情出发，综合考量房屋所有权人及实际控制使用人对于火灾的预防义务、未履行相应义务的过错程度及其过错对于火灾事故的原因力大小，对本案责任进行分配。

编写人：北京市第三中级人民法院　石煜　卞译苑

54

擅自进入他人未开放仓库自行操作升降机导致机内堆放物倒塌被砸伤的责任划分

——刘某诉某超市侵权责任案

【案件基本信息】

1. 裁判书字号

重庆市第五中级人民法院（2023）渝 05 民终 233 号民事判决书

2. 案由：侵权责任纠纷

3. 当事人

原审原告（被上诉人）：刘某

原审被告（上诉人）：某超市

【基本案情】

因货物快要过期，2022 年 4 月 22 日，某超市的工作人员通知某装卸部派人前往其超市退货。2022 年 4 月 23 日上午 9 时许，刘某受指派，前往某超市拉货，但未与某超市进行沟通并确认拉货时间。刘某在某超市人员不在场的情况下，自行拉开处于半封闭状态的卷帘门进入超市仓库（超市位于二楼）并按下升降机，此时升降机上并没有需要拉走的货物而是堆放了垫板，升降机在下降过程中，某超市工作人员堆放在升降机内的垫板倒塌，将刘某砸伤。

事故发生后刘某立即被送医，共计住院 16 天。刘某因治疗伤情产生医疗费（扣除医保统筹基金支付部分）30690.63 元，其中某超市垫付 2 万元，刘某自行垫付 690.63 元。刘某诉前对其伤残等级等进行鉴定。某法庭科学司法鉴定所出具的《司法鉴定意见书》载明：（1）刘某胸部七根肋骨骨折评定为十级伤残；外伤性脾破裂切除后评定为八级伤残。（2）刘某伤后误工期建议为 150 日，护理期建议为 60 日为宜。产生鉴定费 3000 元。

刘某的母亲朱某（1952 年 6 月 2 日出生）共生育两名子女。朱某有 1064.26 元/月的城乡居民养老保险。刘某于 2006 年 8 月 10 日生育一女即韩某。刘某居住在重庆市，缴纳了 15 年的养老保险。某超市另行支付刘某 2000 元。

【案件焦点】

1. 某超市与刘某的过错应当如何认定；2. 刘某受到损害的赔偿责任应当如何划分。

【法院裁判要旨】

重庆市江津区人民法院经审理认为：某超市工作人员通知某装卸部派人来拉货，因超市仓库和经营场所分别在一楼、二楼，在搬运货物的过程中，正常情况下必然会使用到升降机。某超市将垫板堆放在升降机但未安排人员看守，本身存在严重安全隐患，其也未举示证据证明告知某装卸部在搬运货物的过程中不能使用升降机，升降机在下降的过程中垫板倒塌将刘某砸伤，某超市对事故的发生具有过错。刘某在进入某超市后，未确认升降机上是否堆放有物品就自行操作升降机，该行为对事故的发生也有过错。根据原、被告之间的过错程度，酌定刘某承担 20%的责任，某超市承担 80%的责任。

重庆市江津区人民法院依照《中华人民共和国民法典》第一千一百七十三

条、第一千一百七十九条、第一千一百八十三条、第一千二百五十五条规定，判决如下：

一、某超市于本判决生效后十五日内赔偿原告刘某医疗费、住院伙食补助费、护理费、误工费、残疾赔偿金、鉴定费、交通费、营养费、精神损害抚慰金共计265860.43元，扣除已经垫付的2000元，还需支付263860.43元；

二、驳回刘某的其他诉讼请求。

被告某超市不服一审判决，提起上诉。重庆市第五中级人民法院经审理认为：堆放不当的物体具有一定的安全隐患，存在发生倒塌、滚落、滑落的可能，对不特定社会公众的人身、财产安全造成威胁，而通常情况下堆放物的倒塌、滚落、滑落都与堆放人的堆放方式、堆放地点有关。鉴于堆放物发生倒塌、滚落、滑落概率的偶然性以及侵害对象的不确定性，受害人很难证明堆放人具有过错，因此《中华人民共和国民法典》第一千二百五十五条规定此种情况下适用过错推定责任原则，但本案情况与此并不同。刘某系在按下升降机的过程中因升降机内堆放的垫板倒塌被砸伤。堆放的垫板处在某超市内部使用的升降机里，并不会对不特定社会公众造成威胁，且与堆放在静态基础上的物品不同的是，案涉事故中垫板倒塌是因为升降机在下降运动过程中受力平衡发生了变化所致而非堆放物自行倒塌，以上情况皆不存在难以归责的问题，因此本案应当适用过错责任。

刘某虽系受到指派前往某超市，但并无证据证明其在出发前与某超市进行过沟通并确认拉货的时间、地点和具体安排。从监控视频来看，刘某自行拉开处于半封闭状态的卷帘门进入超市仓库并按下升降机，此时升降机上并没有需要拉走的货物而是堆放了垫板，这印证了刘某并未与某超市确认拉货时间、地点。故，刘某未与某超市事前沟通拉货事宜就自行打开卷帘门进入超市内部仓库、在无工作人员在场的情况下擅自操作仅用于载货的升降机这一系列行为，具有重大过错，应承担主要责任；同时，某超市虽称升降机仅供内部使用，但是其证据并不足以证明有专人进行管理，事发时也确无超市工作人员在场看管及操作，升降机外的仓库卷帘门仅是拉下而未锁住并不能杜绝外人进入，升降机内堆放的垫板也未及时清理，某超市存在疏于管理的过错，应当承担次要责任。结合案涉事故发生的原因力、各方当事人的过错程度，酌情认定刘某承担70%的责任，某超市承担30%的责任。

重庆市第五中级人民法院依照《中华人民共和国民法典》第一千一百六十五条第一款、第一千一百七十三条，《中华人民共和国民事诉讼法》第一百七十七条第一款第二项规定，判决如下：

一、撤销重庆市江津区人民法院（2022）渝0116民初10946号民事判决；

二、某超市于本判决生效后十五日内赔偿刘某医疗费、住院伙食补助费、护理费、误工费、残疾赔偿金、鉴定费、交通费、营养费、精神损害抚慰金共计113072.66元，扣除已经垫付的22000元，还需支付91072.66元；

三、驳回刘某的其他诉讼请求。

【法官后语】

因堆放物存在一定的危险性，对于不特定社会公众带来较大的风险，因此《中华人民共和国民法典》（以下简称《民法典》）第一千二百五十五条规定了过错推定原则。实践中，堆放物致人损害有两种情形：一种是堆放人过错难以查明，应当适用过错推定原则，由堆放人担责；另一种是堆放人过错和受害人过错均可以清晰查明，则应当适用过错原则，由堆放人和受害人开责。本案属于后者，生效裁判分别认定了堆放人过错和受害人过错，进而确定了双方的责任分担。

一、《民法典》第一千二百五十五条关于堆放物损害采用过错推定

堆放物具有一定的危险性，一旦发生倒塌、滚落、滑落，可能会给社会公众的人身、财产安全带来严重危险。原《中华人民共和国侵权责任法》第八十八条确立了堆放物损害应当适用推定过错责任，《民法典》第一千二百五十五条对于堆放物致人损害继续沿用了过错推定原则。

二、查明堆放人和受害人过错后可推翻过错推定，并根据查明的过错开责

堆放物损害责任本质上仍然属于一种过错责任，堆放人存在疏忽或懈怠的过失心理状态。此种情形下，如符合《民法典》第一千一百七十八条关于“本

法和其他法律对不承担责任或者减轻责任的情形另有规定的，依照其规定”应当适用，即如果人民法院查明堆放人和受害人有过错的，可推翻过错推定，根据查明过错在双方之间开责。

三、本案中刘某与某超市的过错和责任划分

本案中，导致刘某受损的原因力主要来自两个方面：一方面是刘某自身；另一方面是某超市。对此，应依照《民法典》第一千一百七十三条之规定，分清原因力大小，进而划分责任。

1. 受害人刘某擅自进入未开放仓库并操作升降机，导致机内货物倒塌是导致刘某受伤的主要原因，应承担主要责任。本案具体情形是受害人未与堆放人沟通，也未经堆放人允许擅自进入未开放仓库，并在无人看管的情形下操作升降机，进而导致升降机内的货物倒塌，此系案涉堆放物砸人的主要原因。因此，刘某应当对自身的损害承担主要责任。

2. 堆放人某超市未妥善看管未开放仓库导致他人进入后操控升降机是导致刘某受伤的次要原因，应承担次要责任。此外，案涉仓库中的升降机虽然位于未放开区域，有卷帘门遮挡，但是该卷帘门并未完全封锁，他人可以拉开进入。同时，对于具有一定风险的升降机，某超市也未安排专人看管，对于刘某的进入和擅自操作具有一定的责任。因此，某超市应当对刘某的损害承担次要责任。

编写人：重庆市第五中级人民法院　陈璐　陈华　康佳

55

受害人特殊体质侵权案件的赔偿责任认定以及裁判思路构建

——蔡某诉赵某健康权案

【案件基本信息】

1. 裁判书字号

上海市第二中级人民法院（2024）沪02民终4018号民事判决书

2. 案由：健康权纠纷

3. 当事人

原告（被上诉人）：蔡某

被告（上诉人）：赵某

【基本案情】

蔡某、赵某为同一小区的邻居。2021年12月27日，上海市公安局案件接报回执显示：蔡某家属报警称，2021年12月20日上午8时56分，蔡某在宝城一村2号楼门口上台阶时，赵某下台阶不慎滑倒，顺势将蔡某一同推倒。经民警查看事发当日监控，确系报警人所述情况。

2021年12月26日，蔡某至医院就诊，主诉：外伤后腰部疼痛，活动受限5天。检查报告显示：腰椎退变，伴腰4椎体前滑脱。初步诊断：脊柱骨折、创伤病。蔡某于2021年12月27日至31日住院治疗4日，并多次到门诊就诊、复诊。其间发生的合理医疗费扣除附加支付后，合计13511.86元。蔡某另为伤情所需，购买辅助器具（用品）若干。

司法鉴定科学研究院于2023年6月26日出具司法鉴定意见书，被鉴定人蔡某脊椎因故受伤，致胸 11 椎体及腰 1 椎体骨折并在自身原有病变（骨质疏松）的基础上发生上述椎体压缩程度达 1/3 以上等，上述损伤的后遗症已构成人体损伤八级残疾，本次外伤为同等原因。伤后休息 180 日、护理 90 日、营养 90 日。

【案件焦点】

是否应因蔡某自身骨质疏松原因导致的更为严重的损害后果酌情减轻赵某的赔偿责任。

【法院裁判要旨】

上海市宝山区人民法院经审理认为：行为人因过错侵害他人民事权益造成损害的，应当承担侵权责任。侵害他人造成人身损害的，应当赔偿医疗费、护理费、交通费、营养费、住院伙食补助费等为治疗和康复支出的合理费用。关于侵权主体的认定和赔偿比例问题，法院根据在案证据、公安接报阶段查明的事实，结合诉辩双方意见，对蔡某主张的事发经过予以采信。赵某不慎摔倒时带倒蔡某的行为，与蔡某的损害结果之间存在因果关系，赵某应承担赔偿责任。至于赵某辩称其并非故意为之，法院予以采信，但并不因此减轻赵某的赔偿责任。关于鉴定意见的合法性及赔偿项目中是否考虑参与度的问题，本案鉴定意见程序合法，鉴定人具有相应资质，法院对蔡某构成人体损伤八级残疾予以确认。鉴定意见中明确，蔡某自身原有病变为骨质疏松。结合蔡某受伤时为 84 岁高龄的老年人，身体骨骼常伴随骨质疏松退行性病变，在遭受外力作用后较正常人更易发生骨折压缩损伤。上述退行性病变系人体机能正常衰退的表现，并非蔡某的过错。在本次外伤未发生时，蔡某处于正常未损状态，故不应以此减轻赵某的赔偿责任。赵某对蔡某的损害后果存在异议，但未见证据证明期间蔡某再受新伤等，难以推翻现有证据认定。

上海市宝山区人民法院依照《中华人民共和国民法典》第一千一百六十五条第一款、第一千一百七十九条，《中华人民共和国民事诉讼法》第一百四十七条之规定，判决如下：

赵某于判决生效之日起十日内赔偿蔡某医疗费、住院伙食补助费、营养费、护理费、残疾赔偿金、精神损害抚慰金、交通费、辅助器具（用品）费、衣物损费、鉴定费、律师费，合计169702.36元。

赵某不服一审判决，提出上诉。上海市第二中级人民法院经审理认为：赵某主张其对蔡某受伤不存在故意或过失，蔡某受伤系意外事件。但是赵某在台阶上摔倒并带倒蔡某的行为与蔡某的损害结果之间存在因果关系，赵某主观上虽非故意，但并不能据此减轻其赔偿责任。并且，赵某主张蔡某的损害结果系其自身骨质疏松的原有病变与本次外伤共同所致，蔡某应与赵某对其损害结果负同等责任，赵某应当对蔡某的损害结果承担50%的赔偿责任。但是，蔡某自身的骨质疏松体质系因其年事已高，人体机能正常衰退，蔡某对此并不存在过错，而赵某不慎摔倒的行为系导致蔡某遭遇本次外伤并受到损害的直接原因，赵某应当对蔡某的损害后果承担赔偿责任，且其所负的赔偿责任不应因蔡某自身的体质状况而减轻。故，赵某认为其应当承担50%赔偿责任的主张缺乏相应依据。一审法院认定赵某的主观状态与蔡某的自身体质均不能减轻赵某对蔡某应当承担的赔偿责任，并无不当。综上所述，上诉人赵某的上诉请求不能成立，应予驳回。一审判决认定事实清楚，适用法律正确，应予维持。

上海市第二中级人民法院依照《中华人民共和国民事诉讼法》第一百七十七条第一款第一项规定，判决如下：

驳回上诉，维持原判。

【法官后语】

本案系对最高人民法院指导案例24号“荣某英诉王某、某财产保险股份有限公江阴支公司机动车交通事故责任纠纷案”的精准适用，对于审理类似情况特殊体质受害人侵权案件具有借鉴意义。

实践中，特殊体质受害人抵御风险的能力较常人更弱，所以在遭受外界的侵害时更容易发生损害或者造成更严重的损害后果。本案尝试构建涉特殊体质受害人侵权案件审理“四步法”，以厘清裁判思路、提升审判效率，强化适法统一。

一、特殊体质并非受害人过错，不构成过错相抵

《中华人民共和国民法典》第一千一百七十三条规定了过失相抵的原则，即被侵权人对同一损害的发生或者扩大有过错的，可以减轻侵权人的责任。如果本案中，蔡某对损害结果的发生或扩大亦有过错，即可减轻赵某的赔偿责任。

蔡某的特殊体质是否能被认定为一种过错？过错是行为人行为时的一种应受谴责的心理状态，正是由于这种应受谴责的心理状态，法律要对行为人所实施的行为作否定性评价，而在本案中，受害人蔡某的特殊体质是其身体的一种客观情况，与其主观心理状态无关。显然，不能将受害人体质虚弱认定为一种应受谴责的主观心理状态。故而，蔡某的特殊体质对损害的发生或者扩大并非过错，不能适用过失相抵以减轻赵某的责任。

二、本案中，受害人的特殊体质与损害结果的发生无因果关系

本案事故造成的损害后果系受害人蔡某在被赵某撞后倒地并引发骨折所致，虽然蔡某年事已高、骨质疏松，但在本次事故中，其为完完全全的受害者，对事故的发生及损害后果的造成均无主观过错。而年老、骨质疏松仅是与事故造成后果客观上的介入因素，并无法律上的因果关系。赵某的行为与蔡某所遭受的损害后果之间符合“无此行为，必不生此损害；有此行为，通常即生此种损害”的相当因果关系判断标准。质言之，加害人的行为是损害后果的直接原因，二者之间具有相当的因果关系，这也是损害赔偿责任的重要构成要件之一。而蔡某自身的体质因素，对本案中损害后果的发生并不具有相当的因果关系。

三、“特殊体质”的类型化区分与分类处理

需要注意的是，并非全部受害人特殊体质与损害结果的发生和扩大均无因果关系，仍需结合不同“特殊体质”的“特殊”之处予以区别分析和对待。笔者在此尝试进行类型化区分，将“特殊体质”分为“稳定性特殊体质”与“不稳定性特殊体质”，以厘清不同情形“特殊体质”的分类处理方法。

（一）稳定性特殊体质

稳定性特殊体质是在一定时间内保持定量的时间内不会轻易变化的体质状态，能在较长的稳定的平衡状态或者朝向良性方面转化，如高血压、骨质疏松、

颈椎病、抑郁症等处于稳定期状态的体质。处于稳定状态的特殊体质，在日常的社会生活中不会轻易发生剧烈变化，不会影响当事人的正常生活，也不会主动引发严重的损害后果。此时由于外界侵权行为的诱发，使特殊体质被动介入，外界侵权行为和特殊体质结合共同造成损害结果的发生或者扩大。外界侵权行为是损害结果发生的主要、积极原因，特殊体质被动卷入，不受主观意识控制。特殊体质不是一种应受到谴责的客观状态，因此不具有可归责性，不能将损害后果归属于受害人的特殊体质。本案中，蔡某因年老导致的骨质疏松即属于此种情况。

（二）不稳定性特殊体质

不稳定性特殊体质，顾名思义体质处于“动荡”不稳定的状态，在正常情况下或者轻微外力扰动即会出现体质状态不断发展恶化的现象。比如，癌症晚期、尿毒症等处于不断恶化状态的体质。如果受害人的特殊体质处于不断地发展变化中，此时即使没有外界的侵权行为，逐渐恶化的体质状况也已经对受害人的人身健康产生一定影响。在外界侵权行为发生后，其造成的损害结果与特殊体质的发展恶化引发的结果具有不可分割性。此时，特殊体质对于扩大的那部分的损害后果具有积极主动性，没有侵权行为的作用该损害依然会部分或全部发生。特殊体质与侵权行为共同作用产生叠加的损害后果，此时特殊体质受害人对异常损害后果的发生具有一定的可归责性，对于全部损害后果不应当仅由侵权人承担。

四、涉特殊体质受害人侵权案件审理“四步法”

第一步，对涉案受害人的体质状况进行判断，区分是稳定性还是不稳定性特殊体质。第二步，根据案件中受害人的体质情况对因果关系进行分类，进一步明确异常损害结果发生的归因归责。第三步，判断受害人对事故发生是否具有过错，如果没有过错，综合前两步判断责任的划分；如果有过错，那么要适用过失相抵规则，适当减轻侵权人的损害责任。第四步，对于侵权人所应承担的责任范围问题，结合受害人特殊体质性质和以上步骤得出的初步认定结论，衡量判断双方当事人在直接损害和间接损害中的责任分配情况，避免出现侵权人对损害后果无休止地承担责任的情形。

编写人：上海市宝山区人民法院　刘雪婷　顾名锦

56

物业的瑕疵管理行为未侵犯业主实际权利，业主无权诉请恢复原状

——黄某诉甲物业公司、甲物业宁波分公司侵权责任案

【案件基本信息】

1. 裁判书字号

浙江省宁波市中级人民法院（2023）浙02民终2665号民事判决书

2. 案由：侵权责任纠纷

3. 当事人

原告（上诉人）：黄某

被告（被上诉人）：甲物业公司、甲物业宁波分公司

【基本案情】

黄某系×小区×室房屋所有权人，该房屋系白坯房，黄某与甲物业公司签订了前期物业管理服务协议。甲物业宁波分公司作为×小区物业管理公司实际管理×小区。黄某在对涉案房屋装修时，对客厅南面三扇铝合金门窗予以拆除，改装成一个大的铝合金门窗，后，甲物业宁波分公司在黄某改造的铝合金门窗外打孔后用胶水加装了两条铝合金窗格条，窗格条与原铝合金门窗的窗框位置基本一致。

另查明，第一，前期物业管理协议有如下约定：物业服务公司将有权制止和劝阻业主违反物业管理制度的行为，加强装饰装修管理工作……装饰装修房屋时，遵守《宁波市房屋使用安全管理条例》及有关规定……禁止擅自封闭阳台、安装雨棚、晒衣架、花架……第二，涉案小区所属地块曾发布临时管理规

约，明确（第十条）在装饰装修中禁止下列行为：擅自改变房屋结构、外貌（含外墙、外门窗、阳台等部位的颜色、形状和规格）、设计用途，功能和布局……（第三十四条）业主、使用人应自觉遵守本临时管理规约，对违反临时管理规约，造成其他业主物业损害或导致全体业主共同利益受损的，其他业主、业主委员会和物业服务企业可依据本临时管理规约向人民法院提起诉讼……临时管理规约的补充条款约定，房屋的改造行为系本人自主决定、自发进行，改造行为，若需办理相关审批或备案手续的，由本人自行负责，该改造行为及今后使用的相关责任与后果由本人自行承担。第三，《宁波市住宅装饰装修管理办法》对装修明确规定，住宅装修不得改变房屋外观形象（包括外门、窗及玻璃，阳台和空调外机安装位置），室内外打孔需经物业服务中心同意方可实施，如因业主原因造成外立面破坏的，业主必须无条件恢复原状，并赔偿相应损失。黄某在愿意遵守临时管理规约和补充条款的承诺书上签字。

黄某另提出如下诉讼请求：(1) 两公司停止侵权，拆除安装在原告所有的×小区×室房屋客厅南面窗户外的窗格条，排除妨害、恢复原状，消除危险；(2) 两公司共同赔偿其财产损失 2 万元。二物业公司均认为其没有侵权，系物业管理行为，损失赔偿亦没有依据。

【案件焦点】

物业公司是否应拆除加装在业主改装的窗户外窗格条。

【法院裁判要旨】

浙江省宁波市江北区人民法院经审理认为：首先，黄某违反临时管理规约，对整幢楼的外观产生了影响。临时管理规约已由黄某签字确认，对包括黄某在内所有业主均有约束力。根据临时管理规约第十条规定，在装饰装修中禁止擅自改变房屋结构、外貌（含外墙、外门窗、阳台等部位的颜色、形状和规格）。本案黄某在南面阳台的三扇窗户更换成一扇，改变了房屋外貌，违反了临时管理规约，对整幢楼外观产生了影响。其次，甲物业宁波分公司在黄某南面窗户外面加装窗格条，未影响黄某视觉，也未对黄某财产造成损失，不构成对黄某权利的侵犯。最后，作为物业公司的甲物业宁波分公司在不侵入业主房屋的情况下，在窗户外加装窗格条，使房屋外观与交付相符，属于物业管理行为，是对房屋外观因业主改造不一致后的补救行为，该行为维持了整个小区外观品质，维护了其他业主利益。根据“谁主张，谁举证”原则，黄某不能证明两被告的行为侵犯了其权利。

浙江省宁波市江北区人民法院依照《最高人民法院关于适用〈中华人民共和国民事诉讼法〉的解释》第九十条规定，判决如下：

驳回黄某的诉讼请求。

黄某不服一审判决，提出上诉。浙江省宁波市中级人民法院经审理认为：黄某在其愿意遵守临时管理规约和补充条款的承诺书上签字确认，临时管理规约和补充条款即时对其产生约束力。黄某在装修案涉房屋时，将南面三扇铝合金门窗拆除，改造成一扇的铝合金门窗，对整幢楼外观产生了影响。甲物业宁波分公司作为物业公司，为履行其物业管理义务，在窗户外加装两条窗格条，与原铝合金门窗的窗框位置基本一致，系为使房屋外观恢复到与交付时相符状态，且在黄某南面窗户外面加装窗格条并未对黄某财产造成损失，难以认定该行为侵犯了黄某的权利。一审法院认定事实清楚，适用法律正确。

浙江省宁波市中级人民法院依照《中华人民共和国民事诉讼法》第一百七十七条第一款第一项之规定，作出如下判决：

驳回上诉，维持原判。

【法官后语】

本案中，业主在装修时私自将客厅南面阳台的三个铝合金门窗改造成一个大的铝合金门窗，后物业公司在业主改造的铝合金门窗外打孔后用胶水加装了两条铝合金窗格条，窗格条与原铝合金门窗的窗框位置基本一致。法院经审理后判决驳回了业主要求物业公司恢复原状及赔偿损失的诉请。现分析如下。

一、业主专有部分处分权之边界

根据《中华人民共和国民法典》（以下简称《民法典》）第二百七十二条之规定，业主对其建筑物专有部分享有占用、使用、收益和处分的权利。业主行使权利不得危及建筑物的安全，不得损害其他业主的合法权益。权利、义务相辅相成，业主不得违反法律、法规以及管理规约。本案中，临时管理规约体现的是大多数人的意志，临时管理规约已由黄某签字确认，对其具有约束力。临时管理规约第十条明确，在装饰装修中禁止下列行为：擅自改变房屋结构、外貌（含外墙、外门窗、阳台等部位的颜色、形状和规格）、设计用途，功能和布局。房屋阳台作为房屋主体的特定部分，在结构和使用上均具有独立性，属房屋的专有部分。然案涉玻璃属于玻璃幕墙，系建筑物外墙的一部分，黄某将南面阳台的三扇窗户更换成一扇，属于改变了房屋外貌，违反了临时管理规约，对小区建筑外立面及小区整体外观环境造成影响，使得其他业主利益受损。在这个商品房交易活跃的当下，影响房屋价格可能不仅仅是该房屋本身，生活经验告诉我们，统一有序的楼宇外观所呈现的可能就不仅仅是一种观感的“表层利益”，也可能会是一种通过市场交易体现出来的与其他商品房之间的实实在在的溢价利益。是故业主专有部分之处分权并非毫无边界，需受到其他专有权人的制约，即负有一定的容忍义务。

二、个案特殊性——物业公司瑕疵管理行为背后的社情民意

物业服务公司系提供物业服务的营利法人，并不具有强制执行权限。根据《民法典》的相关规定，物业服务企业或者其他管理人根据业主的委托，依照《民法典》有关物业服务合同的规定管理建筑区划内的建筑物及其附属设施，接受业主的监督，并及时答复业主对物业服务情况提出的询问。一种观点认为，物业服务公司无权在业主所有的涉案房屋窗户上加装窗格条，理由：业主与物业服务公司是委托人与受托人的关系，物业服务公司的职权范围主要根据物业服务合同以及相关法律规定。根据业主与物业公司签订的前期物业管理服务协议约定，物业公司对房屋装修管理的主要职权是制定装修制度、按规定审批、对装修进行巡视与检查、检查验收和装修垃圾集中堆放；而对违反临时管理规约，造成其他业主物业损害或导致全体业主共同利益受损的，其他业主、业主委员会和物业服务企业可依据本临时管理规约向人民法院提起诉讼。故，不论业主将南面阳台的三个铝合金门窗改造成一个铝合金门窗的行为是否属于破坏

外墙或者外立面的行为，物业服务公司均无权在黄某所有的涉案房屋窗户上加装窗格条。

然，个案具有其特殊性。本案中，黄某改造窗户的行为违反了临时管理规约相关条款，物业公司未经法定程序由职能部门依法处理或者通过诉讼途径而径行在黄某改装的窗户加装窗格条，有违正当程序。然而从结果上来看，黄某的改造行为违反了临时管理规约，对整幢楼的外观产生了影响，应当恢复原状。故，物业公司的瑕疵管理行为，实际是对黄某违约后原状的恢复，因此物业公司无须再拆除安装在黄某改装窗户上的窗格条。再者，物业公司在不侵入业主房屋情况下，在窗户外加装窗格条，使房屋外观与交付相符，属于物业管理行为，是对房屋外观因业主改造不一致后的补救行为，该行为维持了整个小区外观品质，维护了其他业主利益。

三、司法个案与社会引导效果相统一的权衡

本案涉及业主个人最大化利益与管理规约体现的大众利益之间存在的冲突。本案中，涉案小区已有多起类似私自改造阳台外窗以致改变小区原有规划样貌的案例。物业公司面对该问题也是陷入两难：不管，其他业主有意见（如影响小区外观、房价）；管，私自改造的业主有意见。虽然物业公司没有直接权力对业主窗户安装窗格条，但是一旦判决物业公司拆除，一方面，其他业主可能会效仿已改造窗户的业主，而改造行为不仅影响美观，还存在安全隐患，确系物业管理的难题。另一方面，物业公司也会根据前期物业管理协议，认为业主改造窗户行为违反了不得改变房屋外观的规定，向法院提起诉讼，增加诉累。故，当个人自由行使其权利已明显与大众利益相冲突时，法院有必要以法理为根基，以大局为目标，选择原则性与灵活性相结合的司法保护公益的能动性裁量。

编写人：浙江省宁波市江北区人民法院　赵会

57

被破坏“不可移动文物”的修复方式及损失数额认定

——某市人民检察院诉肖某等侵权责任公益诉讼案

【案件基本信息】

1. 裁判书字号

广东省高级人民法院（2021）粤民终3758号民事判决书

2. 案由：侵权责任纠纷公益诉讼

3. 当事人

公益诉讼起诉人（被上诉人）：某市人民检察院

被告（上诉人）：肖某

被告（被上诉人）：赵某

被告：某有限公司

【基本案情】

H楼建于1931年。2012年1月10日，中山市人民政府经报上级文物主管部门认定后，公布H楼为第三次文物普查不可移动文物，并挂上了“不可移动文物”的标志牌，类别为近现代重要史迹代表性建筑。

2011年至2016年1月，C宾馆名下的一处土地及C宾馆房产（H楼系其中一栋建筑）等物被法院依法查封、续封、拍卖。经中山市中级人民法院裁定，某公司拍得C宾馆土地和房产。2017年11月至2018年2月，赵某与时任C宾馆法定代表人肖某等人商议，以某保安集团中山基地入驻C宾馆，强占上述地块以达到不履行法院判决、裁定的目的。H楼原实际权属人某有限公司法定代表人徐某以某有限公司名义与赵某等人签订《合作协议书》，为赵某等人进驻案涉土地提供了客观条件。其后由赵某全权负责，雇请工头对C宾馆包括H楼在内的部分建筑物进行了拆除。赵某、肖某因共谋损毁H楼被追究刑事责任并责令退赔损失71486元。

2018年7月，某建筑设计院受委托经实地勘察后出具《H楼复原工程勘察设计方案》及《中山市不可移动文物H楼修缮工程概算书》，对H楼修复工程估算费用为2896600元。有关专家学者对H楼被拆毁的事项及后续保护进行了论证并出具意见，认为可以责成相关单位采取原址复原的方式进行恢复。

2020年7月，中山市人民检察院作为公益诉讼起诉人，就肖某、赵某和某有限公司损毁H楼的侵权行为向珠海市中级人民法院提起民事公益诉讼，请求判令三被告共同赔偿损毁不可移动文物对社会公共利益造成的损失，包括修缮工程费、勘察设计费、造价咨询费、监理费，合计280万余元，并在媒体上公开赔礼道歉。

【案件焦点】

1. H楼是否应认定为文物；2. 肖某、赵某、某有限公司应否承担侵权责任；3. 赔偿金额应如何确定。

【法院裁判要旨】

广东省珠海市中级人民法院经审理认为：关于H楼是否应认定为文物的问题。2012年1月10日，中山市人民政府报经上级文物主管部门认定，确定并公布H楼为第三次文物普查不可移动文物，并挂上了“不可移动文物”的标志牌，结合中山市文化局1999年编写的《中山文物志》对H楼的史迹记载、发生法律效力的（2019）粤2071刑初1024号刑事判决等，足以认定H楼属于近现代重要史迹代表性建筑的文物。

关于肖某、赵某、某有限公司应否承担侵权责任的问题。为强占C宾馆，赵某与肖某等人商议后，由赵某全权负责雇请工头对包括H楼在内的C宾馆部分建筑物进行拆除，损害社会公共利益，公益诉讼人请求肖某、赵某赔偿损失及赔礼道歉，符合法律规定，一审法院予以支持。某有限公司为赵某等人进驻案涉土地提供了客观条件，应与肖某、赵某连带承担民事侵权责任。

关于赔偿金额应如何确定的问题。本案对H楼先后进行过二次评估。其中，某评估公司先后出具三份评估报告，均系将H楼视作普通房地产，对其残值作出的评估意见，估价的原则亦注明为房地产估价原则，未考虑其作为文物的特殊保护及修复因素。而某建筑设计院经现场实体勘查后，出具了相关的设计方案和概算书，有关的专家学者对后续保护等进行论证并出具了专家意见。基于H楼作为不可移动文物的特殊保护及修复原则，应采纳某建筑设计院出具的设计方案和概算书认定拆除H楼的生态环境修复费用金额。

广东省珠海市中级人民法院依照《最高人民法院关于适用〈中华人民共和国民法典〉时间效力的若干规定》第一条第二款，《中华人民共和国环境保护法》第二条、第六十四条，《中华人民共和国文物保护法》第十三条、第二十六条、第六十五条，《中华人民共和国侵权责任法》第八条、第十五条第五项及第六项、第六十五条，《最高人民法院关于审理环境民事公益诉讼案件适用法律若干问题的解释》第六条第一款、第十八条、第二十条、第二十三条，《中华人民共和国民事诉讼法》第五十五条第一款、第六十四条、第一百五十二条，《最高人民法院关于适用〈中华人民共和国民事诉讼法〉的解释》第一百零八条之规定，判决如下：

一、肖某、赵某、某有限公司于本判决生效之日起十日内连带赔偿生态环境修复费用2825114元（该费用上缴中山市地方国库，用于H楼的修复或生态环境的保护和改善）；

二、肖某、赵某、某有限公司于本判决生效之日起三十日内在中山市市级以上报刊刊登因拆除不可移动文物H楼行为的致歉声明（内容须经一审法院审核）。

肖某不服一审判决，提起上诉。

广东省高级人民法院二审同意一审法院裁判意见，依照《中华人民共和国民事诉讼法》第一百七十七条第一款第一项之规定，判决如下：

驳回上诉，维持原判。

【法官后语】

不可移动文物承载着丰富的历史信息和文化记忆，不仅是物质文化遗产的珍贵组成部分，更是历史传承的重要载体。本案中，各被告实施了破坏H楼的行为，依法应判令其承担侵权责任。针对H楼的损失数额认定，多个鉴定机构作出了结论不一的多份鉴定报告。人民法院结合修复建筑物不可移动文物的文物属性，选择采纳考虑了文物修复特点的鉴定意见和修复方式，对于推动被破坏文物的及时重建修缮具有重要意义。

第一，不可移动文物的认定。不可移动文物包括古文化遗址、古墓葬、古建筑、石窟寺、石刻、壁画、近现代重要史迹和代表性建筑等，其最大特点在于不可移动性，因此对于不可移动文物的原地保护尤为重要。《中华人民共和国文物保护法》第三十八条第一款规定："使用不可移动文物，必须遵守不改变文物原状和最小干预的原则，负责保护文物本体及其附属文物的安全，不得损毁、改建、添建或者拆除不可移动文物。"本案中，H楼修建于1931年，是具有重要纪念意义的近现代史迹，中山市政府早在2012年就确定并公布H楼为第三次文物普查不可移动文物，并挂上了"不可移动文物"的标志牌，具有公示效力。肖某等人应当知道H楼为不可移动文物，却仍实施违法拆除等行为，应当依法承担相应的刑事和民事责任。

第二，不可移动文物是否适用替代性修复的认定。《最高人民法院关于审理环境民事公益诉讼案件适用法律若干问题的解释》第二十条规定："原告请求恢复原状的，人民法院可以依法判决被告将生态环境修复到损害发生之前的状态和功能。无法完全修复的，可以准许采用替代性修复方式。人民法院可以在判决被告修复生态环境的同时，确定被告不履行修复义务时应承担的生态环境修复费用；也可以直接判决被告承担生态环境修复费用。生态环境修复费用包括制定、实施修复方案的费用和监测、监管等费用。"本案中，经过相关专家单位的详细论证，认为H楼作为重要的人文遗迹，承载着中华民族的基因血脉，属于生态环境的重要组成部分，适用替代性修复方式。虽然根据《中华人民共和国文物保护法》第三十三条规定，H楼的原址修复需经行政机关审批，但法院经审理认为，行政机关是否批准原址修复并不影响本案侵权责任的认定。据此，审理法院采纳专家意见，判令肖某、赵某、某有限公司承担侵权赔偿责任，相关款项应作为替代性修复费用于环境保护和改善。

第三，被破坏不可移动文物的损失数额认定。本案中，某评估公司出具的评估报告将H楼视作普通房地产，估价的原则为房地产估价原则，未考虑其作为文物的特殊保护及修复因素。而某建筑设计院出具的设计方案和概算书，包含H楼的残损现状和具体的地面、墙体等修缮方案及施工工艺，以及H楼作为文物的重建、修复等费用，亦与相关专家意见相符。值得注意的是，不可移动文物的保护和修缮与一般建筑物有着本质区别。不可移动文物因其固定性和深厚的历史文化价值，需遵循“不改变文物原状”的原则，在修缮或复原过程中，应尽可能保留文物的原始形态、结构、材料和工艺，以延续其历史文化价值。相比之下，一般建筑物修缮更注重功能性恢复，所要投入的人力、物力和财力都显著低于不可移动文物。因此在损失认定时，需要综合考虑文物修缮的专业技术和复杂工艺，及其所代表的历史价值和文化价值。审理法院在充分考虑H楼的文物属性和价值的情形下，对某建筑设计院出具的设计方案和概算书予以采纳，并据此认定损失数额，有助于确保文物损失得到公正、合理的评估，从而保障后续的重建修缮工作顺利进行。

编写人：广东省高级人民法院　吴铭泽　王依琪

58

居民小区限速规定应基于业主自治作出合理考量

——张某诉段某侵权责任案

【案件基本信息】

1. 裁判书字号

重庆市第一中级人民法院（2024）渝 01 民终 6085 号民事裁定书

2. 案由：侵权责任纠纷

3. 当事人

原告（上诉人）：张某

被告（被上诉人）：段某

【基本案情】

2023 年 12 月 29 日 19 时许，张某在某街道的某居民小区内遛狗，遛至距事发现场约 300 米处一路边平台时，张某见其他业主遛狗未拴犬绳，遂将所遛犬只的犬绳解下，自己与其他业主的犬只互动和玩耍。19 时 30 分许，段某驾驶汽车行驶至事发路段时，见道路上有一行人、道路旁有两行人且与张某的犬只并行，段某的车辆刹车减速，行人亦进行了避让，张某的犬只突然从车辆右前方窜出，遭到右轮碾轧。事发后，段某短暂停车观察情况，见无人上前，随后驶离现场。张某接到通知赶往事发现场，发现犬只被车辆碾轧后，将犬只紧急送往宠物医院抢救，后该犬只经抢救无效死亡。犬只死亡后，张某对其进行了安葬。张某为此支付了相应的抢救费和安葬费等。

次日，张某就犬只于前晚被汽车轧死事件向公安机关报警。民警出警后了解情况，组织双方协商，但双方协商未果，张某遂向重庆市沙坪坝区人民法院提起诉讼，要求判决段某赔礼道歉、赔偿精神和物质损失共计 37000 余元。

经一审法院现场勘查，发现事发现场后方约 30 米处的路灯柱上悬挂有限速 5 公里的标识牌，张某、段某双方均认为该标识牌系小区物业公司所悬挂。但在本案第一次庭审中，法庭询问双方小区内部有无关于车辆限速的警示标志或告示牌时，双方均回答没有。

【案件焦点】

段某是否应向张某承担赔礼道歉、赔偿物质和精神损失的民事责任。

【法院裁判要旨】

重庆市沙坪坝区人民法院经审理认为：本案为侵权纠纷，段某对事故的发生不具备预防的可能性，也不存在明显超速行驶等过错，而张某则存在重大过错，具体理由如下：

第一，段某驾车行驶于小区内道路，因路上和路旁均有行人，段某采取了灯光照射和减速等措施；车辆驶近时，张某的犬只与路旁俩行人相伴而行，段某认为行人系犬只主人、应当对犬只采取约束和保护行为、相信能够确保犬只安全，该判断建立在生活经验和常识之上，有事实依据；而张某的犬只较小且毛色呈金色，天色已晚，犬只系从车辆右前方窜入车轮下，段某无法提前作出预判；在怀疑车辆碾轧到犬只的情况下，段某短暂停车，观察情况，见无人上前，遂驾车驶离。段某已尽到了一个普通社会人在交通行为中的注意义务。

第二，法律法规未对居民小区内部道路上的行车速度作出统一、明确规定。靠近事发现场的路旁悬挂了限速 5 公里的标识牌，现无证据证明业主知晓且接受该限速的约束，故该标识牌起到的是安全提示作用。且标识牌被树木遮挡，并不显著，第一次庭审中双方关于小区内未悬挂车辆限速的警示标志或告示牌的陈述可作为旁证。而视频中段某驾车行驶的速度并不过快。故，并无证据证实段某存在严重超速等违法行为。

第三，该居民小区属于重庆市养犬分区管理的重点管理区。张某应当按照规定对其饲养的犬只尽到高度的注意义务。事发当时，张某本人在距离事发现场300米开外的区域玩耍，注意力离开自己的犬只，犬只脱离张某的约束，无人照看，与段某的车辆发生接触，导致事故的发生。因此，张某对犬只的监管存在重大过错。

第四，小区管理者在道路两旁划有黄线、设有人行道，小区内的车辆保有量和车流量并不低。事发时光线较暗，而犬只体型较小，张某应当预见到在其未拴好犬绳情况下夜间外出遛狗可能产生的风险和后果，其解开犬绳，放任犬只进入有车辆行驶的道路上奔跑，是将犬只置于危险环境，应视为自陷风险，因此遭受损害，应当自行承担相应的损害后果。

重庆市沙坪坝区人民法院依照《中华人民共和国民法典》第一千二百五十一条、《中华人民共和国民事诉讼法》第六十七条第一款、《最高人民法院关于适用〈中华人民共和国民事诉讼法〉的解释》第九十条之规定，判决如下：

驳回原告张某的全部诉讼请求。

原告张某不服一审判决，提出上诉。后自行撤回上诉。重庆市第一中级人民法院审理过程中，上诉人张某于2024年4月16日申请撤回上诉。重庆市第一中级人民法院依照《中华人民共和国民事诉讼法》第一百八十条规定，裁定如下：

准许张某撤回上诉。

【法官后语】

本案为侵权责任纠纷。段某是否应承担赔礼道歉、赔偿物质和精神损失等民事责任，关键在于其对于事故的发生是否具有过错。双方的争议焦点之一是：在小区道路旁悬挂有限速5公里标识牌的情况下，段某未遵守限速规定，是否具有可责性、是否对事故发生存在过错。这也是本案中值得研究探讨的重点问题。

一、居民小区内道路的性质

《中华人民共和国道路交通安全法》第一百一十九条规定，“（一）‘道路’，是指公路、城市道路和虽在单位管辖范围但允许社会机动车通行的地方，包括广场、公共停车场等用于公众通行的场所……”因此，是否允许社会机动车通行，是认定居民小区内道路是否属于“道路”的关键；而社会车辆进出小区是否需经过同意，是认定“允许”的关键。基于安全、隐私等方面的考虑，居民小区的管理以封闭式或半封闭式为主，只允许本小区业主车辆进出。虽然社会车辆经业主和小区管理人同意、登记车牌和待办事宜等后，可以进出，但该进出条件建立在驾驶人与受访业主或管理人建立了一定合意的基础上，具有偶然性和特定性，故小区道路不属于允许社会车辆正常通行的区域，不属于法律意义上的“道路”。对小区道路的管理，应以业主自我管理为原则、以提升小区居住和使用环境的质量为目标，最大限度地发挥物业的效用。因此，对于本案侵权纠纷的处理，不应适用《中华人民共和国道路交通安全法》的规定，而应当适用《中华人民共和国民法典》侵权责任编关于一般侵权纠纷的规定。

二、居民小区“限速5公里”合理性之辩

很多居民小区的道路旁、包括地下车库，都张贴或悬挂了限速5公里的标识牌。《中华人民共和国道路交通安全法实施条例》第六十七条规定：“在单位院内、居民居住区内，机动车应当低速行驶，避让行人；有限速标志的，按照限速标志行驶。”因之，对于机动车在居民小区内的行车速度，法并无明文规定。对于“限速5公里”是否合理，支持方认为：第一，居民小区是居民生活、学习、休息的场所，由于小区道路通常比较狭窄，且有老人、儿童、孕妇等行人活动，因此，从保障安全和限制噪声等角度出发，有必要对小区内行驶的机动车车速加以限制。第二，健康成年人的步速约为1.3~1.4米/秒，老年人则随着身体机能的下降，步速约为0.8米/秒，而5公里/小时的速度，折合1.39米/秒，与人类正常的步辐速率相匹配。因此，居民小区内道路对机动车实行限速5公里是科学的。第三，前述法规规定，居民小区内，有限速标志的，机动车按照限速标志行驶。因此，负责小区管理的主体，有权规定一个相对较低的车辆行驶速度限制、并以显著方式标识，既能提醒驾驶员减速慢行，也能给行人反应和避让的时间，是保证小区居民生命财产安全的必要条件。

反对方则认为：第一，限速标识作为交通标志的一种，其申请、审批、制作和安装应当依照法定程序进行。负责小区管理的主体自行设立车辆限速标志，缺乏合理性和法律依据，也构成对公民自由的限制与侵犯。第二，5公里/小时的限速，对于道路上行驶的机动车来说，显然非常不合理，既难以得到实际遵守，也容易导致交通堵塞、影响道路通行效率。第三，机动车要保持5公里/小时的行驶速度，手动挡汽车离合器需要半离合，稍不小心就会熄火或者超速，自动挡汽车则基本上要保持轻微刹车①。车辆在慢速状态下极易熄火，发动机失去动力后突然停止运转，曲轴和其他运动部件会受到冲击，久而久之，这些部件的磨损会加速，影响发动机的整体性能和寿命。

生效判决倾向于第二种意见，即小区道路非用于社会车辆通行，对于在路旁设立的限速标志，其效力应来源于基于小区全体业主共同意志的管理规约的规定，否则不能对业主发生直接约束力，也不能作为纠纷发生时判定过错责任的依据，仅起到警示、提醒作用。

本案中，段某变相承认超过了限速行驶（自述事发时的车速为10余公里/小时），但其从车辆能否正常行驶的技术角度，对小区限速5公里的合理性提出了疑问。虽然无法确定事发时段某的具体车速，但结合生活经验、以及比较监控视频中车辆行驶速度和行人步行速度，段某的车速并不过快，无明显超速行为；并且，张某与段某在第一次庭审中均陈述未见小区悬挂限速标识牌，可见该标识牌并不显著，难以起到警示、提醒的作用。在不存在法律和规则意义上的过错的情况下，段某自然不应承担相应的侵权责任。

机动车作为高度危险的高速交通工具，其驾驶人负有安全文明驾驶和礼让其他优先路权的责任与义务。依据业主自治作出的管理规约，对于小区道路行车速度有规定的，机动车驾驶人应遵照执行，文明谨慎行驶；小区管理者也应依照管理规约，因地制宜，采取各种措施，确保车辆以合理速度通行，在保障居民人身财产安全的同时，也提高了道路通行效率。而不应当采取单方面“一刀切”的方式，制定某个固定且不合理的限速，既不利于规定的遵守，也使得该限速失去实际意义。

编写人：重庆市沙坪坝区人民法院　刘畅

① 王莉：《限速5公里的路，让司机咋开车?》，载《道路交通管理》2007年第7期。

ISBN 978-7-5216-5041-9

图书在版编目（CIP）数据

中国法院2025年度案例. 侵权赔偿纠纷 / 国家法官学院，最高人民法院司法案例研究院编. -- 北京 : 中国法治出版社，2025. 3. -- ISBN 978-7-5216-5041-9

Ⅰ. D920. 5

中国国家版本馆CIP数据核字第2025MJ5439号

策划编辑：李小草　韩璐玮　白天园

责任编辑：贺鹏娟　　封面设计：李宁

中国法院2025年度案例. 侵权赔偿纠纷

ZHONGGUO FAYUAN 2025 NIANDU ANLI. QINQUAN PEICHANG JIUFEN

编者/国家法官学院，最高人民法院司法案例研究院

经销/新华书店

印刷/三河市紫恒印装有限公司

开本/730毫米×1030毫米　16开　　印张/20.75　字数/254千

版次/2025年3月第1版　　2025年3月第1次印刷

中国法治出版社出版

书号ISBN 978-7-5216-5041-9　　定价：79.00元

北京市西城区西便门西里甲16号西便门办公区

邮政编码：100053　　传真：010-63141600

网址：http：//www.zgfzs.com　　**编辑部电话：010-63141791**

市场营销部电话：010-63141612　　**印务部电话：010-63141606**

（如有印装质量问题，请与本社印务部联系。）